BOSNIEN-HERCEGOVINA

HORST HASELSTEINER

Buchreihe des Institutes für den Donauraum und Mitteleuropa
Band 3

Horst Haselsteiner

BOSNIEN-HERCEGOVINA

Orientkrise und Südslavische Frage

BÖHLAU VERLAG WIEN · KÖLN · WEIMAR

Gedruckt mit Unterstützung durch
DAS BUNDESMINISTERIUMS FÜR WISSENSCHAFT, FORSCHUNG UND KUNST IN WIEN,
DIE ÖSTERREICHISCHE FORSCHUNGSGEMEINSCHAFT,
DIE STEIERMÄRKISCHE LANDESREGIERUNG UND
DURCH DAS INSTITUT FÜR DEN DONAURAUM UND MITTELEUROPA

Die Deutsche Bibliothek – CIP-Einheitsaufnahme

Haselsteiner, Horst:
Bosnien-Hercegovina : Orientkrise und Südslavische Frage /
Horst Haselsteiner. – Wien ; Köln ; Weimar : Böhlau,
1996
(Buchreihe des Institutes für den Donauraum und Mitteleuropa ; Bd. 3)
ISBN 3-205-98376-9
NE: Institut für den Donauraum und Mitteleuropa <Wien>:
Buchreihe des Institutes ...

Das Werk ist urheberrechtlich geschützt.
Die dadurch begründeten Rechte, insbesondere die der Übersetzung,
des Nachdrucks, der Entnahme von Abbildungen,
der Wiedergabe auf photomechanischem oder ähnlichem Wege und der Speicherung
in Datenverarbeitungsanlagen, bleiben, auch bei nur auszugsweiser Verwertung,
vorbehalten.

© 1996 by Böhlau Verlag Gesellschaft m.b.H. und Co. KG.,
Wien · Köln · Weimar

Satz: Ch. Weismayer, A-1080 Wien / A-5026 Salzburg
Druck: Plöchl, A-4240 Freistadt

INHALT

Inhalt 5

1. Grundzüge der Orientpolitik der Habsburgermonarchie.
   Zwischen Kontinuität und Wandel 9
2. Zur Haltung der Donaumonarchie in der Orientalischen Frage 15
3. Andrássys Pazifizierungsversuch im Februar/März 1876 31
4. Öffentliche Meinung oder Meinungspluralität? Zum Widerhall der Okkupation in der deutschsprachigen Presse der Donaumonarchie 49
5. Zur Unterrichtspolitik Österreich-Ungarns in Bosnien und der Hercegovina nach der Okkupation 74
6. Erste Reformmaßnahmen der österreichisch-ungarischen Verwaltung im Elementarschulwesen Bosniens und der Hercegovina 81
7. Politische und militärische Überlegungen zur Haltung Österreich-Ungarns gegenüber Bosnien und der Hercegovina 1908/09 94
8. Prozeß Banja Luka 1916: Das Militärgutachten 110
9. Die Serben Ungarns und der österreichisch-ungarische Ausgleich 119
10. Zur südslavischen Problematik des österreichisch-ungarischen Ausgleiches 128
11. Schulstruktur und nationale Identität der Serben Ungarns am Beginn des 20. Jahrhunderts 137
12. Ungarn und das Attentat von Sarajevo
    Die Stellungnahme der Abgeordneten des ungarischen Reichstages im Juli 1914 148
13. Die Affäre Putnik 165
14. Föderationspläne in Südosteuropa 172

Ortsnamenregister 181
Personenregister 183

VORWORT

Neben anderen Forschungsschwerpunkten habe ich mich mit der „Südslavischen Frage" in der Habsburgermonarchie, mit der „Orientkrise" und mit den beiden ehemals osmanischen Provinzen Bosnien und der Hercegovina seit rund dreißig Jahren, seit 1966, immer wieder eingehend und unter mehrfachen Gesichtspunkten auseinandergesetzt. Der zeitliche Bogen reicht vom österreichisch-ungarischen Ausgleich bis zum Ersten Weltkrieg und in Ansätzen auch über das Jahr 1918, über den Zusammenbruch der Habsburgermonarchie hinaus.

Staatsrechtliche Fragen, der emanzipatorische Anspruch, die integrierende wie desintegrierende Wirkung, die Binde- und zugleich die Sprengkraft des modernen Nationalismus, Reform- und Modernisierungsversuche im strukturellen Bereich, strategische Grundüberlegungen der Außen- und Militärpolitik der Doppelmonarchie, die Wirkung der öffentlichen Meinung wie der Einfluß der Parlamente auf die politische Entscheidung an der Staatsspitze und Überlegungen zum Gestaltungsprinzip Föderalismus stehen im Mittelpunkt der Darstellung. Manchmal verblüffende Parallelen wie unverkennbare Abweichungen zwischen damals und heute, Kontinuität wie Diskontinuität in den Entwicklungsstrukturen und den Ereignisabläufen, mögliche Lösungsansätze wie das Dilemma der scheinbaren Ausweglosigkeit bei der Problembewältigung sind nicht zu übersehen.

Insgesamt sind in diesem Band 14 Beiträge zusammengefaßt, die im Zeitraum von 1970 bis 1994 entstanden sind. Der Bogen der Erscheinungsorte umfaßt Wiesbaden, Wien und Graz sowie Belgrad, Sarajevo und Banjaluka. Die Beiträge wurden in verschiedenen Sammelbänden und Zeitschriften veröffentlicht, die manchmal nur schwer zugänglich, in einigen Fällen kaum noch greifbar sind. Dies führte – auf Anregung meiner Frau, der ich dafür aufrichtig verbunden bin – zur Überlegung, sie in überarbeiteter Form in einem Band zusammengefaßt zu veröffentlichen.

Ich bin dem Verlag Böhlau, Herrn Dr. Peter Rauch und Frau Dr. Eva Reinhold-Weisz vor allem, zu Dank verpflichtet, daß sie die Idee der zusammenfassenden Publikation im Hinblick auf die Aktualität der Fragestellung aufgegriffen haben. Besonders dankbar bin ich Frau Mag. Ulrike Jalali für die große Mühe und die Akribie, mit der sie die Beiträge, vor allem jene in Serbien und Bosnien erschienenen, lektoriert und korrigiert hat. Danken möchte ich dem Institut für den Donauraum und Mitteleuropa für die Bereitschaft, die Publikation als Band 3 seiner Buchreihe aufzunehmen.

Die Drucklegung war nur möglich, weil das Bundesministerium für Wissenschaft, Forschung und Kunst, die Steiermärkische Landesregierung und die Österreichische Forschungsgemeinschaft Druckkostensubventionen zur Verfügung gestellt haben. Allen fördernden Stellen bin ich für die Unterstützung dankbar.

Wenn die angestellten Überlegungen und Analysen ein wenig dazu beitragen, die Vielschichtigkeit der Fragestellungen zu erhellen und die ständige Herausforderung deutlich werden lassen, sich den Lösungsversuchen nicht zu entziehen, dann hat das Buch seinen Zweck erfüllt.

Wien, Ende Februar 1996 *Horst Haselsteiner*

Grundzüge der Orientpolitik der Habsburgermonarchie
Zwischen Kontinuität und Wandel

In dieser kurzen Miszelle wird der Versuch unternommen, demonstrativ vier Hauptentwicklungslinien der Südosteuropa- und Orientpolitik der Donaumonarchie zu skizzieren. Die vorgelegte Analyse erstreckt sich vor allem auf die zweite Hälfte des 19. Jahrhunderts. Die Querverbindungen in den Entwicklungstendenzen werden aber bis zur Wende vom 17. zum 18. Jahrhundert zurückverfolgt und berücksichtigt sowie ein Ausblick bis zum Ersten Weltkrieg mit einbezogen, um ein Urteil über die Kontinuität oder die Diskontinuität der Grundhaltung der Monarchie abgeben zu können.[1]

Vier Bereiche werden berührt:
1. Der außenpolitische Entscheidungsprozeß
2. Die Haltung gegenüber dem Osmanischen Reich
3. Das Verhältnis zu Rußland
4. Der Stellenwert wirtschaftspolitischer Überlegungen.

Eine zusätzliche Feststellung ist zu dieser Schwerpunktauswahl durchaus angebracht. Die Balkanvölker und die im 19. Jahrhundert Schritt für Schritt von ihnen konstituierten Staaten wurden eher als Objekte, weniger als Subjekte der Südosteuropa-Politik Österreichs, später der österreichisch-ungarischen Doppelmonarchie angesehen. Dies ist aber keineswegs ein Spezifikum der österreichischen bzw. österreichisch-ungarischen Grundeinstellung gegenüber den Völkern Südosteuropas. Alle anderen Mächte des „Europäischen Konzertes" zeichnen sich – mutatis mutandis – durch eine ähnliche Position den kleineren Völkern gegenüber aus. Ihnen wurde im strategischen Schachspiel der „Großen Politik" und der Mächte-Diplomatie die bloß taktische Rolle von „Bauern" zugedacht, die man den eigenen außenpolitischen Zielvorstellungen dienstbar zu machen versuchte.

---

[1] Neben den Standardwerken zur Geschichte der Habsburgermonarchie – wie KRONES, HUBER, UHLIRZ, HANTSCH, KANN, ZÖLLNER – und den Synthesen zur Außenpolitik – BEER, SOSNOSKY, SOREL, MARRIOTT, PRIBRAM, KLEIN, ROIDER jr., BRIDGE, DIÓSZEGI, PALOTÁS – wurden die Beiträge von DIÓSZEGI, PALOTÁS, BLED und vom Verfasser dieser Miszelle im Sammelband: Der Berliner Kongreß von 1878. Die Politik der Großmächte und die Probleme der Modernisierung in Südosteuropa in der zweiten Hälfte des 19. Jahrhunderts, ed. RALPH MELVILLE und HANS-JÜRGEN SCHRÖDER (Wiesbaden 1982) herangezogen.

1. Der außenpolitische Entscheidungsprozeß

Eine Wechselwirkung, eine Interdependenz zwischen Außenpolitik und Militärpolitik hatte es in der Donaumonarchie immer schon gegeben. Dies bezog sich auch auf die Haltung Österreichs bzw. Österreich-Ungarns in der Orientalischen Frage; beginnend mit der Regierungszeit Leopolds I., über Joseph I., Karl VI., Maria Theresia, Joseph II., Leopold II., Franz I., Ferdinand I. bis zur Regierungszeit Franz Josephs. Dennoch kann mit der Übernahme des k. u. k. Ministeriums des Äußern und des k. u. k. Hauses durch Julius Graf Andrássy im November 1871 von einer substantiellen Veränderung gesprochen werden. Auf Grund der negativen und schmerzlichen Erfahrungen der letzten beiden Jahrzehnte sahen sich der Herrscher und der Außenminister veranlaßt, in Hinkunft die Außenpolitik in verstärkter Abstimmung mit den militärischen Gegebenheiten und Voraussetzungen zu führen. Man könne nur dann erfolgreich Außenpolitik gestalten, wenn man über das militärische Potential Bescheid wisse. Anderseits benötige die militärische Führung Detailinformationen über außenpolitische und diplomatische Erwägungen, um zielentsprechend die eventuell erforderlichen militärischen Operationen vorbereiten und durchführen zu können.[2]

Von dieser Grundüberlegung ausgehend, wurde dann im Rahmen der Militärkanzlei des Herrschers die Institution der „Militär-politischen Geheimkonferenzen" immer mehr zum eigentlichen Entscheidungsträger der Gesamtpolitik. Die beiden herrscherlichen Prärogativbereiche Außen- und Wehrpolitik sollten ohne konstitutionelle Kontrolle durch die beiden Parlamente, den cisleithanischen Reichsrat und den transleithanischen Reichstag bzw. die beiden Regierungen in Wien und in Budapest vom Herrscher selbst und seinen engsten zivilen und militärischen Beratern festgelegt werden. Damit verblieb die Außenpolitik in der Art der Entscheidungsfindung ein Regal des Souveräns, ein Relikt des herrscherlichen Absolutismus bis ins 20. Jahrhundert hinein. In dieser Hinsicht ist demnach eine bis ins 17. Jahrhundert (und noch weit darüber hinaus) zurückreichende Kontinuität festzustellen.

Hervorzuheben bleibt, daß sich Franz Joseph in weit größerem Maße als bisher angenommen die Letztentscheidung in außenpolitischen Fragen – auch in Balkanangelegenheiten – vorbehalten und getroffen hat. Auch in diesem Bereich kann im Rückblick auf die Herrscher des 17., 18. und 19. Jahrhunderts – mit einigen Abweichungen unter Kollonitz, Prinz Eugen, Kaunitz und Metternich – von einem Element der Beständigkeit gesprochen werden.

---

2 HORST HASELSTEINER, Zur Haltung der Donaumonarchie in der Orientalischen Frage. In: Der Berliner Kongreß von 1878. Die Politik der Großmächte und die Probleme der Modernisierung in Südosteuropa in der zweiten Hälfte des 19. Jahrhunderts, ed. RALPH MELVILLE und HANS-JÜRGEN SCHRÖDER (Wiesbaden 1982), S. 227–243; im Hinblick auf die Wechselwirkung zwischen Militär- und Außenpolitik insbesondere S. 228 f. – Vgl. auch: ISTVÁN DIÓSZEGI, Andrássy und der Aufstand von Herzegowina im Sommer des Jahres 1875, sowie den Beitrag von ARNOLD SUPPAN, Außen- und militärpolitische Strategie Österreich-Ungarns vor Beginn des Bosnischen Aufstandes 1875. Beide Aufsätze in: Medjunarodni naučni skup povodom 100-godišnjice ustanka u Bosni i Hercegovini, drugim balkanskim zemljama i istočnoj krizi 1875–1878, godine, Bd. 1 (Sarajevo 1977), S. 367–385 bzw. 159–175.

Eine noch zu erörternde Frage, die einer eingehenden Analyse bedürfte, wäre jene nach der Priorität militär- oder außenpolitischer Erwägungen in der Willensbildung. Für die Zeit Franz Josephs und die von ihm geformte Balkanpolitik kann durchaus ein Überwiegen des zivilen Faktors angenommen werden, trotz Erzherzog Albrecht, Generaloberst Beck und später Conrad. Im 18. Jahrhundert wird man teilweise eine andere Schwerpunktsetzung wählen müssen. Hier genügt es, auf die Rolle Prinz Eugens und Feldmarschall Graf Lacys hinzuweisen.[3]

2. Die Haltung gegenüber dem Osmanischen Reich

Mit dem großen Türkenkrieg am Ende des 17. Jahrhunderts und mit dem Friedensschluß von Karlowitz trat 1699 ein grundlegender Wandel in den Beziehungen zwischen dem Habsburgerstaat und dem Osmanischen Reich ein. Das Gefühl der Bedrohung durch die Türken wurde durch die Tendenz zur Ausbreitung in Richtung Südosteuropa abgelöst. Die Grundhaltung der Defension wich der Disposition zur Expansion.

Die Bereitschaft zur Ausdehnung hielt sich, trotz vereinzelter Rückschläge (1739, 1788 – 1790) und gewisser Modifikationen, bis zur Regierungszeit Franz Josephs. Dieses Ausgreifen in Richtung Südosten – auch hier ein Element der Stetigkeit – war in erster Linie dynastisch bedingt und wurde primär mit der durch Österreich, durch das Haus Habsburg bzw. Habsburg-Lothringen auszuführenden europäischen Mission begründet: Österreich und Habsburg als Schutzmacht der Balkanchristen und als Träger der westeuropäischen Kultur, damit gleichzeitig als Faktor, ja als Garant der Stabilität in Südosteuropa.

In Gegenwirkung zu dieser latenten Expansionsbereitschaft ist aber eine zweite Grundtendenz der Haltung Österreichs gegenüber dem Osmanischen Reich zu konstatieren: Bedingt durch das Empfinden der eigenen inneren Schwäche, begründet durch das Engagement der Monarchie in Italien, in Deutschland und Westeuropa, verursacht durch die noch zu erörternde Rivalität zum Zarenreich, erfolgte das Betreiben einer Status-quo-Politik auf dem Balkan, das Bestreben, das Osmanische Reich zu stabilisieren und dessen Integrität zu erhalten. Diese Grundhaltung ist für die Regierungszeiten Maria Theresias, Leopolds II. und für fast die gesamte Amtsperiode des Fürsten Metternich festzustellen. Ja mehr noch: Zu Beginn der siebziger Jahre und in der ersten Phase der Großen Orientalischen Krise vertraten Franz Joseph und die führenden Männer der Doppelmonarchie den gleichen Standpunkt. Andrássy bemühte sich in seiner „Pazifizierungspolitik" 1875/76 um eine Konsolidierung des Osmanischen Reiches, sprach von der „providentiellen Nützlichkeit" der Türkei für Österreich-Ungarn und im Sinne des europäischen Gleichgewichtes.[4]

---

3 KARL R. ROIDER jr., Austria's Eastern Question 1700 – 1790 (Princeton 1982); HORST HASELSTEINER, Joseph II. und die Komitate Ungarns. Herrscherrecht und ständischer Konstitutionalismus (= Veröffentlichungen des Österreichischen Ost- und Südosteuropa-Instituts 11, ed. RICHARD GEORG PLASCHKA, Wien/Köln/Graz 1983), beide mit umfangreicher Quellen- und Literaturangabe.

4 HORST HASELSTEINER, Andrássys Pazifizierungsversuch im Februar/März 1876. In: Medjunarodni naučni skup povodom 100-godišnjice ustanka u Bosni i Hercegovini, drugim balkanskim zemljana i istočnoj krizi 1875 – 1878 godine. Band 1 (Sarajevo 1977), S. 187 – 201. Julius Graf Andrássy betonte auf der geheimen Konferenz vom 29. Jänner 1875: „Die Türke ist von einer fast providen-

Mit der Dynamik der Ereignisse 1876 bis 1878 auf dem Balkan wurde aber die Basis der Status-quo-Haltung immer schwächer, der Grat zwischen Integrität und Intervention immer schmäler und die Bereitschaft zum Ausgreifen, zur Okkupation immer größer. Expansions- und Kompensationsbedürfnis aus machtpolitischen, wirtschaftlichen und militärstrategischen Erwägungen entsprachen dem Prestigebedürfnis eines Reiches, das sich selbst genauso als Großmacht ansah, wie es auch von den anderen europäischen Mächten als solche angesehen werden wollte. Damit waren für die Monarchie Ausbreitungsbereich und Rivalitätszone in Südosteuropa vorgezeichnet, die „Südslavische Frage" in ihrer Brisanz angesprochen.

3. Das Verhältnis zu Rußland

In der Südosteuropa-Politik der Donaumonarchie spielt das Zarenreich eine eminente Rolle. Die Grundalternative der eigenen Haltung bewegt sich bereits seit Beginn des 18. Jahrhunderts zwischen Kooperation und Konfrontation. Hatte man doch in Wien bereits 1710 die Befürchtung geäußert, daß die zaristische Armee mit einem Schlag das osmanische Heer vernichten könnte. Dann aber stünde für die Russen der Weg nach Istanbul, an die Donau und auf den Balkan offen. Die Monarchie hätte dann auf dem Balkan einen noch gefährlicheren, stärkeren Gegner als das Osmanische Reich. Damit wäre aber die Stellung des Habsburgerreiches, ja mehr noch: seine Existenz an der Wurzel bedroht.[5]

Diese Grundeinstellung zeigt vom 18. bis in die zweite Hälfte des 19. Jahrhunderts Langzeitwirkung und wirkt bis an die Schwelle des Ersten Weltkrieges fort. Der Ausweg, der sich anzubieten scheint, ist die versuchte Zusammenarbeit mit dem Zarenreich, ein angestrebtes Arrangement für den eventuellen Zerfall des Osmanischen Reiches und eine großgefächerte Teilung Südosteuropas mit dem Partner-Kontrahenten, mit Rußland. Anläufe in dieser Richtung sind mehrfach festzustellen: Zarin Anna Ivanovna und Karl VI., Katharina II. und Joseph II., Andrássy und Gorčakov, Aehrenthal und Izvol'skij. Der Erfolg für die Monarchie bleibt vergleichsweise beschränkt, die zeitweilige Kooperation mit dem Zarnereich muß problematisch erscheinen. Daher ist im Verhältnis zu Rußland Stetigkeit neben Zwiespältigkeit festzustellen, wobei dem latenten Mißtrauen, das Erkennen des à la longue unausweichlichen Gegensatzes. der Konfrontation das dauernde, den Versuchen zur Verständigung eher das transitorische, das vorübergehende und wenig haltbare Wesensmerkmal zuzuordnen ist.

---

tiellen Nützlichkeit für Österreich – ihr Bestand liegt in unserem wohlverstandenen Interesse. Sie erhält den Status quo der kleinen Staaten, weist deren Aspirationen zu unserem Vorteil zurück. Wäre die Türkei nicht, so träten alle diese lästigen Aufgaben an uns heran." Vgl. mit Quellenangabe: HASELSTEINER, Zur Haltung der Donaumonarchie in der Orientalischen Frage, S. 237, Anmerkung 33.

5 ROIDER, Austria's Eastern Question, S. 21 – 37.

4. Der Stellenwert wirtschaftspolitischer Überlegungen

Wirtschafts- und handelspolitische Überlegungen im Sinne des Merkantilismus bzw. des Physiokratismus hatte es bei der Formulierung der Südosteuropapolitik der Habsburger in Ansätzen schon im 17. und im 18. Jahrhundert gegeben. Hier sei vor allem auf die Regierungszeiten Leopolds I., Maria Theresias und zum Teil Josephs II. verwiesen.[6] Zunehmend größere Bedeutung erhielt aber die Außenhandels- und Verkehrspolitik erst ab den siebziger Jahren des 19. Jahrhunderts. Drei Hauptfragen lassen sich für die Zeit ab der Großen Orientkrise herausschälen:

a) Die Eisenbahnpolitik

Hier stand die Rolle Österreich-Ungarns bei Routenführung, Finanzierung, Ausbau und Kontrolle der Internationalen Eisenbahnverbindungen im Vordergrund. Finanz-, handels- und militärpolitisch-strategische Erwägungen verschränkten sich zu einem Ganzen und wirkten mit dem Krisenfall der Auseinandersetzung um Sandžak- und Donau-Adria-Bahn bis in den Beginn des 20. Jahrhunderts hinein.[7]

b) Die Donau als Schiffahrts- und Handelsweg

Die Sicherung des Schiffahrtsweges der Donau, allfällige Überlegungen einer Neutralisierung und Internationalisierung und vor allem die Fixierung des vorherrschenden österreichisch-ungarischen Einflusses auf den Donauverkehr standen an der Spitze der Wunschvorstellungen der Doppelmonarchie. Hier mußte allerdings Österreich-Ungarn wesentliche Abstriche von seinen eigenen Vorstellungen über Dominanz auf dem Strom in Kauf nehmen, auch wenn im Artikel 54 des Berliner Vertrages die gesonderte Regelung des Donauabschnittes zwischen Galatz und dem Eisernen Tor festgelegt wurde.[8]

---

6 FERDINAND TREMEL; Wirtschafts- und Sozialgeschichte Österreichs von den Anfängen bis 1955 (Wien 1969); ALFRED HOFFMANN, Staat und Wirtschaft im Wandel der Zeit. Studien und Essays, Bd. 1 (Wien 1979); FRANZ MARTIN MAYER, Die Anfänge des Handels und der Industrie und die Orientalische Handelskompanie (Innsbruck 1882); HEINRICH VON SRBIK, Der staatliche Exporthandel Österreichs von Leopold I. bis Maria Theresia (Wien/Leipzig 1907); ADOLF BEER, Die österreichische Handelspolitik unter Maria Theresia und Joseph II. (= Archiv für österreichische Geschichte 86, Wien 1899); RICHARD GEORG PLASCHKA, Austrian Policy towards the Balkans in the second Half of the Eighteenth Century. In: DERS., Natioanlismus, Staatsgewalt, Widerstand. Aspekte nationaler und sozialer Entwicklung in Ostmittel- und Südosteuropa (= Schriftenreihe des Österreichischen Ost- und Südosteuropa-Instituts 11, Wien 1985), S. 36 – 42.

7 EDUARD MÄRZ, Österreichische Industrie- und Bankpolitik in der Zeit Franz Josephs I. (Wien 1968); HEINRICH BENEDIKT, Die wirtschaftliche Entwicklung in der Franz-Joseph-Zeit (Wien/München 1958); HERBERT MATHIS, Österreichs Wirtschaft 1848 – 1913 (Berlin 1973); SOLOMAN WANK, Aehrenthal and the Sanjak of Novizpazar Railway Project. In: Slovenic and East European Review 42/1964.

8 EMIL PALOTÁS, Die wirtschaftlichen Aspekte in der Balkanpolitik Österreich-Ungarns um 1878. In: Der Berliner Kongreß von 1878. Die Politik der Großmächte und die Probleme der Modernisierung in Südosteuropa in der zweiten Hälfte des 19. Jahrhunderts, ed. RALPH MELVILLE und HANS-JÜRGEN SCHRÖDER (Wiesbaden 1982), S. 271 – 285; sowie den im selben Band erschienenen Beitrag von

c) Ausgestaltung der Handelspolitik

Nach der Wirtschaftskrise von 1873 drängten vor allem die zisleithanischen Handels- und Gewerbekammern auf die Forcierung der Handelsbeziehungen zu Südosteuropa und zur Levante, da ja der „Orient" als „natürliches Absatzgebiet" der Monarchie anzusehen sei. In dieser Frage traten die größten Differenzen zwischen den beiden Reichsteilen, ihren führenden Politikern und ihren Wirtschaftstreibenden zutage. Während die ungarische Seite bloß für den Abschluß von Handelsverträgen mit den Staaten Südosteuropas eintrat, strebten maßgebende Kreise in Österreich wie der Handelsminister Chlumetzky und der Chef der handelspolitischen Sektion im Ministerium des Äußern Schwegel die wirtschaftliche „Einverleibung" des Westbalkan durch Zollunion an.

Das Instrument der bilateralen Handelsverträge mit den Staaten Südosteuropas griff dann in den Folgejahren Platz, wobei die Monarchie allerdings die zunehmende Konkurrenz der westeuropäischen Industriestaaten, an der Spitze Deutschland, zu spüren bekam.

Die Zone der bilateralen Handelsbeziehungen zwischen Österreich-Ungarn und den südosteuropäischen Staaten blieb aber keineswegs friktionsfrei. Hier sei an den Handels- und Zollkrieg zwischen der Monarchie und dem Königreich Serbien zu Beginn des 20. Jahrhunderts erinnert.[9]

Soweit zu den vier Schwerpunktbereichen. Um zum Abschluß auf die einleitende Frage zurückzukommen:

Bei Analyse der Grundzüge der Orientpolitik der Habsburgermonarchie wird den Elementen der Kontinuität ein größeres Gewicht beizumessen sein als jenen der Diskontinuität. Ob aber Kontinuität mit Erfolg gleichgesetzt werden kann, ist eine nicht pauschal zu beantwortende Frage.

aus: Godišnjak društva istoričara Bosne i Hercegovine. Ekmečićev zbornik. God. XX (Sarajevo 1988), S. 79 – 83.

PETER F. SUGAR, Railroad Construction and the Development of the Balkan village in the Last Quarter of the 19th Century, S. 485 – 497.
9 Vgl. die in Fußnote 7 angeführte Literatur von MÄRZ, BENEDIKT und MATHIS.

Zur Haltung der Donaumonarchie in der Orientalischen Frage

Der Wiener Ordinarius für Geschichte der Neuzeit Heinrich Lutz hat in seinem Beitrag in der Festschrift für K. R. Stadler einen Teil der Protokolle der militärpolitischen Geheimkonferenzen vom Februar 1872 textkritisch ediert.[1] In seinem hervorragenden Kommentar zum Inhalt und vor allem zur Bedeutung der Konferenzen stellt Lutz die Frage, ob es nicht wünschenswert wäre, im Bestand der Militärkanzlei im Wiener Kriegsarchiv nach weiteren ähnlichen Protokollen zu suchen. Denn dann wäre man in der Lage, die militär- und außenpolitische Motivation und Meinungsbildung der führenden Männer der Habsburgermonarchie auf Grund dieser Quellenbasis zu erfassen. Nun haben István Diószegi (Budapest) und Arnold Suppan (Wien) unabhängig voneinander auf der Internationalen Konferenz in Sarajevo im Jahre 1975 das Protokoll einer weiteren Geheimkonferenz vom Jänner 1875 als Grundlage ihres Vortrages gewählt.[2]

Es mußte daher lohnenswert erscheinen, beide Quellenstücke miteinander zu vergleichen, Kontinuität und Wandel in den Stellungnahmen der Konferenzteilnehmer herauszuschälen. Als zusätzliche Quellen – um die beabsichtigte Analyse nach Möglichkeit bis zum Jahr 1878 auszuweiten – wurden noch die Protokolle von zwei weiteren geheimen Sitzungen aus den Jahren 1876 und 1878 herangezogen, ergänzt durch zwei Denkschriften führender Militärpersonen aus dem März 1878.[3]

---

1 HEINRICH LUTZ, Politik und militärische Planung in Österreich-Ungarn zu Beginn der Ära Andrássy. Das Protokoll der Wiener Geheimkonferenzen vom 17. bis 19. Februar 1872, in: Geschichte und Gesellschaft, Festschrift für Karl R. Stadler, Wien 1974, S. 23 – 44.
2 ISTVÁN DIÓSZEGI, Andrássy und der Aufstand von Herzegowina im Sommer des Jahres 1875; ARNOLD SUPPAN, Außen- und militärpolitische Strategie Österreich-Ungarns vor Beginn des Bosnischen Aufstandes 1875. Beide Aufsätze in: Medjunarodni naučni skup povodom 100-godišnijice ustanka u Bosni i Hercegovini, drugim balkanskim zemljama i istočnoj krizi 1875 – 1878. godine, Bd. 1, Sarajevo 1977, S. 367 – 385 bzw. S. 159 – 175. Den Text dieses Protokolls hat – mit kleineren Übertragungsfehlern – bereits in der Zwischenkriegszeit M. Vukčević publiziert: MILO VUKČEVIĆ, O politici grofa Andrašija prema našem narodu uoči istočne krize (Über die Politik des Grafen Andrássy gegenüber unserem Volk angesichts der östlichen Krise), in: Glasnik istoriskog društva u Novom Sadu VI, 3 Sremski Karlovci 1933, S. 389 – 398.
3 Protokoll über die unter Allerhöchstem Vorsitz Seiner Majestät des Kaisers am 13. November 1876 stattgehabten Konferenz – Kriegsarchiv Wien (KA), Militärkanzlei Seiner Majestät (MKSM) 1876, 69-1/25 (weiterhin: Protokoll 13.XI.1876); Konferenz-Protokoll über die unter A.h. Vorsitze Sr. k. k. Apostolischen Majestät am 16. April 1878 stattgehabten Sitzung, betreffend die mit Rücksicht auf die gegenwärtige allgemeine politische Lage etwa zu ergreifenden militärischen Maßregeln – KA, MKSM 1878, 69-1/23 (weiterhin: Protokoll 16.IV.1878); k. k. Oberstleutnant VON THOEMMEL: Memorandum über die durch die Punktation des Vertrags von San Stefano geschaffene Situation mit besonderem Bezug auf Montenegro, dann Serbien und Bulgarien; Wien 22. März 1878 – Haus-, Hof- und Staatsarchiv Wien (HHStA), P.A. XII Türkei, Varia 1878, Karton 131 (weiterhin:

Der vorliegende Beitrag soll den Versuch darstellen, auf dieser Grundlage eine Aussage über die Haupttendenzen der österreichisch-ungarischen Außenpolitik im Hinblick auf die Orientalische Frage zu treffen. Die Vielschichtigkeit dieses Problemes bringt es ipso facto mit sich, daß nicht auf alle Aspekte dieses Fragenkomplexes (vor allem nicht in gleicher Dichte) eingegangen werden kann. Die Relevanz des Quellenmaterials scheint aber diesen – wenn auch bruchstückhaften – Versuch zu rechtfertigen.

Wechselwirkung zwischen Militär- und Außenpolitik

Bei versuchter Wertung und Einordnung der geheimen Konferenzen darf auf ein besonderes Moment hingewiesen werden. Schon im Februar des Jahres 1872 hatte der Herrscher in seinen Einleitungsworten nachdrücklich darauf hingewiesen, daß sich Graf Andrássy bei Übernahme seines Portefeuilles ausdrücklich verpflichtet habe, die Außenpolitik in Abstimmung mit den militärischen Gegebenheiten und Voraussetzungen zu führen. Der Minister des Äußern präzisierte im Anschluß daran gleich seine Position. Man kann – so meinte er – nur dann erfolgreiche Außenpolitik betreiben, wenn man die eigenen Kräfte abzuschätzen vermag und vor allem weiß, *wann* man *wo welches militärische Potential* einsetzen kann. Flankierend dazu hat man auch über die vergleichbare Situation der Nachbarn informiert zu sein. Andererseits müssen auch die Militärs über die Details der außenpolitischen und diplomatischen Überlegungen Bescheid wissen, um zielgerichtet die nötigen militärischen Operationen vorbereiten und durchführen zu können.[4] Aus diesen Ausführungen kann man mit Recht die Zielsetzung der inbesondere in Krisenzeiten angesetzten geheimen Konferenzen ablesen. Zur Vorbereitung der Willensbildung in den beiden wesentlichsten Prärogativbereichen des Herrschers – in der Außenpolitik und im militärischen Bereich – sollten die maßgebenden Männer der Donaumonarchie ihre Überlegungen präsentieren können, vor allem aber die Außenpolitik nicht unabhängig und isoliert von militärischen Gesichtspunkten geführt werden. Hervorzuheben bleibt vor allem die Tatsache, daß die Ministerpräsidenten der beiden Reichsteile an diesen Beratungen nicht teilgenommen haben. Franz Joseph wollte offensichtlich in jenen Bereichen, in denen er sich die letztgültige Entscheidung vorbehielt, die Regierungsspitze und damit verbunden die allfällige parlamentarische Kontrolle und Mitsprache in Zis- und Transleithanien hintanhalten.

Deutlich spürbar tritt bei allen Konferenzen die Überzeugung in den Vordergrund, daß zwischen Außenpolitik und militärischer Stärke und Schlagkraft eine unabdingbare Wechselwirkung bestehe. Hier waren sich Herrscher, Andrássy und

---

THOEMMEL-Memorandum); Generalmajor (GM) FREIHERR VON BECK: Militärische Betrachtungen über die durch den Frieden von St. Stefano geschaffenen neuen Grenzen auf der Balkan-Halbinsel; Wien, 24. März 1878 – HHStA, P.A. XII Türkei, Varia 1878, Karton 131 (weiterhin: BECK: Militärische Betrachtungen).

4 „Seine Majestät: Bei Übernahme des Portefeuilles hat sich Graf Andrássy zum Prinzip gemacht, den Gang der auswärtigen Politik im Einklang mit den militärischen Interessen zu leiten." – Protokoll der unter Allerhöchstem Vorsitze am 17. Februar 1872 abgehaltenen Konferenz – KA, MKSM 1872, Sep. Fasz. 77 (weiterhin: Protokoll 17.II.1872). – Vgl. vor allem auch LUTZ, S. 29.

die führenden Militärs einig.[5] Dies konnten sie als Quintessenz aus der Entwicklung der Donaumonarchie in den letzten beiden Jahrzehnten herauslesen. Hinweise auf die für Österreich-Ungarn schmerzlichen Erfahrungen der letzten Jahre fehlten daher auch nicht bei den einzelnen Wortmeldungen. Vor allem Andrássy suchte aus diesen bitteren Schlägen die Konsequenzen zu ziehen. Bereits im Jahre 1872 schwor er zumindest verbal der bisherigen, von ihm als ,,traditionalistisch" bezeichneten Politik ab. Eine Berufung auf das Recht bzw. auf historische Rechtstitel genügte nicht mehr. Er versuchte eine Profilierung in Richtung des nach allen Seiten hin kühl abwägenden, nüchtern denkenden, die Chancen abschätzenden realen Machtpolitikers – sicher nach dem Vorbild Bismarcks. Im Anschluß an den machiavellistischen Grundsatz der Außenpolitik, ,,daß Macht über Recht geht", erhob er die Forderung, daß die Außenpolitik mit allen ihren Zielsetzungen unbedingt korrelieren müsse mit dem Bestreben, jene militärischen Machtmittel zu sichern, die man in Händen haben müsse, um die ihm als richtig erkannten außenpolitischen Ziele – wenn nötig auch mit der Waffe in der Hand – durchsetzen zu können. Denn nur jene Politik sei richtig, so meinte der Minister des Äußern, die sich auch in dieser Richtung abzusichern verstehe.[6]

Donaumonarchie an der Schwelle zur Aktion

Bemerkenswert erscheint am Vorabend des Ausbruches des Aufstandes der Hercegovina die Beurteilung der Situation durch Andrássy. Auf der geheimen Konferenz Ende Jänner des Jahres 1875 sprach er sich ganz entschieden gegen die Fortsetzung einer zögernden, passiven und indolenten ,,Abstinenzpolitik" aus. Er verwies auf die in der Vergangenheit ungenützten, die versäumten Gelegenheiten der Monarchie und warnte vor den negativen Folgen des Nichthandelns. Gefahr bestand demnach in erster Linie für Dalmatien. Wenn Serbien und Montenegro auf dem Balkan aktiv werden sollten, sich unter Umständen in den Besitz von Bosnien und der Hercegovina setzten, dann würde durch die dadurch geschaffene Staatenbildung eine eminente Gefahr für die Südwestgrenze der Monarchie entstehen, sie in die Rolle des ,,kranken Mannes" gedrängt werden.[7]

---

5 ,,Der Minister des Äußeren muß bei seinen Aktionen ein Heer hinter sich haben, das geachtet ist und nicht überrumpelt werden kann"; Erzherzog Albrecht auf der Konferenz vom 18. Februar 1872, Protokoll der unter Allerhöchstem Vorsitze am 18. Februar 1872 abgehaltenen Konferenz – KA, MKSM 1872, Sep. Fasz. 77 (weiterhin: Protokoll 18.II.1872); LUTZ, S. 38.

6 ,,Keine Politik soll sich von Traditionen leiten lassen, sondern durch richtige Kombinationen die Chancen des Erfolges sichern; nur jene äußere Politik ist richtig, die auch strategisch richtig ist." Protokoll 17.II.1872; LUTZ, S. 29: ,,*Die Folge der letzten Kriege ist, ,daß Macht über Recht geht'; heute ist also kein Staat sicher, sein Recht auch behaupten zu können, außer die Grundlage aller seiner Kombinationen ist, dasjenige, was er friedlich anstrebt, auch mit den Waffen in der Hand erfolgreich durchführen zu können.*" Der hier hervorgehobene Passus ist von Andrássy nachträglich eigenhändig statt der ursprünglichen, aus der Feder Becks stammenden Formulierung eingefügt worden: ,,Keine Politik ist sicher, deren Endziel nicht auf der Entscheidung der Waffen beruht; die Mittel, welche dabei angewendet werden, sind zwar nicht immer zu loben, wenn sie aber nur zum Ziele führen."

7 ,,Die Folgen einer wiederholten Abstinenzpolitik einer eminenten Gelegenheit der Annektierung der Länder jenseits unserer Südwestgrenze gegenüber würden schwer sein; sie bestünden zunächst notwendiger Weise in einem Verlust unserer dalmatischen Küsten. – ... Tritt aber Serbien und

Die konsequente Folgerung, die Andrássy sogleich zu ziehen bereit war: In Zukunft dürfe Österreich-Ungarn nicht mehr unvorbereitet einer solchen Konstellation gegenüberstehen, die zum aktiven Eingreifen provoziere. Der Augenblick müsse unbedingt genützt werden. Das Vorgehen habe „mit Kraft und Geschicklichkeit" anzulaufen, mit einem energischen fait accompli abzuschließen; die Anerkennung der europäischen Mächte den vollzogenen Tatsachen gegenüber – so gab sich Andrássy zuversichtlich – werde dann sicher nicht ausbleiben und „von selbst" ausgesprochen werden.[8]

Friedenspolitik, militärische Schlagkraft und Verteidigungskrieg

Im Zusammenhang mit der auf der Konferenz vom Februar 1872 aufgestellten Forderung nach der Erreichung der vollen militärischen Schlagkraft der k. k. Armee binnen zwei Jahren erörterte Andrássy sein Verhältnis zur Friedenspolitik und die Vereinbarkeit der grundsätzlichen Friedensbereitschaft mit der von ihm geforderten militärischen Mobilisierung. Er betonte die absolute Priorität der „Politik des Friedens". Bezüglich der Aussichten, diesen Frieden in den nächsten Jahren zu erhalten, sprach er sich allerdings pessimistisch aus. Daher müsse sich die Monarchie für den Kriegsfall vorbereiten, was aber nicht heißen solle, daß sie die bewaffnete Auseinandersetzung vom Zaune breche.[9] Diplomatisch wollte der Minister des Äußern für die Monarchie die Defensivrolle beibehalten wissen, denn er konstatierte das Fehlen der „nationalen Begeisterung" in der Doppelmonarchie, daher müsse man die öffentliche Meinung wenigstens für „die Idee der Verteidigung des gemeinsamen Vaterlandes" zu motivieren suchen. Denn nur dann, wenn ein Krieg der Monarchie aufgezwungen werde, „sei Opferwilligkeit im großen Maßstab zu erwarten, auf die man bei einem Angriffskriege nicht rechnen könne".[10] Erzherzog Albrecht wies in diesem Zusammenhang noch gesondert darauf hin, daß man zunächst stabile Zustände im Innern schaffen, die Slaven der Monarchie beruhigen müsse, denn die Monarchie könne „leider einen nationalen Krieg nicht führen".[11]

Aus diesen Argumenten und Erwägungen läßt sich unschwer die heikle Situation ablesen, in der sich die für die Außen- und Heerespolitik der Doppelmonarchie verantwortlichen Männer befanden. Nach außen hin expansives – eventuell sogar mit Waffengewalt erzwungenes – Vorgehen ließ sich mit den angesprochenen

---

Montenegro in den Besitz Bosniens und der Herzegowina und erfolgt hierdurch eine neue Staatenbildung, die wir nicht hindern oder nicht hindern könnten, dann geben wir uns selbst auf und treten in die Rolle des kranken Mannes." Protokoll über die am 29. Jänner 1875 unter dem Allerhöchsten Vorsitze Seiner Majestät des Kaisers abgehaltenen Konferenz – KA, MKSM 1875, 69-2/2 (weiterhin: Protokoll 29.I.1875). Zur Analyse der Geheimkonferenz vgl. DIÓSZEGI und SUPPAN.

8 „Sollte sich die Konstellation ergeben, wie sie jetzt entwickelt wurde, dann tritt der Fall ein, in dem die absolute Notwendigkeit vorherrscht, daß Österreich nach allen Richtungen hin fertig sei, um seinen Ansprüchen Geltung zu verschaffen." Protokoll 29.I.1875; DIÓSZEGI, S. 371; SUPPAN, S. 164 f., VUKČEVIĆ, S. 391.

9 Protokoll 17.II.1872; LUTZ, S. 30.

10 Protokoll 17.II.1872; LUTZ, S. 35, Protokoll 18.II.1872; LUTZ, S. 41.

11 „Seine kaiserliche Hoheit findet es vor allem notwendig, die Konsolidierung der inneren Zustände anzustreben, und die slavischen Stämme einigermaßen zu beruhigen, da wir leider einen nationalen Krieg nicht führen können." – Protokoll 18.II.1872; LUTZ, S. 40.

Schwierigkeiten im Innern, mit dem Mangel an rückhaltlos zu vertretender, auch nationaler Motivation kaum in Einklang bringen. Man geriet dadurch in die fatale Gefahr, mehr anzustreben als man zu erreichen in der Lage war.

Haltung in der Balkanfrage: Präferenz für Rektifizierung der Grenze

Überlegungen in Richtung eines expansiven Ausgreifens der Donaumonarchie auf dem Balkan, insbesondere einer Einbeziehung der beiden Provinzen Bosnien und der Hercegovina in den eigenen Machtbereich, hatten eine unleugbare Tradition.[12] Vor allem militärische Kreise propagierten seit den fünfziger Jahren verstärkt eine dynastische Eroberungspolitik, für die der Herrscher selbst im Grunde nicht unempfänglich war. Aber nicht alle befürworteten die Expansion. Nach einer anderen Konzeption sollte die Monarchie nach dem Prinzip der konservativen Solidarität für die Beibehaltung der bestehenden Zustände im Sinne des Status quo eintreten. Von beiden Parteien wurden verschieden gelagerte Gründe für die Richtigkeit ihrer Auffassungen ins Treffen geführt.[13]

Besonders darf – vor allem im Hinblick auf die Hauptfragestellung dieses Beitrages – die Position von Julius Graf Andrássy in dieser Frage hervorgehoben werden. In seinem Vortrag in Sarajevo hat István Diószegi die Haltung skizziert, die Andrássy in der Balkanfrage als ungarischer Ministerpräsident eingenommen hatte. Demnach war Graf Andrássy der Meinung, die Monarchie solle in ihrem eigenen Interesse auf die Pforte einwirken, damit das Osmanische Reich die beiden Provinzen Serbien überlasse. Denn dadurch – meinte Andrássy – würde man auf dem Balkan eine stabile Lage schaffen, das benachbarte Fürstentum der Doppelmonarchie gegenüber verpflichten und damit gleichzeitig Rußland entfremden.[14] Diese Auffassung – die er noch Ende 1870 vertrat – ließ sich weder in der Variante der dynastischen Eroberungs- noch der konservativen Status-quo-Politik einordnen und beanspruchte daher einen durchaus eigenständigen Platz in der Entwicklung balkanpolitischer Überlegungen innerhalb der Donaumonarchie.

Nach seiner Berufung zum k. u. k. Minister des Äußern hat sich aber die von ihm vertretene Grundposition offensichtlich gewandelt. Stellte er doch auf der Geheimkonferenz vom Februar 1872 ausdrücklich fest: „Die uns zunächst liegenden Länder des Orients, Bosnien und Herzegowina, sind in der Lage, deren Anschluß an Österreich wünschenswert zu machen."[15]

Der Anschauungswandel ist unverkennbar und kann in der Weichenstellung als grundlegend bezeichnet werden. Ihn bloß durch Flexibilität des Ministers zu erklären und ihn beinahe ausschließlich auf die Änderungen in der ungarischen Innenpolitik zurückzuführen, scheint zu wenig zu sein. Hier wäre überdies anzumerken, daß Andrássy mit der Annahme des Amtes des Ministers des Äußern vor allem die gesamtstaatlichen Aspekte in den Vordergrund rücken mußte. Auch hatte er die Vorstellungen seines Herrschers zu berücksichtigen. Er konnte daher die Balkanpo-

---

12 Vgl. SUPPAN, S. 160 und ausführliche Literaturangaben ebenda.
13 SUPPAN, S. 160 f. bringt eine Zusammenstellung der Argumente pro und contra Okkupation. Vgl. vor allem auch DIÓSZEGI, S. 368.
14 DIÓSZEGI, S. 368.
15 Protokoll 17.II.1872; LUTZ, S. 32.

litik nicht mehr ausschließlich aus einem rein ungarischen Blickwinkel betrachten. Dies wird man bei der Beurteilung des Sinneswandels von Andrássy wohl in Rechnung stellen müssen. Die Frage nach seiner Option für eine der beiden Varianten der klassischen Orientpolitik der Donaumonarchie mußte sich nun stellen.

In diesem Zusammenhang verdient noch einmal betont zu werden, daß sich der Minister des Äußern auf der Konferenz vom Februar 1872 keineswegs der Besetzung von Bosnien und der Hercegovina mit Vehemenz widersetzte, sie als „unzeitgemäß" klassifizierte. Er bezeichnete im Gegenteil die Okkupation als „wünschenswert".[16]

Wesentlich präziser waren die Aussagen des Ministers des Äußern zur Frage Bosnien und Hercegovina bereits im Jänner des Jahres 1875. Gleich zu Beginn seiner Ausführungen fixierte er definitiv die Stoßrichtung der künftigen Politik:

Als Ziel einer solchen Aktion wird allseits und besonders auch von hohen Militärpersonen die Rektifizierung unserer Südwestgrenze, damit zusammenhängend die Besitzergreifung von Bosnien und der Herzegowina und die Gewinnung eines Hinterlandes für unsere dalmatinischen Küsten ins Auge gefaßt. Dieses Ziel ist ein anerkannt richtiges, es handelt sich nur darum, wann und wie es erreicht werden könne.[17]

Damit hatte Andrássy die prinzipielle Orientierung seiner Orientpolitik klar vorgelegt, sich damit gleichzeitig mit der Zielsetzung der führenden Militärpersonen (wie Beck und Erzherzog Albrecht) weitgehend identifiziert. Sodann schnitt der Minister des Äußern noch den Modus procedendi und die Voraussetzungen des vorgesehenen Aktivwerdens an. Seiner Meinung nach kam ein energischer Schlag der Monarchie gegen das Osmanische Reich genausowenig in Frage wie jene Variante, daß sich das Habsburgerreich an die Spitze der allfällig gegen die Pforte aufständischen Balkanchristen setze. Nur im Falle einer – von Andrássy allerdings nicht näher präzisierten – „inneren Gärung im Orient" werde die Doppelmonarchie unbedingt einzugreifen haben.[18] Dies könne aber nur dann geschehen, schränkte Andrássy ein, wenn es evident werde, daß das Osmanische Reich die beiden Provinzen nicht aus eigener Kraft zu halten vermöge.[19]

Im Zuge der Beratungen im Jänner 1875 wurden in einigen Wortmeldungen auch die Beweggründe und vor allem die Argumentation nach außen angesprochen, die die Monarchie für eine Inbesitznahme der beiden Provinzen ins Treffen führen konnte. Die Palette reichte von der Notwendigkeit, für Dalmatien das Hinterland zu sichern, über den Selbsterhaltungstrieb der Donaumonarchie, den Hinweis auf die historischen Anrechte Ungarns auf Bosnien, über das legitime Bestreben, eine neue Staatenbildung an der Südwestgrenze zu verhindern, bis zu handels- und militärpolitischen Überlegungen.[20]

Bemerkenswert erscheint, daß sich Graf Andrássy 1875 ganz dezidiert gegen eine allfällige Internationalisierung der Frage aussprach. Denn dann werde Österreich-Ungarn – so meinte er – einen „leicht erreichbaren Einfluß" aufgeben und das

---

16 Vgl. vor allem zum Teil gegenteilige Auffassungen bei DIÓSZEGI, S. 368 – 374. – „Er trat mit unveränderter Heftigkeit nur gegen die Besetzung Bosniens und Herzegowinas durch Österreich auf und bezeichnete die Okkupation auf der berühmten Konferenz im Februar 1872 für unzeitgemäß." Ebenda, S. 369.
17 Protokoll 29.I.1875; VUKČEVIĆ, S. 390; SUPPAN; S. 163.
18 Protokoll 29.I.1875; VUKČEVIĆ, S. 390 f.; SUPPAN, S. 163 f.
19 Protokoll 29.I.1875; VUKČEVIĆ, S. 397; SUPPAN, S. 168.
20 Protokoll 29.I.1875.

Konzert der Mächte über die Lösung der strittigen Probleme entscheiden.[21] Schließlich wird man auch die Meinungsäußerung des Ministers des Äußern – „Die Welt muß zur Überzeugung gelangen, daß das Schicksal dieser zu unseren Füßen gelegenen Länder nur durch die Willensmeinung Seiner Majestät des Kaisers unseres Allergnädigsten Souveräns entschieden werden könne"[22] – eindeutig in die Kategorie der außenpolitischen Wunschvorstellungen einordnen können. Andrássy erfaßte noch nicht die Komplexität des Orientalischen Problems als eine Frage gesamteuropäischer Politik, er konnte zugegebenermaßen die Weiterungen noch nicht erkennen.

Auch die Frage des Ausmaßes einer eventuellen Expansion wurde auf der geheimen Konferenz berührt. Nachdem Erzherzog Albrecht als erster Konferenzteilnehmer das Problem angeschnitten und im Sinne der handelspolitischen Interessen der Doppelmonarchie auch die Annexion des Sandžak gefordert hatte, versuchte Andrássy zunächst die Erörterung der Grenzfrage aufzuschieben; man könne das Fell des Bären nicht verteilen, solange er nicht erlegt sei. Erst nachdem der Herrscher zumindest theoretische Grenzverlaufserörterungen für sinnvoll erachtet hatte, bezeichnete der Minister des Äußern die Drina-Grenze als Optimum, die Bosna-Neretva-Grenze als Minimum. Beck sprach sich – einer Denkschrift des Generalstabsoffiziers Thoemmel aus dem Jahre 1869 folgend – für die „trockene Grenze" zwischen Bosna und Drina aus, ein Vorschlag, der überraschenderweise von Andrássy unter Berücksichtigung von Kompensationsangeboten an Serbien und Montenegro akzeptiert und schließlich vom Herrscher gutgeheißen wurde.[23]

Als letzter Problemkreis wurden schließlich militärische Fragen wie Operationsziele, Truppenstärken, Rekogniszierungen etc. erörtert. Dabei hob Generalstabschef John deutlich hervor, daß die beabsichtigte Okkupation eine dauernde sein müsse, denn das investierte Geld habe in unbedingter und endgültiger Erreichung des angestrebten Zieles seine Amortisation zu finden.[24]

Ein für die künftige Entwicklung der Orientalischen Frage wesentliches Phänomen darf noch hervorgehoben werden. Charakteristisch für den Grundtenor der Konferenz vom Jänner 1875 ist die Tatsache, daß die Lösung des Balkanproblems und der allfälligen Okkupation als isolierte Frage gesehen wurde. In der Kalkulation des eventuellen Risikos spielten in den Wortmeldungen das Osmanische Reich, Serbien und Montenegro eine gewisse Rolle – Rußland hingegen nur am Rande. Bloß Andrássy war es, der darauf hinwies, daß sich Grundlegendes an der günstigen Ausgangsposition der Donaumonarchie ändern werde, falls das Zarenreich eingreife.

Unter Vorsitz Franz Josephs fand am 13. November 1876 eine Sitzung führender Militärs der Donaumonarchie statt. Gegenstand der geheimen Konferenz war die Diskussion über den von Generalstabschef Feldmarschalleutnant (FML) Freiherr von Schönfeld vorgelegten Aufmarschplan gegen Rußland. Der Minister des Äußern

---

21 „Wir müssen trachten zu verhindern, daß dieser Fall auf internationalem Wege ausgetragen werde. Denn dann wäre eine Konferenz – wir verschwinden unter den anderen Mächten und geben so unsern so leicht erreichbaren Einfluß auf." Protokoll 29.I.1875; Vukčević, S. 392; vgl. auch Suppan, S. 165; Diószegi, S. 371 f.
22 Ebenda.
23 Protokoll 29.I.1875, Vukčević, S. 393 f.; Suppan, S. 166 f.; Diószegi, S. 372 f.
24 „Eine Okkupation Bosniens kann und muß eine dauernde sein und uns den Besitz des Landes sichern." – Protokoll 29.I.1875; Vukčević, S. 395; vgl. auch Suppan, S. 167 f.; Diószegi, S. 373.

Julius Graf Andrássy wurde zu dieser Konferenz nicht beigezogen, da sie vornehmlich militärische Angelegenheiten behandelte.[25] Dennoch kamen einige Punkte zur Sprache, die über den rein militärischen Bereich hinausgingen.

In seinem Einleitungsreferat erläuterte der Herrscher die vorgegebene internationale Lage. Er erinnerte an den bereits vor einiger Zeit vorbereiteten Plan einer „partiellen Mobilisierung zum Zwecke einer Okkupation Bosniens und der Herzegowina durch kk. Truppen". Sodann bekräftigte er die nach wie vor vorhandenen Okkupationsabsichten der Doppelmonarchie und hob die – seiner Ansicht nach – nun günstigeren internationalen Voraussetzungen für die Besetzung der beiden Provinzen hervor.[26] Ja, so meinte Franz Joseph, es könnte sogar sein, daß man, durch besondere Umstände veranlaßt, bereits im Winter 1876/77 gezwungen sein könnte, vor dem an und für sich dafür vorgesehenen Zeitpunkt in die beiden Provinzen einzurücken. Dafür müßten die nötigen militärischen Vorsorgen getroffen werden.[27]

Im Zusammenhang mit der durch den Gang der Dinge allfällig nötigen Beschleunigung der Mobilisierungsmaßnahmen sorgte sich die Herrscher um die öffentliche Meinung in der Doppelmonarchie. die Vorkehrungen für die Mobilisierung müßten „unauffällig" durchgeführt, ja „sorgsam vor der Öffentlichkeit" verborgen werden, denn die öffentliche Meinung sei – so Franz Joseph – „ebenso gegen Rußland wie gegen jede Okkupation" gerichtet.[28]

Nach Bekanntwerden der Bestimmungen des Friedens von San Stefano trat man bei den europäischen Mächten allenthalben an die Revisionsbemühungen der von Rußland festgesetzten und als einseitig empfundenen Territorialbestimmungen heran. Für Österreich-Ungarn und seine diesbezügliche Stellungnahme auf dem Berliner Kongreß darf auf zwei Denkschriften verwiesen werden, die im März 1878 von Oberstleutnant Thoemmel und dem Chef der Militärkanzlei Generalmajor Beck vorgelegt wurden. Die beiden Exposés befassen sich in erster Linie mit Grenzziehungsfragen auf dem Balkan, beleuchten den österreichisch-ungarischen Standpunkt im Hinblick auf den Territorialgewinn Serbiens, Montenegros und Bulgariens, melden auch diesbezügliche Revisions- und Reduktionsvorschläge an. Hier interessieren aber in erster Linie Meinungsäußerungen zur allgemeinen Balkanpolitik und zu den in den beiden Denkschriften vorgelegten Vorstellungen über den künftig anzustrebenden Territorialerwerb der Doppelmonarchie.

---

25 Protokoll 13.XI.1876. Teilnehmerliste:
Franz Joseph,
FM Erzherzog Albrecht,
Reichskriegsminister FML Graf Bylandt-Rheidt,
Chef des Generalstabes FML Freiherr von Schönfeld,
Sektionschef im Reichskriegsministerium FML Freiherr von Vlasits,
Chef der Militärkanzlei und Generaladjutant GM Ritter von Beck,
Vorstand der 5. Abteilung des Reichskriegsministeriums Oberst des Generalstabes Merkl;
Schriftführer: Hauptmann Bakalovich von der MKSM.

26 „Derselbe Gedanke leitet die österreichische Politik heute wie vor dem, jedoch sind die Ereignisse rascher fortgeschritten als vorauszusehen war und haben dadurch die Bedingungen einer Aktion modifiziert und im gewissen Sinne vereinfacht." Protokoll 13.XI.1876.

27 Ebenda.

28 „In dieser Richtung wird die Situation wesentlich durch die öffentliche Meinung erschwert, die sich ebenso gegen Rußland wie gegen jede Okkupation kehrt. Infolge dessen wird es dringend geboten sein, alle Vorkehrungen sorgsam vor der Öffentlichkeit zu verbergen und in ganz unauffälliger Art durchzuführen, widrigens die ganze Aktion in Frage steht." Protokoll 13.XI.1876.

Thoemmel wiederholt zunächst die schon bekannte Maxime, daß in der europäischen Türkei und insbesondere im Grenzbereich zu Österreich-Ungarn nichts geändert werden dürfe ohne Mitwirkung der Donaumonarchie. Vor allem aber Bosnien gravitiere eindeutig in Richtung Dalmatien und Kroatien und dürfe daher nicht Serbien und Montenegro überlassen werden. Und dieses Bosnien wollte Thoemmel gleich als umfassenden, komplexen Begriff verstanden wissen: Bosnien, die Hercegovina und der Sandžak sollten unter Aufrechterhaltung der Integrität des gesamten Länderkomplexes an das Habsburgerreich fallen.[29]

In eine ähnliche Kerbe schlägt auch das von GM Freiherrn von Beck vorgelegte Papier. Die Zielsetzung und die Motivation der hier offenkundig zutage tretenden imperialistischen Expansionspolitik kommt dabei sehr prägnant zum Ausdruck, neben wirtschaftlichen Momenten treten prononciert militärische Argumente in den Vordergrund. – Selbstredend darf man bei beiden Dokumenten und besonders beim Beckschen Plan nicht die Tatsache vergessen, daß insbesondere von Militärs verfaßte Denkschriften, wenn sie Grenzfragen berühren, die Tendenzen aufweisen, im Sandkastenspiel der spekulativen Grenzziehung die Schranken des Realisierbaren bei weitem zu übersteigen.

Beck tritt noch vehementer für die Einverleibung des Sandžaks im Hinblick auf eine künftige weitere Balkanexpansion der Monarchie in Richtung Saloniki ein.[30]

Im Rahmen der letzten (auf Grund der Aktenlage im Kriegsarchiv in Wien eruierbaren) vor dem Berliner Kongreß stattgehabten geheimen militär-politischen Konferenz wurde die Tatsache der Besetzung der beiden osmanischen Landesteile durch k. k. Truppen als unmittelbar bevorstehend und als selbstverständlich erachtet. Man befaßte sich vornehmlich mit prophylaktischen militärischen Maßnahmen gegenüber Serbien und Montenegro, dann gegen Rußland, und man war sich bewußt, daß die Entscheidung über die Okkupation der zusammentretende Kongreß treffen würde.[31]

---

29 „Nichts dürfte sich innerhalb der europäischen Türkei – ganz besonders aber in den uns angrenzenden Gebieten derselben – vollziehen ohne Wissen und Willen der österreich-ungarischen Monarchie. Vor allem Bosnien – und immer unter Festhaltung der Komplexität dieses Begriffes – d. h. Bosnien, untrennbar mit der Herzegowina und Rascien bis zum Amselfelde, das durch Tradition und hundertfältige Wechselbeziehungen an unsere kroatisch-dalmatinischen Ländergebiete gewiesene Bosnien, das natürliche Hinterland unserer dalmatinischen Meeresküste, müsse von der serbischen und montenegrinischen Hand unberührt bleiben." THOEMMEL-Memorandum.

30 „... so hieße das so viel, als uns für immerwährende Zeiten den Ausgang und den Weg zum Ägäischen Meere selbst abzusperren und würde es uns dann unmöglich, uns der griechischen, albanischen, arnautischen und mohammedanischen Elemente zu unserem Vorteil zu bedienen und diese Stämme gegen die südslawischen auszuspielen." BECK: Militärische Betrachtungen.

31 Protokoll 16.IV.1878.
Teilnehmerliste:
Franz Joseph,
Julius Graf Andrássy, Minister des k. u. k. Hauses und des Äußern,
FML Graf Bylandt-Rheidt, Reichskriegsminister,
FML Freiherr von Schönfeld, Chef des Generalstabes,
Vice-Admiral Freiherr von Föck, Chef der Marine-Sektion,
GM Ritter v. Beck, General-Adjutant und Vorstand der Militärkanzlei,
Oberstleutnant des Generalstabes Ritter v. Thoemmel;
Schriftführer: Hauptmann Graf Rosenberg von der MKSM.

Haltung der Donaumonarchie gegenüber dem Osmanischen Reich

Eine im Rahmen der außenpolitischen Gesamtkonzeption der Donaumonarchie in den siebziger Jahren nicht leicht zu lösende Frage war das Verhältnis zum Osmanischen Reich. Naturgemäß war sie mit der Haltung Österreich-Ungarns in der Balkanfrage in enger Verbindung und geriet damit unweigerlich in das Kräftefeld zwischen den beiden a priori gegebenen Balkankonzeptionen. Die Monarchie mußte sich dennoch auf die nicht unproblematische Gratwanderung zwischen eigener Expansion und Erhaltung des Status quo der Türkei begeben.

Noch auf der geheimen militärischen Konferenz des Jahres 1872 vertrat der Minister des Äußern Julius Graf Andrássy eine scheinbar eindeutige Politik der Erhaltung der Integrität des Osmanischen Reiches. Diese Haltung verliert allerdings einen Gutteil an Klarheit, wenn die Tatsache in Rechnung gestellt wird, daß Andrássy bereits auf der Konferenz vom 17. Februar die Inbesitznahme der beiden osmanischen Provinzen Bosnien und Hercegovina als wünschenswertes Ziel der Habsburgermonarchie hingestellt hat. Eine aufkeimende Widersprüchlichkeit begann sich bereits zu diesem Zeitpunkt abzuzeichnen.

Zwar wird der militärische und politische Stellenwert der Türkei nicht sehr hoch eingestuft, sie im Falle einer großen militärischen Auseinandersetzung mit Rußland in der Kalkulation eventueller Gegner und Verbündeter mit den kleinen Balkannationen gemeinsam auf eine niedrige Stufe gestellt, dennoch schien die Türkei gewichtig genug – wurde doch auf die Tatsache verwiesen, daß sie im Notfall die „Donau- und Balkanlinie" (gegen Rußland) halten könne –, um sich um sie zu bemühen. Vor allem sollte verhindert werden, daß durch ein „gewaltsames Einschreiten" der Doppelmonarchie in Bosnien und der Hercegovina das Osmanische Reich in eine gemeinsame Front mit Rußland und den kleinen Balkannationen gedrängt werde. Daher sorgte sich Andrássy vor einer sich abzeichnenden Annäherung zwischen dem Zarenreich und der Hohen Pforte. Es dürfe durch diese Aktionen Rußlands zu keiner Entfremdung zwischen der Donaumonarchie und dem Osmanischen Reich kommen. Andrássys Generallinie im Jahre 1872 im Sinne der Status-quo-Maxime, der Reformpolitik und der versuchten Einflußnahme:

„Unsere Politik ist daher ..., die Türkei zu unterstützen, dort Einfluß zu gewinnen und sie aus ihrer Apathie aufzurütteln."[32]

In der Akzentsetzung doch deutlich gewandelt zeigte sich die Haltung der Donaumonarchie gegenüber dem Osmanischen Reich Anfang 1875. Die Idee von der „providentiellen Nützlichkeit" der Türkei für Österreich-Ungarn wird zwar sehr deutlich von Andrássy zum Ausdruck gebracht[33], die Tatsache betont, daß der Doppelmonarchie im südwestlichen Grenzbereich von der „vegetierenden Türkei"[34]

---

[32] „Rußland hat in letzter Zeit Versuche gemacht, mit der Türkei offen zusammenzugehen, um sie von uns zu trennen; dem muß nun entgegengearbeitet werden und muß man sich klar machen, was man von der Türkei fordern kann." Konferenz 17.II.1872; Lutz, S. 32.

[33] „Die Türkei ist von einer fast providentiellen Nützlichkeit für Österreich – ihr Bestand liegt in unserem wohlverstandenen Interesse. Sie erhält den Status quo der kleinen Staaten, weist deren Aspirationen zu unserem Vorteil zurück. Würde die Türkei nicht, so träten alle diese lästigen Aufgaben an uns heran." – Protokoll 29.I.1875; Vukčević, S. 391; vgl auch Suppan, S. 163; Diószegi, S. 371.

[34] „Die Herrschaft der vegetierenden Türkei an unserer Südwest-Grenze barg keine Gefahr für den

keine Gefahr drohe. Der Grat zwischen Integrität und Intervention war aber sichtlich schmaler geworden, die Absicht eines nun nach dem eigenen Selbstverständnis zwangsweise erforderlichen Eingreifens Österreich-Ungarns nahm deutlichere Konturen an. Wurde doch auf der Konferenz von Ende Jänner 1875 der Wunsch nach Rektifizierung der eigenen Gesetze zu Lasten des Osmanischen Reiches ziemlich unverhüllt ausgesprochen, die Einverleibung der beiden Länder Bosnien und Hercegovina durch die Doppelmonarchie eindeutig außer Streit gestellt. Diskussionsstoff boten nur noch die Modalitäten der Inbesitznahme und die Art des Auftretens gegen die Türkei. Drei Varianten wurden vom Minister des Äußern präsentiert. Ein direktes und unverhülltes Vorgehen der Donaumonarchie gegen die Türkei aus innen- wie außenpolitischen Gründen schien Andrássy nach wie vor „gefährlich, ja geradezu unmöglich".[35] Genauso abwegig erachtete er den Plan, daß sich die Monarchie aktiv an die Spitze einer Aktion der Balkanchristen gegen das Osmanische Reich stellen könnte. Denn er wolle die Donaumonarchie nicht in einen Angriffskrieg verstrickt sehen. Wohl aber werde Österreich-Ungarn nicht umhin können, im Falle einer „inneren Gärung" einzuschreiten, ihre Interessen zu wahren, ihre bisherige Abstinenzpolitik aufzugeben und die beiden Provinzen in Besitz zu nehmen.[36] Trotz der Profilierung der Haltung der Donaumonarchie in Richtung einer aktiveren Politik im Vergleich zum Jahre 1872 verblieb ein oszillierender Rand an Unschärfe. Wurde doch die Widersprüchlichkeit zwischen der „providentiellen Nützlichkeits"-Integrität der Türkei und den offen deklarierten Expansionsabsichten noch dadurch verschärft, daß zwischen Nichtintervention an der Spitze einer Aufstandsbewegung der Balkanchristen (Andrássy-Variante 2) und dem Eingreifen bei „innerer Gärung" (Andrássy-Variante 3) der qualitative Unterschied kaum wahrnehmbar schien und auch von Andrássy nicht klar herausgearbeitet wurde. Das Dilemma der beiden widersprüchlichen Grundkonzeptionen der Balkanpolitik blieb weiterhin bestehen, trotz aller Bemühungen Andrássys, auf der Konferenz von 1875 die kombinierbare Vereinbarkeit der beiden *Strategien* durch abgestufte Modifikationen im *taktischen Vorgehen* herzustellen. Logische und drohende Konsequenz: Das Gesetz des Handelns hatte Rußland an sich gerissen, es mußte der Doppelmonarchie entgleiten, sie konnte primär nicht mehr agieren, sie hatte vornehmlich zu reagieren.

Demgemäß mußten auch die Stellungnahmen der führenden Männer auf den Geheimkonferenzen der Jahre 1876 und 1878 bezüglich der Haltung Österreich-Ungarns gegenüber dem Osmanischen Reich ausfallen. Am 13. November 1876 stellte dann auch Franz Joseph fest, daß sich die Türkei gegen die bevorstehende Okkupation nicht werde wehren können, da „die türkischen Streitkräfte durch den entbrennenden russisch-türkischen Krieg vollkommen gebunden sein werden".[37] In ähnliche Richtung zielte die Wortmeldung Andrássys im April 1878. Die türkischen

---

Besitz Dalmatiens in sich, sie war und ist für uns nur ein Nachteil, weil Handel und Gewerbe unter der schlechten Verwaltung darniederliegen." – Protokoll 29.I.1875; Vukčević, S. 391; vgl. auch Suppan, S. 164, Diószegi, S. 371.

35 Denn – so führte Andrássy aus – im Inneren der Monarchie wäre die Opposition dagegen sehr stark, und sie stützte sich auf das Argument, daß die Monarchie, „welche für ihre Bevölkerungsziffer ohnehin räumlich zu groß genannt wird, ... auf unberechtigte Eroberungen" ausgehe. Protokoll 20.I.1875, Vukčević, S. 390; vgl. Suppan, S. 163; Diószegi, S. 370 f.

36 Ebenda; zusätzlich: Vukčević, S. 392; Suppan, S. 165; Diószegi, S. 371 f.

37 Protokoll 13.XI.1876.

Truppen in den beiden Provinzen, deren Gesamtstärke auf rund 16.000 Mann geschätzt wurde, könnten keinen Widerstand gegen das Einrücken der k. k. Truppen leisten, da die Türkei ihre Truppenverbände primär zur Sicherung Salonikis gegen die Griechen vorschöbe.[38] Auf die Schwäche des Osmanischen Reiches nach dem Frieden von San Stefano wiesen auch die Märzdenkschriften der beiden Militärs Beck und Thoemmel hin. Durch die neue Grenzziehung wäre die Verbindung der Türkei zu den ihr noch verbliebenen beiden Provinzen Bosnien und der Hercegovina in einem Umfang gefährdet, daß sie die beiden Landesteile nicht werde halten können. Überdies scheine das Osmanische Reich nicht die von ihm geforderten Reformen durchzuführen und eine stabile Lage auf dem Balkan zu schaffen. Da eine Änderung der Verhältnisse in der europäischen Türkei nicht ohne die Mitwirkung der Donaumonarchie vonstatten gehen könne, die beiden Länder für das Osmanische Reich nicht haltbar wären, plädierten beide nachhaltig noch einmal für die Inbesitznahme durch Österreich-Ungarn.[39]

Verhältnis zu Rußland

Allfälliger Kontrahent oder eventueller Partner der Donaumonarchie in ihrer Balkanpolitik war in erster Linie das Zarenreich.

Dieser Tatsache war sich auch der Minister des Äußern bewußt. Daher nahm in seinen Ausführungen im Rahmen der Geheimkonferenzen vom Februar 1872 das Verhältnis der Doppelmonarchie zu Rußland einen breiten Raum ein, stellte Kernpunkt und Zentralthema seines außenpolitischen Exposés dar.

Nach Andrássy verfolgte Rußland eine „traditionelle" Politik, die von der Person des jeweiligen Herrschers unabhängig sei.[40] Eine der Konstituanten der russischen Politik, klar ablesbar aus seiner Haltung zum Balkan, sei die Unterstützung der nationalen Einigungsbewegung, vor allem in Südosteuropa, nach dem Muster der deutschen und italienischen Vereinigung. Dies gefährde in erster Linie Österreich-Ungarn.[41] Ein weiteres bedrohliches Indiz für die Zielrichtung der russischen Politik wurde von Andrássy noch ins Treffen geführt:

---

38 Protokoll 16.IV.1878.
39 THOEMMEL-Memorandum; BECK, Militärische Betrachtungen. Beck geht noch einen Schritt weiter, spricht der Hohen Pforte generell die Möglichkeit ab, ihre europäischen Positionen zu halten und den Krisenherd Balkan zu stabilisieren. Folge für die Monarchie nach BECK, in die Form einer Frage gekleidet: „Wäre es aber dann für die österreichisch-ungarischen Interessenstandpunkte nicht besser, sogleich jene Stellungen einzunehmen, welche allein in unserem Staatswesen vor allem gefährlichen Konsequenzen der neuesten Wandlungen im Oriente wirksamst aufzuheben und endlich geordnet, stabile, unseren vitalsten Interessen dienstbar zu schaffen, geeignet sein möchten?!
Wäre es also nicht am besten, die offenbar bereits verurteilte und verfallene Herrschaft der Pforte in den bosnischen, albanischen und mazedonischen Ländern schon jetzt durch das österreichisch-ungarische Regiment zu substituieren?!"
40 Protokoll 17.II.1872; LUTZ, S. 31.
41 Die ursprüngliche Formulierung von der Hand Becks hieß: „Rußlands traditionelle Politik verfolgt slavische Richtung und ist überhaupt feindlich gegen das Germanentum." Protokoll 17.II.1872 und Textvariante auch bei LUTZ, S. 31.

Seine Vorbereitungen, die Eisenbahnbauten mit allen gegen unsere Monarchie gerichteten Radien, deuten darauf hin, daß dessen ganze Macht gegen unsere Grenzen geworfen werden soll. Niemand wird unrecht tun, wenn er sagt, daß, wenn eine Gefahr bestehe, sie nur von dieser Seite drohe.[42]

Hier ist meines Erachtens eines der Grundelemente der außenpolitischen Konzeption des Grafen Andrássy sehr plastisch zum Ausdruck gekommen. Andrássy gibt dezidiert bekannt, daß seiner Auffassung nach der Donaumonarchie einzig und allein von Rußland Gefahr drohe, daß die fixe Größe und Konstante jeder außen- wie militärpolitischen Überlegung immer die Rivalität zu Rußland bleiben müsse, daß man die russische Bedrohung aus keiner der politischen Kalkulationen in Zukunft ausschließen dürfe. Diese Auffassung darf man wohl mit aller Vorsicht – trotz zahlreicher Bemühungen, mit dem Zarenreich zu einem modus vivendi zu kommen – als ein durch andere Erwägungen nur zeitweilig überdecktes, aber in seiner Langzeitwirkung doch kontinuierlich wirkendes Movens der Andrássyschen Politik einstufen.

Aus den entsprechenden Passagen und vor allem den von Andrássy vorgenommenen Textkorrekturen am Protokoll der Geheimkonferenzen vom Februar 1872 hat Heinrich Lutz schlüssig die außenpolitische Alternative herausgeschält, die der Minister des Äußern in Verbindung mit der Bedrohung durch Rußland schon 1872 durchzusetzen versuchte. Er empfahl eine Annäherung an das Deutsche Reich, wollte Schritte in Richtung Bündnisabschluß einleiten und erhoffte sich im Minimalfall eine Neutralität Deutschlands, eventuell sogar „die Mitaktion Preußens in einem österreichisch-russischen Kriege".[43] Dagegen aber sprachen sich zunächst die Militärs aus: FML Baron Kuhn sah die Monarchie in erster Linie von „Preußen" bedroht, und FM Erzherzog Albrecht wehrte sich gegen den sofortigen Abschluß eines Bündnisses, wollte der Habsburgermonarchie die Möglichkeit einer „Politik der freien Hand" offen halten.[44] Den Ausschlag gab aber der Herrscher selbst. Er konzedierte zwar, daß sich die Monarchie bei einem Krieg gegen das Zarenreich in keiner beneidenswerten militärischen Lage befinde, lehnte aber das von Andrássy vorgeschlagene Vorgehen als „verfrüht" ab.[45]

Einig waren sich hingegen der Minister des Äußern und die führenden Militärs bezüglich einer in militärischer Hinsicht einzunehmenden allfälligen Warteposition der Doppelmonarchie. Andrássy wollte den Ausbruch eines Krieges zwischen Rußland und dem Osmanischen Reich abwarten, um Rußland in den Donaufürstentümern in die „Mausefalle" zu führen.[46] Erzherzog Albrecht wieder spekulierte mit der Möglichkeit eines bewaffneten Konfliktes zwischen dem Deutschen Reich und

---

42 Protokoll 17.II.1872; Lutz, S. 131 f.
43 Vgl. vor allem für die nachträglichen Änderungen durch Andrássy und die sich daraus ableitenden Schlüsse den Beitrag von Lutz, vor allem S. 23 – 26 und S. 37.
44 „FML Baron Kuhn erklärt feierlich, daß er jeden Befehl Seiner Majestät nach besten Kräften ausführen werde, daß er aber auf seiner persönlichen Anschauung konsequent beharren müsse, wonach die größte Gefahr für die Monarchie von Preußen und nicht von Osten drohe." Protokoll 17.II.1872; Lutz, zur Haltung Erzherzog Albrechts, S. 39 ff.
45 „Seine Majestät halten den Moment hiezu für verfrüht. – Die verschiedenen Auseinandersetzungen lassen zwar entnehmen, daß in einem Kriege Österreichs gegen Rußland die militärische Lage keine beneidenswerte wäre, allein im Notfall müsse sich diese der politischen unterordnen." Protokoll 17.II.1872; Lutz, S. 37.
46 Protokoll 17.II.1872; Lutz, S. 34.

Rußland wegen der Ostseeprovinzen, „und dann können wir vielleicht in einem solchen Kriege als dritte Macht in den Kampf treten".[47]

Getragen wurde diese Politik des Abwartens durchaus von militärischen Erwägungen. Ging es doch auf der militär-politischen Konferenz 1872 um die möglichen Aufmarschräume gegen Rußland – Galizien oder Siebenbürgen – und um die militärische Stärke Rußlands. In diesem Zusammenhang wies Erzherzog Albrecht sehr nachdrücklich auf die Hauptschwierigkeiten der k. k. Armee im Kriegsfall mit Rußland hin: Militärisch könne man das Zarenreich kaum besiegen.[48]

Bei der Abschätzung des Risikofaktors bzw. der Erfolgsaussichten einer österreichisch-ungarischen Aktion im Südwesten auf der Jännerkonferenz des Jahres 1875 gab sich Graf Andrássy bei der Beurteilung der Haltung Rußlands durchaus optimistisch. Das Zarenreich werde sich „im Interesse der Erhaltung des europäischen Friedens" einer Okkupation nicht widersetzen, meinte der Minister des Äußern.[49] Seine Haltung ist aber nicht frei von Widersprüchen. Trotz dieser offenkundigen Zuversicht ist die Sorge vor dem Verhalten des Zarenreiches nicht zu verleugnen. Mit ein wesentlicher Grund, warum Graf Andrássy eine direkte Aktion der Donaumonarchie gegen das Osmanische Reich als gefährlich erachtete, war die Befürchtung, ein Krieg mit Rußland wäre die unvermeidliche Konsequenz eines solchen Vorgehens. Und eines war für den österreichisch-ungarischen Minister klar: Wenn Rußland eingreifen sollte, „dann ändert sich die Sachlage vollständig".[50]

Dieser Pessimismus machte wieder einer etwas günstigeren Beurteilung des Verhältnisses zu Rußland Platz. Wohl war der Gegenstand der geheimen Militärkonferenz des Jahres 1876 die Erörterung des von Generalstabschef FML Schönfeld vorgelegten Aufmarschplanes gegen Rußland. Franz Joseph hoffte allerdings zuversichtlich, daß es zu keiner bewaffneten Auseinandersetzung mit Rußland kommen würde, da sie doch kaum „praktische Resultate" für die Donaumonarchie zeitigen würde, sie im Gegenteil in ernste Gefahr brächte. Der Herrscher verwies in diesem Zusammenhang auf die bereits mit Rußland eingegangenen Vereinbarungen, erinnerte an die nach der Entrevue von Reichstadt neu angelaufenen Verhandlungen mit dem Zarenreich und zeigte sich bezüglich ihres erfolgreichen Abschlusses durchaus zuversichtlich.[51] Gesondert hervorgehoben wurde von Franz Joseph, daß diese geheimen Abmachungen keineswegs ein Bündnis zwischen Österreich-Ungarn und Rußland herbeigeführt hätten. Selbstverständlich – so meinte der Herrscher – werde das Einvernehmen mit Rußland nur so lange halten, wie das Zarenreich die eingegangenen Verpflichtungen gegenüber der Monarchie auch einhalte, die Interessen der Doppelmonarchie im Orient nicht bedrohe und sich mit jenem Ländererwerb begnüge, der ihm vom Habsburgerreich zugestanden würde. Sodann erinnerte Franz Joseph an ein Element der Instabilität. Denn der Zar und die russische Regierung

---

47 Protokoll 18.II.1872; LUTZ, S. 40.
48 „... daß man dieses nirgends ins Herz trifft". Protokoll 17.II.1872; LUTZ, S. 35.
49 Protokoll 29.I.1875; VUKČEVIĆ, S. 392; SUPPAN, S. 164 f.; DIÓSZEGI, S. 371.
50 VUKČEVIĆ, S. 394; vgl. SUPPAN, S. 167.
51 Bei Analyse einer an Novikov ergangenen Instruktion aus St. Petersburg ließe sich, meinte der Herrscher, erkennen, „daß Rußland nur dann die Türken erfolgreich bekämpfen zu können glaubt, wenn es zuverlässig auf unsere Neutralität rechnen kann ... In Folge dessen wird Rußland sich voraussichtlich nachgiebiger gegen uns zeigen und der Durchführung unserer beabsichtigten Aktion in Bosnien und der Herzegowina keine Schwierigkeiten entgegensetzen". Protokoll 13.XI.1876.

könnten, so befürchtete er, unter den sich verstärkenden Einfluß der Panslavisten geraten und unter Umständen gezwungen zu sein, sich nicht an die Abmachungen zu halten. Dann wäre allerdings die bewaffnete Auseinandersetzung mit dem Zarenreich unvermeidlich.[52]

Das Thoemmel-Memorandum vom März 1878 war ganz im Geiste der Konkurrenz zwischen der Donaumonarchie und Rußland auf dem Balkan abgefaßt.[53] Auch im April äußerte sich noch der Herrscher besorgt über die wahren Absichten des Zarenreiches, argwöhnte, es wolle nur Zeit gewinnen und sich militärisch konsolidieren. Andrássy hingegen zeigte sich nun am Vorabend des Berliner Kongresses wieder durchaus optimistisch. Rußland, versuchte er den Herrscher zu beruhigen, sei militärisch geschwächt, desorientiert, habe innenpolitische Schwierigkeiten zu überstehen und unternehme ungeeignete Versuche, der eingetretenen internationalen Isolation zu entgehen.[54]

Der Eindruck in der Retrospektive für den Betrachter der österreichisch-ungarischen Haltung gegenüber Rußland: Als Langzeitkomponente doch deutlich spürbar das latente Mißtrauen gegenüber dem Zarenreich, die nur schwer überdeckbare Überzeugung, in Rußland sei jene Macht zu sehen, von der die reale Gefahr für die Doppelmonarchie ihren Ausgang nähme. Korrespondierend mit der jeweiligen Konstellation ein Schwanken zwischen Pessimismus und Zuversicht, was das aktuelle Verhältnis zum Zarenreich anbelangte. Das dadurch entstehende Bild durchaus zwiespältig: eine eher anscheinend als scheinbar widersprüchlich einzustufende Politik des Schwankens.

Schlußbemerkung

Zurückkehrend zur Ausgangsposition seien zum Abschluß noch einige Bemerkungen gestattet, die sich auf Grund einer vergleichenden Analyse der Stellungnahme im Rahmen der Geheimkonferenzen ergeben.
1. Vom Minister des Äußern Julius Graf Andrássy deklariert, vom Herrscher bestätigt, genoß die ex offo angestrebte Friedenspolitik Priorität. Allfällige Mobilisierungspläne wurden als unumgängliche Eventualmaßnahmen betrachtet. Als einzig für die Doppelmonarchie in Betracht kommende bewaffnete Auseinandersetzung wurde vom Herrscher, vom Minister des Äußern und von den führenden Militärs ein Verteidigungskrieg angesehen. Für einen offensiven

---

52 „Nachdem aber der eigentümliche Charakter, den die russische Bewegung angenommen hat, dort eine entschieden revolutionäre Richtung vorwalten läßt, so ist die Annahme nicht unbegründet, daß der Kaiser und die Regierung machtlos der Bewegung gegenüberstehen und von dieser fortgerissen den Rahmen der Stipulationen zu überschreiten förmlich gezwungen werden. In diesem Falle könnte für Österreich die Notwendigkeit eines Krieges mit Rußland eintreten." – Protokoll 13.XI.1876. – Hier sei an zwei Wortmeldungen im Rahmen der Konferenz 1872 erinnert. Andrássy hatte den Zaren Alexander II. als „deutsch" gesinnt bezeichnet, den Zarevič hingegen als „moskowitisch" (Beck hatte ursprünglich „russisch" protokolliert gehabt. Andrássy korrigierte eigenhändig). – Protokoll 17.II.1872; LUTZ, S. 31. Am folgenden Tag glaubte Erzherzog Albrecht vermuten zu können, daß – solange Alexander lebe – Rußland keinen Krieg vom Zaune brechen werde. Auch Gorčakov sei ein Garant für diese Politik. Protokoll 18.II.1872; LUTZ, S. 30.
53 THOEMMEL-Memorandum.
54 Protokoll 16.IV.1878.

Angriffsstoß fehlten nach dem eigenen Selbstverständnis vor allem die inneren Voraussetzungen: sowohl in militärischer, wie in materieller und ideologischer Hinsicht.
2. Klar ausgesprochen und auf Grund der militärpolitischen Konferenzen überprüfbar erscheint das Bestreben, die Wechselwirkung zwischen Militär- und Außenpolitik verstärkt zu beachten, um die außenpolitischen Zielsetzungen durch die entsprechenden militärischen Maßnahmen vorzubereiten und abzusichern und um dem militärischen Bereich mit der nötigen Transparenz vor Augen zu führen, in welcher Richtung die Außenpolitik zu agieren gedachte. Zu diskutieren bliebe (auf Grund der Protokolle ein durchaus lohnendes Unternehmen), inwieweit es zwischen dem Minister des Äußern und den führenden Militärpersonen Übereinstimmung, inwieweit es Meinungsverschiedenheiten gab und wie sich dies auf die konkrete politische Willensbildung auswirkte.
3. Kontinuität scheint im Bereiche der beabsichtigten Expansion auf dem Balkan vorgelegen zu sein, die auch vom Minister des Äußern am Beginn seiner Funktionsperiode prinzipiell akzeptiert wurde. Auf Grund der Imponderabilien im Inneren und nach außen bestanden aber durchaus unterschiedliche Auffassungen über die Modalitäten des Ausgreifens, vor allem was Zeitpunkt, Begründung, Absicherung und Umfang anbelangte. Im Zusammenhang mit dem im Punkt 1. angeführten Verteidigungskrieg sei hier noch an die Inrechnungstellung der öffentlichen Meinung als eines Faktors im Motivationsspektrum erinnert, über dessen Stellenwert man durchaus diskutieren könnte.
4. Die Haltung zum Osmanischen Reich kann im Spannungsfeld der Varianten der Orientpolitik als durchaus variable Größe eingestuft werden. Im Sinne der als Eventualmaßnahme deklarierten, aber durchaus bewußt angestrebten Expansion wurde schließlich die Status quo-Integrität des Osmanischen Reiches der dynastischen Expansion geopfert. Expansions- und Kompensationsbedürfnis aus machtpolitischen, wirtschaftlichen und militärstrategischen Erwägungen entsprachen dem Prestigebedürfnis eines sich selbst als Großmacht einstufenden Reiches.
5. Kontinuität und Zwiespältigkeit zugleich kommt im Verhältnis der Doppelmonarchie zum Zarenreich zum Ausdruck. Wobei dem latenten Mißtrauen, dem Erkennen des à la longue unausweichlichen Gegensatzes eher die kaum variable Qualität zuzuordnen ist, den Anläufen zur Verständigung hingegen das Transitorische, Wechselnde und daher Vielgestaltige.

aus: Der Berliner Kongreß von 1878. Die Politik der Großmächte und die Probleme der Modernisierung in Südosteuropa in der zweiten Hälfte des 19. Jahrhunderts (Franz Steiner Verlag, Wiesbaden 1982), S. 227 – 243.

Andrássys Pazifizierungsversuch im Februar/März 1876

Vorbemerkung

Die von Graf Julius Andrássy angeregte Reform und seine Vorstellungen vom aktiven Beitrag Österreich-Ungarns bei ihrer Verwirklichung in Bosnien und der Hercegovina stellten eine wesentliche Etappe in der Orientpolitik dar. Ihm schwebten flankierende Maßnahmen der österreichisch-ungarischen Grenzbehörden und der Konsularvertreter der Habsburgermonarchie im Sinne der Pazifizierung des Landes vor. Entsprechende Weisungen ergingen im Februar und März des Jahres 1876 an die betreffenden Beamten. Allgemeine Zielsetzung, genauer Inhalt dieser Anweisungen, die Gründe für das Scheitern der Reformpolitik und die Hauptmotive für die Pazifizierungsbemühungen Andrássys sollen Gegenstand des vorliegenden Artikels sein.

Vorankündigung der Schritte der Donaumonarchie bei der Hohen Pforte

Nach der Zustimmung der europäischen Mächte zu den im Andrássy-Memorandum vom 30. Dezember 1875 enthaltenen Reformvorschlägen zugunsten der christlichen Bevölkerung konnte man daran gehen, die türkische Regierung mit diesen Vorstellungen vertraut zu machen. Der Botschafter der Donaumonarchie in Istanbul, Graf Franz Zichy, übergab Raşid Paşa am 31. Januar 1876 die Kopie der Andrássy-Note. Raşid konzedierte, es sei das Ziel dieser Note, die umgehende Beruhigung in den beiden aufständischen Provinzen herbeizuführen. Er fügte hinzu, die türkische Regierung werde die Realisierung der in der Note enthaltenen Vorschläge ernsthaft in Erwägung ziehen.[1]

Am 15. Februar 1876 konnte Zichy Andrássy von der bereits am 13. Februar erfolgten Annahme der Vorstellungen der Mächte durch die türkische Regierung verständigen.[2] Andrássy nahm dies mit Genugtuung zur Kenntnis. Allerdings legte er großen Wert auf die Abstimmung zwischen jenen Maßnahmen, die er den Türken

---

[1] „Le Gouvernement Impérial étant convaincu que les propositions contenues, dans la dépêche en date du 30 du mois passé ont pour unique le prompt apaisement de l'insurrection en Herzégovine et en Bosnie ne manquera pas de les prendre en sérieuse considération . . ." Zichy an Andrássy, Istanbul, 31.I.1876 – Actenstücke aus den Korrespondenzen des kais. und kön. gemeinsamen Ministeriums des Äußern über orientalische Angelegenheiten (vom 16. Mai 1873 bis 31. Mai 1877). Wien 1878 (weiterhin: Actenstücke), Nr. 228.

[2] Zichy an Andrássy, Istanbul, 15.II.1876 – Actenstücke, Nr. 236.

einzuleiten empfahl, und jenen, die Österreich-Ungarn seinerseits im Interesse der Pazifizierung zu setzen gedachte. Er urgierte das unverzügliche Abgehen der türkischen Kommissare ins Insurrektionsgebiet. Sie sollten gleich nach ihrer Ankunft den Reform-Ferman verkünden und die Voraussetzungen für die Gewährung der Amnestie bekanntgeben: Die Insurgenten hätten die Waffen zu strecken, friedlich nach Hause zurückzukehren und sich bei den türkischen Behörden zu melden. Gleichzeitig aber würde die Donaumonarchie in zweifacher Hinsicht tätig werden: Zunächst würde man den Flüchtlingen aus Bosnien und der Hercegovina den Inhalt der türkischen Reformen bekanntgeben und sie zur Heimkehr auffordern. Sodann würden die Konsularbeamten in den insurgierten Gebieten angewiesen werden, sich offiziell mit den Aufständischen in Verbindung zu setzen, um sie zur Entsendung von Vertrauensleuten an die türkischen Behörden zu veranlassen.[3] Schließlich wurde Zichy angewiesen, der türkischen Regierung zu versichern, ihre Behörden könnten sich in der Frage der Befriedung der beiden Provinzen vertrauensvoll an die zivilen und militärischen Organe der österreichisch-ungarischen Grenzprovinzen wenden. Diese würden Weisung bekommen, „mit allen ihren Kräften an der Pazifikation mitzuwirken".[4]

Es darf festgehalten werden: Die Donaumonarchie gab der Pforte gegenüber ihre Bereitschaft bekannt, an der Befriedung Bosniens und der Hercegovina sowohl in ihrem eigenen Hoheitsbereich als auch – durch ihre Konsularbeamten – über ihren unmittelbaren Bereich hinaus mitzuwirken.

Was im Rahmen dieser Betrachtungen in erster Linie interessiert, ist: Wie sahen nun diese an die Behörden der Donaumonarchie in Kroatien-Slavonien und in Dalmatien bzw. an deren Konsularvertreter in Bosnien und der Hercegovina ergangenen Weisungen im konkreten aus?

Die vier Weisungen

Vier Anweisungen sind es, auf die in der bisher vorliegenden Literatur[5] bereits kurz hingewiesen wurde:
1. Die Direktiven für den Statthalter in Dalmatien, Feldzeugmeister Freiherrn von Rodich, vom 21. Februar 1876;[6]
2. Die Instruktion an den Kommandierenden General in Zagreb, an Feldzeugmeister Freiherrn von Mollinary, vom 24. Februar 1876:[7]

---

3 Andrássy an Zichy, Wien, 25. Februar 1876 – Actenstücke, Nr. 240.
4 „... de concourir de tout leur pouvoir á la pacification." Andrássy an Zichy, Wien, 18.II.1676 – Actenstücke, Nr. 238.
5 VASA ČUBRILOVIĆ, Bosanski ustanak 1875 – 1878. Beograd 1930, S. 113 – 115; DAVID HARRIS, A Diplomatic History of the Balkan Crisis of 1875 – 1878. The First Year. Stanford – London – Oxford 1936, S. 242 f.; MILORAD EKMEČIĆ: Ustanak u Bosni 1875 – 1878. Sarajevo 1973, S. 162 – 165; DERSELBE, Der Aufstand in Bosnien 1875 – 1878. 2 Bände. Graz 1974. 2. Band, S. 239 f.
6 Direktiven für den Statthalter von Dalmatien FZM Freiherr von Rodich. dat. 21. Februar 1876, von Seiner Exzellenz dem Herrn Minister Grafen Andrássy dem FZM Baron Rodich persönlich übergeben – Kriegsarchiv Wien (weiterhin: KA), MKSM 1876, 69-1/4-2; Haus-, Hof- und Staatsarchiv Wien (weiterhin: HHStA), PA XII, Türkei, Varia Turquie I, 1875 – 1876, Karton 228.
7 Abschrift der Instruktion an Feldzeugmeister Freiherrn vom Mollinary, d.d. Wien, den 24. Februar 1876 – KA, MKSM 1876, 69-1/4-3.

3. Die Instruktion für den Vizekonsul Verćevich in Trebinje vom 28. Februar 1876;[8] und
4. Die Weisung an Konsul Wassitsch in Mostar vom 6. März 1876.[9]

Zur allgemeinen Zielsetzung der Anweisungen

In all diesen Weisungen wird zunächst an die grundsätzliche Zielsetzung, an die eigentliche Absicht der Politik der Donaumonarchie erinnert. Diese bestand nach dem eigenen erklärten Selbstverständnis darin, „. . . die Lage der christlichen Bevölkerung in den insurgierten türkischen Provinzen Bosnien und Herzegowina, in nachhaltiger Weise zu verbessern . . ."[10] und „. . . die Möglichkeit (zu) bieten, noch auf einige Zeit den Frieden zu erhalten".[11] Die von Andrássy vorgeschlagenen, von den übrigen europäischen Mächten wie von der Türkei akzeptierten Reformvorschläge sollten in den Aufstandsgebieten unter aktiver Mithilfe der Donaumonarchie als Initiator und gleichzeitig Mentor der Befriedungsaktion durchgeführt werden. Damit glaubte Andrássy jene dreifache Zielsetzung verwirklicht zu haben, die er in seiner Instruktion an Baron Rodich bereits am 12. August des Jahres 1875 niedergelegt hatte:
– Den Einfluß Österreich-Ungarns „. . . als Großmacht und nächstbeteiligter Nachbarstaat in jeder Richtung zur Geltung" gebracht zu haben;
– Die vertragsmäßige Stellung der Donaumonarchie gegenüber der Türkei „angesichts Europas" aufrecht erhalten zu haben; und schließlich
– „Die Sympathien der christlichen Bevölkerung im Orient wach . . ." erhalten und ihnen deutlich gemacht zu haben, „. . . daß sie eine endgültige Entscheidung ihres Schicksals" nur von der benachbarten Monarchie zu erwarten haben.[12]

Insbesondere aus diesem Grunde wird in den Instruktionen vom Februar und März des Jahres 1876 mehrfach hervorgehoben, daß es sich bei den von den Türken verlautbarten Reformen um wesentliche Verbesserungen handle, ja daß diese weit über das hinausgingen, was sich die Aufständischen erwartet hätten. Dies solle – so wird angeordnet – den Insurgenten und den Flüchtlingen eindringlich vor Augen gehalten werden.

Eine weitere grundlegende Feststellung in den Weisungen des österreichisch-ungarischen Ministers des Äußern hebt hervor, daß sich der von der Monarchie bisher eingenommene Standpunkt nun geändert habe. Denn bisher habe sie gezögert, jene Haltung einzunehmen, . . . die an sich bei einem Kampfe der Insurgenten gegen

---

8 Instruktion, welche Herr Hauptmann Eugen Lazich mündlich an den k. u. k. Vize-Konsul Verćevich in Trebinje zu überbringen hat. Wien 28. Februar 1876 – HHStA, PA XII, Türkei, Varia Turquie I, 1875 – 1876, Karton 231.
9 Entwurf Chiffre Telegramm Andrássy an Wassitsch, Wien, 6. März 1876 – HHStA, PA XII, Türkei, Varia Turquie I, 1875 – 1876, Karton 227. Alle vier Weisungen sind im Anhang in vollem Wortlaut ediert.
10 Instruktion Mollinary – KA, MKSM 1876, 69-1/4-3.
11 Direktiven Rodich – KA, MKSM 1876, 69-1/4-2; HHStA, PA XII, Türkei, Varia Turquie, 1875 – 1876, Karton 228.
12 Politische Instruktion Andrássys für Statthalter Rodich, 12.VIII.1875; (auf Weisung des Kaisers) – HHStA, PA XII, Türkei, Varia Turquie I, Karton 228.

die legitime Regierung völkerrechtlich zu beobachten wäre".[13] Nun war man offensichtlich der Meinung, daß durch die bekundete Reformwilligkeit der Türkei neue Voraussetzungen geschaffen wurden, die der Monarchie und ihren Behörden eine klarere und entschiedenere Stellungnahme gegenüber der christlichen Bevölkerung in Bosnien und der Hercegovina selbst und vor allem den Flüchtlingen aus jenen Gebieten, die man aufgenommen hatte, erlauben würde.

Durch die nach dieser Auffassung geänderte Konstellation habe daher die Donaumonarchie – wie es hieß – „. . . nicht nur der türkischen Regierung, sondern auch den europäischen Mächten gegenüber die moralische Verpflichtung übernommen, die Pazifikation in den türkischen Nachbarländern mit allen zu Gebote stehenden Mitteln zu fördern, beziehungsweise der Durchführung . . . (der) Propositionen nach besten Kräften Vorschub zu leisten".[14]

Ähnlich wie bei den Vorstellungen Zichys bei Raşid Paşa wird – insbesondere bei den Direktiven an Rodich vom 21. Februar – die Dringlichkeit einer kombinierten Aktion „. . . gleichzeitig bei den Insurgenten und bei den Flüchtlingen . . ." hervorgehoben. Reformbereitschaft und Reformrealisierung sollten nicht auseinanderklaffen. Die konkreten Schritte zur friedlichen Konsolidierung sah man als konnexe, wenn auch nicht synchrone, Einheit, „. . . damit eben mit der Ablegung der Waffen von Seite der Insurgenten auch die ungefährdete Rückkehr der Flüchtlinge beginnen könne".[15]

Soviel zur Grundhaltung Andrássys, soweit man sie aus den Instruktionen herauslesen kann.

Konkrete Anordnungen

Die vielfältigen Verhaltensmaßregeln Andrássys an die vier genannten österreichisch-ungarischen Beamten lassen sich wohl am besten in vier Kategorien einteilen:

A. Restriktive Maßnahmen im Innern

1. Die Bildung bewaffneter Banden auf dem Gebiete der Donaumonarchie und deren Übertritt auf türkisches Gebiet sollten verhindert werden.
2. Einzelpersonen oder Gruppen, „. . . die gewiß nur revolutionäre Tendenzen verfolgen . . ."[16] und sich offenbar anschickten, sich den Insurgenten anzuschließen, sollten ausgewiesen bzw. in Dalmatien am Landen gehindert werden. Hier dachte Andrássy wohl in erster Linie an allfällig einreisende Anhänger Garibaldis.
3. Die Ausfuhr von Waffen und Munition nach Bosnien und der Hercegovina sollte verhindert, aufgefundene Lager solcher Art beschlagnahmt werden. Fernziel blieb das völlige Unterbinden jedes Nachschubes für die Insurgenten.

---

13 Instruktion Mollinary KA, MKSM 1876, 69-1/4-3.
14 Ebenda.
15 Direktiven Rodich – KA, MKSM 1876, 69-1/4-2; HHStA, PA XII, Türkei, Varia Turquie I, 1875 – 1876, Karton 228.
16 Instruktion Mollinary – KA, MKSM 1876, 69-1/4-3.

4. Die Tätigkeit politischer Vereine, die sich die direkte oder indirekte Unterstützung des Aufstandes zum Ziel gesetzt hatten, sollte unterbunden werden.
5. Schließlich sollte die Presseagitation „... gegen die Pazifikationsbemühungen der Mächte ... auf das Entschiedenste ..."[17] hintangehalten werden.

B. Verhalten gegenüber den Flüchtlingen

1. Es war Kontakt herzustellen zu den Vertrauenspersonen der Flüchtlinge.
2. Die Reformbestimmungen, die weit über das hinausgingen, was sie angestrebt hätten, sollten ihnen bekannt gemacht werden.
3. Sie sollten darauf hingewiesen werden, daß im Hinblick auf die vom Sultan erlassene Amnestie, im Hinblick auf die Tatsache, daß man ihnen in Bosnien und der Hercegovina von seiten der türkischen Behörden im Falle ihrer Rückkehr Saatgut und Baumaterialien zur Verfügung stellen wolle, ihre Heimkehr in ihrem eigenen Interesse liege. Wegen der bevorstehenden Frühjahrssaat dränge allerdings die Entscheidung.
4. Allfälligen Zweifeln über das Einhalten der Versprechungen von türkischer Seite habe man mit dem Hinweis entgegenzutreten, „... daß diese Versprechungen von der Pforte nicht ihren Untertanen allein, sondern auch den europäischen Mächten erteilt worden seien, daß Letztere Alles aufbieten werden, um ihre Erfüllung sicherzustellen".[18]
5. Bezüglich der Rückkehr der Flüchtlinge sollte Kontakt mit den türkischen Behörden hergestellt werden. Diese habe man von der bevorstehenden Rückkehr rechtzeitig zu informieren, damit sie ihre Vorkehrungen treffen können und in die Lage versetzt werden, „... der übernommenen Verpflichtung nachzukommen".[19]
6. Jenen Führern des Aufstandes, die „... sich der türkischen Regierung gegenüber kompromittiert erachten könnten ...",[20] sei man bereit, Asyl und eine jährliche Regierungssubvention zu gewähren.

C. Verhalten gegenüber den Insurgenten

1. An FZM Rodich und die beiden Konsuln erging die Weisung, auf Grund ihrer persönlichen Bekanntschaft nur *offiziöse* Kontakte mit den Führern der Insurgenten aufzunehmen.[21]

---

17 Ebenda.
18 Ebenda.
19 Ebenda.
20 Instruktion Verćevich – HHStA, PA XII, Türkei, Varia Turquie I, 1875 – 1876, Karton 231.
21 Ein offizielles Auftreten der Vertreter Österreich-Ungarns schien Andrássy wie er am 25. Februar 1876 bereits dem Grafen Zichy auseinandergesetzt hatte aus zwei Gründen nicht ratsam: Erstens könnten sich die europäischen Mächte und im besonderen die Donaumonarchie nicht dem Risiko des Prestigeverlustes im Falle einer etwaigen Ablehnung der Reformen durch die Aufständischen aussetzen. Zweitens wolle er verhindern, daß die Insurgenten eine offizielle Kontaktaufnahme mit ihnen in eine offizielle Anerkennung als Kriegführende umdeuten. – Actenstücke, Nr. 240.

2. Die Haltung der europäischen Mächte den Aufständischen und dem Aufstand gegenüber sollte klar herausgestellt werden. Den Insurgenten sollte bedeutet werden, „... daß es der bestimmte Wille der europäischen Mächte ist, daß der Friedenszustand ... wieder hergestellt werde".[22]
3. Es wäre wünschenswert, ihnen nahezulegen, die Waffen niederzulegen, nach Hause zurückzukehren, Kontakt mit den türkischen Behörden aufzunehmen, die Reformen zu akzeptieren und ihrerseits „... durch ein friedliches Entgegenkommen das Erreichte nutzbar zu machen".[23]
4. Auch den Insurgenten gegenüber sollte man bei allfälligen Bedenken gegen die Durchführung der von den Türken angekündigten Reformen auf die Einbindung der europäischen Mächte in diese Garantie hinweisen.
5. Harte Stellungnahme bis zur Grenze des ultimativen Druckes war gegen jene Aufständischen vorgesehen, die sich der Befriedungsaktion entgegenstellen sollten: Hinweis auf die Maßnahmen der Donaumonarchie in Dalmatien, besonders auf die Grenzsperre und auf die Absicht, Insurgenten, die trotz allem auf das Gebiet der Habsburgermonarchie überwechseln sollten, im Inneren Österreich-Ungarns zu internieren. Damit wollte man offensichtlich erreichen, „... daß ein Kampf aufgegeben werde, dessen Fortsetzung aussichtslos bleiben würde ...", denn es bestünde absolut keine Hoffnung auf Unterstützung von außen und damit auch keine Aussicht auf Erfolg.[24]

D. Maßnahmen zur etwaigen Überwachung der türkischen Reformen

Dem Generalkonsul Wassitsch in Mostar wurde u. a. aufgetragen, vorläufig noch in seiner gegenwärtigen Verwendung zu bleiben. Er werde aber bald zum Generalkonsul in Sarajevo ernannt werden – allerdings ohne „ostensible Mission". „... in welcher Eigenschaft es ihm am Leichtesten sein wird, die türkischen Anordnungen zu überwachen ..." Diese Absicht wurde von Andrássy auch FZM Mollinary mitgeteilt.[25]

Soweit der breitgespannte Fächer jener Instruktionen, die Graf Andrássy im Sinne der flankierenden Maßnahmen Österreich-Ungarns zur Pazifizierung in den türkischen Provinzen erlassen hatte.

Das Scheitern der Pazifizierung

Wie bekannt, war der Reform- und Pazifizierungspolitik auch im Jahre 1876 ein Mißerfolg beschieden. Das Scheitern ist gewiß auf vielfältige Ursachen zurückzuführen. Sie sind wohl bei allen unmittelbar oder mittelbar Beteiligten zu suchen:

---

22 Instruktion Verćevich – HHStA, PA XII, Varia Turquie I, 1875 – 1876, Karton 231.
23 Direktiven Rodich – KA, MKSM 1876, 69-1/4-2; PA XII, Türkei, Varia Turquie I, 1875 – 1876, Karton 228.
24 Ebenda.
25 Wassitsch-Telegramm – HHStA, PA XII, Türkei, Varia Turquie I, 1875 – 1876, Karton 227, Instruktion Mollinary – KA, MKSM 1876, 69-1/4-3.

1. Bei den Türken

Zunächst ist vor allen Dingen hervorzuheben, daß die türkische Hoheitsverwaltung absolut nicht in der Lage war, die Reformen in der Praxis durchzusetzen. Dazu dürfte jener Gegensatz wesentlich beigetragen haben, der sich zwischen den von der Zentralgewalt ausgesandten türkischen Kommissären und dem Provinzgouverneur aufgetan hat. Darüberhinaus sollte sich auch jene vor allem von Kommissär Hajdar-Effendi vertretene Konzeption als unrealistisch herausstellen. Hajdar war der Auffassung, der Rückkehr der Flüchtlinge sei absolute Priorität einzuräumen. Die Rückflutbewegung müsse sogar noch vor der Konsolidierung der Zustände in Bosnien und der Hercegovina einsetzen. Denn sie wäre mit eine der Hauptvoraussetzungen für die Durchführbarkeit der Reformen. Dies sollte sich aber als Trugschluß erweisen. Denn gerade durch diese Sachlage, durch diese Haltung mußte bei den unmittelbar Betroffenen – bei den Einwohnern Bosniens und der Hercegovina innerhalb und außerhalb der Landesgrenzen – die Amnestie- und Reformabsicht der Türken unglaubwürdig erscheinen.[26]

2. Bei der muslimischen Bevölkerung in Bosnien und der Hercegovina

Die Muslime in den beiden Provinzen stellten sich entschieden gegen die Reformen. Sie waren überzeugt, daß diese von den christlichen europäischen Mächten dem Sultan aufgezwungen worden waren. Eine vehemente Antireformbewegung setzte ein. Es kam zu Ausschreitungen gegen die noch im Lande verbliebene christliche Bevölkerung; ja die Unruhe griff auch auf jene Landesteile über, die bis dahin vom Aufstande nicht berührt worden waren. Von einer Konsolidierung schien das Land weiter entfernt als je zuvor.[27]

3. Bei den Aufständischen

Die Insurgenten lehnten trotz aller Überredungsversuche der österreichisch-ungarischen Konsularvertreter die Reformen als unzureichend ab. Vor allem aber meldeten sie Zweifel bezüglich der Realisierbarkeit des Reformprogrammes an.[28]

4. Bei den Flüchtlingen

Die Flüchtlinge schließlich weigerten sich, in die offensichtlich noch nicht pazifizierte Heimat zurückzukehren. Feldzeugmeister Mollinary hatte dies vorausgesehen und bereits am 15. Jänner 1876 Andrássy vor Schwierigkeiten gewarnt, auf die

---

26 Vgl. zur Auffassung von Hajdar-Effendi: Ekmečić: Aufstand, 2. Band, S. 251 ff. – „... denn an die Reformen glaubten weder die mohammedanische Bevölkerung noch die Flüchtlinge und schon gar nicht die Aufständischen." – Ebenda, S. 253.
27 Ebenda, S. 250.
28 „Am übelsten fuhr das Reformprojekt bei den Insurgenten: Die Mohammedaner wollten von der Gleichstellung der Christen mit ihnen nichts wissen; diese wieder wollten an die Durchführung der Reformen durch die ottomanischen Behörden durchaus nicht glauben." – THEODOR VON SOSNOSKY, Die Balkanpolitik Österreich-Ungarns seit 1866. 1. Band, Stuttgart und Berlin 1913, S. 148.

Zwangslage der Donaumonarchie hingewiesen: „... denn die Flüchtlinge würden ohne Gewaltanwendung niemals in die Heimat zurückzubringen sein. Eine solche Zwangsmaßregel aber würde uns die Sympathien der ganzen Rajah kosten und den Einfluß der Russen, Serben und Montenegriner in den Balkanprovinzen nur noch vermehren."[29] Einzig und allein unter dem Schutze der Doppelmonarchie, so erklärten sie Mollinary, würden sie sich zu einer Rückkehr bereitfinden.[30] Ähnliches mußte Feldzeugmeister Rodich Anfang März 1876 aus Dubrovnik berichten.[31] Auch bei den Flüchtlingen – man kann sagen: hier vor allem – scheiterten alle Pazifizierungsbemühungen Österreich-Ungarns.

5. Im Bereiche Österreich-Ungarns

Hier ist vor allem die Sympathie der südslavischen Bevölkerung der Habsburgermonarchie gegenüber der Aufstandsbewegung in den beiden türkischen Provinzen zu erwähnen. Die daraus resultierende Unterstützungsbereitschaft konnte nicht einfach auf dem Verordnungswege eingeschränkt werden. Hinzu kam noch die Haltung der Grenzbehörden, die die von Andrássy angeordneten Maßnahmen gewiß nur zum Teil und oft nur mit halbem Herzen durchführten. Dies war vor allem in Dalmatien der Fall. Schon im Jahre 1875 hat der britische Konsul über die unverhüllten Sympathien berichtet, die speziell Baron Rodich für die südslavischen Insurgenten in der Hercegovina bekundete.[32] Gemäß den Verordnungen Andrássys vom Februar und März 1876 versuchte man zwar den Schein zu wahren, der Erfolg der verstärkten Grenzkontrolle mußte aber fraglich bleiben.[33]

---

29 ANTON FREIHERR VON MOLLINARY, Sechsundvierzig Jahre im österreichisch-ungarischen Heere 1833 – 1879. 2. Band. Zürich 1905, S. 296.
30 „Meine Versuche, die Flüchtlinge zur freiwilligen Rückkehr zu bewegen, blieben wie ich es vorausgesehen, ganz ohne Wirkung. Angst und Schrecken befiel die Armen, sobald man nur von einer Rückkehr zu sprechen begann, die nicht unter dem Schutze unserer Waffen geschehen sollte. „Ohne Eure Soldaten sind wir alle verloren. Könnt Ihr uns nicht länger erhalten, dann lasset uns hier Hungers sterben; aber dem unversöhnlichen, grausamen Feinde liefert uns nicht aus." MOLLINARY, Sechsundvierzig Jahre, 2. Band, S. 297 f.
31 Bericht Rodich an Andrássy, Dubrovnik, 5.III.1876 – DAVID HARRIS, A diplomatic History of the Balkan Crisis 1875 – 1878. The First Year. Stanford – London – Oxford 1936, S. 244 – 247.
32 „With a bigotted Slav, Baron Rodich, as Governor-General an Commander-in-Chief in Dalmatia ... the rebels will always, I am afraid, succeed in introducing arms, ammunition and recruits from their friends this side of the border ..." Bericht Taylor vom 21. September 1875 – DAVID HARRIS, Balkan Crisis, S. 69.
33 So berichtete der britische Konsul in Dubrovnik am 11. März 1876 über die Grenzsperre in Dalmatien: „Everyone agrees also, that the reason of this is the connivance of the Austrian officials, whose duty it is to prevent anything of the kind. From Baron Rodich down to the humblest douanier, all are more or less warmly in favour of the insurgents. All the officials are Slavs, and they take no pains to conceal their sympathies ..." – HARRIS, Balkan Crisis, S. 240. Und am 8. April wußte Monson aus Dubrovnik zu berichten: „Apparent efforts are beeing made by the Dalmatian authorities to carry out with more strictness the orders received from Vienna to prevent the passage across the frontier of food an ammunition for the use of the insurgents. I am, however, assured that such efforts are hardly more than ostensible; as in the case of food there is no difficulty in sending over supplies by employing women from among the refugees; and with regard to ammunition, the illicit trade is as rife as ever ...,, – HARRIS, Balkan Crisis, S. 244.

In allererster Linie aber fällt jene Fehleinschätzung der Bewegung in Bosnien und der Hercegovina ins Gewicht, der Andrássy unterlegen ist, und auf die Ekmečić sehr deutlich hinweist: auf das Übersehen und Negieren jeder nationalen und politischen Komponente des Aufstandes.[34] Zwangsläufig in Zusammenhang mit diesem Manko steht aber eine weitere Fehleinschätzung, der allerdings nicht bloß der österreichisch-ungarische Außenminister erlegen ist und die – auch abgesehen von der Orientalischen Krise 1875 – 1878 – häufig die Ursache für das Scheitern von Pazifizierungsbemühungen der Großmächte darstellt. Gemeint ist die durch die spätere Entwicklung oft desavouierte Überzeugung, mit einer Einigung der interessierten Mächte über die wesentlichen Punkte der Pazifizierung sei die Befriedungsaktion bereits gelungen. Man übersieht dabei aber zwangsläufig, daß einer bereits im Rollen befindlichen Bewegung eine spezifische Dynamik innewohnt, daß sie eine Eigengesetzlichkeit entwickelt, die durch internationale Übereinkommen kaum bzw. überhaupt nicht gesteuert werden kann. – So geschah es auch im Rahmen des Befriedungsversuches, den Andrássy initiierte.

Hauptmotive für die Pazifizierungspolitik Andrássys

Eduard Wertheimer versuchte in seiner Andrássy-Biographie, die Politik des Außenministers der Donaumonarchie, der er kritik- und vorbehaltlos gegenüberstand, zu verabsolutieren. Er prägte in seinem Bestreben, Andrássy zu verteidigen, den Begriff der „fakultativ annexionistischen Politik", die der Minister gegenüber Bosnien und der Hercegovina verfolgt habe.[35] Wertheimer war auch bestrebt, die Gründe für Andrássys Haltung zusammenzustellen. Zum Abschluß dieses Beitrages sei es gestattet, das Motivationsspektrum Andrássys noch einmal zusammenzufassen, vielleicht zu erweitern; schließlich den Versuch zu wagen, die Etikettierung der Politik des österreichisch-ungarischen Außenministers ein wenig zu nuancieren und im Hinblick auf Wertheimers Wertung zu verdeutlichen.

Die Beweggründe Andrássys für die Pazifizierung lassen sich wie folgt zusammenfassen:

1. Das Fernziel der Politik Andrássys war die Eingliederung Bosniens und der Hercegovina in die Habsburgermonarchie.[36] Bei dem offensichtlich nicht ohne Komplikationen zu realisierenden Erwerb der beiden Provinzen hatte er aber prinzipiell Interesse an der Erhaltung der Türkei bzw. an halbwegs geordneten Zuständen im Inneren des Osmanischen Reiches.
2. In der damaligen Phase der „Konsolidierung" der Doppelmonarchie[37] war ihm an der Erhaltung der Ruhe an der Südostgrenze gelegen. Dies bedeutete aber

---

34 Ekmečić: Aufstand, 2. Band, 237 und 240.
35 Eduard von Wertheimer, Graf Julius Andrássy. Sein Leben und sein Zeit. Nach ungedruckten Quellen. II. Band. Bis zur geheimen Konvention vom 15. Januar 1877. Stuttgart 1913, S. 259.
36 Vgl. dazu den Beitrag von Arnold Suppan, Außen- und militärpolitische Strategie Österreich-Ungarns vor Beginn des bosnischen Aufstandes 1875. In: Medjunarodni naučni skup povodom 100-godišnjice ustanaka u Bosni i Hercegovini, drugim balkanskim zemljama i Istočnoj krizi 1875 – 1878 godine, tom I (Sarajevo 1977), S. 159 – 175.
37 Die beiden Ausgleiche, die Folgen von Königgrätz, des Deutsch-Französischen Krieges und die bevorstehenden Ausgleichsverhandlungen von 1877.

keineswegs zwangsweise eine inaktive Politik Andrássys auf dem Balkan. Die Entwicklung im Südosten wurde sorgfältig registriert, Art und Zeitpunkt des allfällig nötigen Eingreifens sorgfältig abgewogen. Die Monarchie befand sich in „Lauerstellung".
3. Der Minister war daher gegen eine einseitige, überdimensionierte Gebietserweiterung Serbiens und Montenegros.
4. Es sollte auch kein eigenes südslavisches, größeres Staatsgebilde im Südosten entstehen.
5. Er versuchte eine Dominanz Rußlands bei der Lösung der Fragen auf dem Balkan zu verhindern.
6. Eine solche Lösung konnte er sich nur unter Mitwirkung, ja Federführung Österreich-Ungarns als benachbarter und primär interessierter Großmacht vorstellen.
7. Andrássy wollte aber auch keine Stärkung des südslavischen Elementes innerhalb der Donaumonarchie durch eine etwaige Eingliederung Bosniens und der Hercegovina herbeiführen. Denn diese wäre ja zu Lasten der Präponderanz der Deutschen und Magyaren ausgefallen.
8. Schließlich konstatierte er mit nicht geringer Sorge die erhebliche Kostenlast, die der Donaumonarchie durch die Flüchtlinge aus den insurgierten Provinzen erwachsen war.[38] Ein Abbau dieser Ausgaben konnte nur durch die Rückkehr der Flüchtlinge in ihre pazifizierte Heimat erwartet werden.

Abschließend zur versuchten nuancierten Wertung und zur Einordnung:
– Andrássys Politik darf wohl als fakultativ-annexionistische, abwartend-reagierende, aber doch – trotz aller Vorbehalte über das Wann und das Wie der Eingliederung und trotz aller Bemühungen um die Pazifizierung – expansionistische Politik aufgefaßt werden.
– Im Sinne dieser Wertung ist der gescheiterte Pazifizierungsversuch Andrássys vom Februar – März 1876 als eine Etappe dieser Gesamtpolitik aufzufassen.

Direktiven für den Statthalter von Dalmatien FZM Freiherrn von Rodich, dat. 21. Februar 1876; von Seiner Exzellenz dem Herrn Minister Grafen Andrássy dem FZM Baron Rodich persönlich übergeben

Nach den mündlichen Weisungen Seiner Exzellenz des Herrn Minister Grafen Andrássy konzipiert.

Mit den im August v. J. Euer Exzellenz mitgeteilten Direktiven habe ich jenen Standpunkt klar zu machen angestrebt, den die kaiserliche Regierung während der Unruhen in den türkischen Nachbarländern Bosnien und Hercegovina festzuhalten beabsichtige. Die in diesen Direktiven zum Ausdruck gebrachten Voraussetzungen

---

38 MOLLINARY, Sechsundvierzig Jahre, 2. Band, S. 292, gibt die Gesamtkosten, die für die Flüchtlinge aufgewendet wurden, mit über 10 Millionen Gulden an. „He (Andrássy) said the insurrection had already caused very considerable expense to Austria-Hungary, and would, he feared cause more, – but that he could not ask the Delegations ... to enter into any engagements for assistance ..." – Bericht Buchanan nach London vom 24. März 1876 – HARRIS, Balkan Crisis, S. 242.

haben sich durch die nachgefolgten Tatsachen bestätigt, und den Bemühungen Eurer Exzellenz ist es in anerkennenswerter Weise gelungen, jenen 3 Punkten, auf welche die kaiserliche Regierung besonderes Gewicht legte, und von denen insbesondere der dritte für uns wertvoll ist, zu entsprechen.

Die diplomatische Aktion der kaiserlichen Regierung und die Euer Exzellenz bekannte Annahme der Reform-Vorschläge seitens der Pforte brachten eine Änderung der ganzen Situation mit sich, und hierin nehme ich Anlaß Exzellenz nunmehr im Zusammenhange mit den früheren Direktiven auf jene Momente aufmerksam zu machen und jene Gesichtspunkte klar zu legen, welche für Exzellenz fernere Haltung als Richtschnur zu dienen haben. Der dritte Punkt der erwähnten Direktiven betonte die Notwendigkeit, der christlichen Bevölkerung ersichtlich zu machen, daß sie eine endgültige Entscheidung ihrer Schicksale nur von uns zu erwarten habe. Durch die Annahme unserer Propositionen ist nun eine wesentliche Verbesserung des Verhältnisses der christlichen Bevölkerung in den türkischen Nachbarprovinzen – soweit es im Bereiche unserer Einwirkung gelegen war – erreicht, und zwar eine Verbesserung, die weit über das Maß hinaus reicht, was die Insurgenten selbst angestrebt haben.

Dadurch jedoch, daß wir die Pforte zur Annahme dieser Reformen bewogen, haben wir gleichzeitig auch eine moralische Verpflichtung gegenüber der miteinverstandenen europäischen Mächte übernommen. die Pazifikation in den Nachbarländern mit allen uns zu Gebote stehenden Mitteln zu befördern, beziehungsweise zur Durchführung der von uns angestrebten Reformen fördersam die Hand zu bieten.

Um diesen Zweck zu erreichen und um unseren Verpflichtungen nachkommen zu können, wird für Exzellenz eine doppelte Aktion eintreten:
1. Insoweit es Exzellenz gelungen ist, auf die insurgierten Elemente persönlich einen großen Einfluß zu gewinnen, wollen Sie in Verwertung desselben dahin kräftigst einwirken, daß ein Kampf aufgegeben werde, dessen Fortsetzung aussichtslos bleiben würde. Es wäre daher auf passenden Wegen oder durch geeignete Individuen den Insurgenten bekannt zu geben, daß es der entschiedene Wille Österreichs, sowie der übrigen Mächte sei, dem zwecklosen Blutvergießen ein Ende zu machen. Sie müssen zur Erkenntnis gebracht werden, daß es nur der Einwirkung der europäischen Mächte gelungen sei, solche Garantien für die christliche Bevölkerung zu erreichen, welche nach der Überzeugung der Mächte für diese wünschenswert waren, daß es aber auch nunmehr an der Bevölkerung selbst gelegen sei, durch ein friedliches Entgegenkommen das Erreichte nutzbar zu machen.
2. Jene Begünstigungen, welche von der Pforte bezüglich der Flüchtlinge erwirkt wurden, werden Euer Exzellenz von mir in einer abgesonderten Mitteilung zur Kenntnis gebracht werden.

Hochdieselben wollen nunmehr den auf österreichischem Territorium weilenden Flüchtlingen im Namen Seiner Majestät des Kaisers bekannt geben, daß es in ihrem eigenen Interesse gelegen sei, in ihre Heimat zurückzukehren. Die etwaigen Zweifel, ob die ihnen von der Türkei gemachten Versprechungen auch wirklich realisiert werden würden, sind damit zu entkräftigen, daß diese Versprechungen von der Pforte nicht den Untertanen sondern den europäischen Mächten gegeben wurden, daß somit auch Letztere die Garantie für deren Erfüllung übernehmen.

Damit aber jene Vereinbarungen, welche zu Gunsten der rückkehrenden Flüchtlinge mit der türkischen Regierung getroffen wurden, auch durchgeführt werden können, wird es als Wunsch Seiner Majestät der türkischen Regierung bekannt gegeben werden, daß sich die beiderseitigen Grenzbehörden zum Zwecke der Pazifikation direkt ins Einvernehmen zu setzen haben, und es wird unsere Bemühung dahin gerichtet sein, zu erwirken, daß den türkischen Lokalbehörden auf dem Insurrektions-Gebiete der Befehl zugehe, sich in dieser Angelegenheit vertrauensvoll an unsere Ämter zu wenden.

Euer Exzellenz werden die ungestörte Rückkehr der Flüchtlinge sehr befördern, wenn Sie die türkischerseits für diesen Zweck bezeichneten Persönlichkeiten, – deren Namen ich baldigst mitzuteilen in der Lage zu sein hoffe, – von Fall zu Fall über die erfolgende Rückkehr der Flüchtlinge rechtzeitig orientieren lassen, damit türkischerseits – soweit die Versprechungen für die Unterstützung der Bevölkerung in den devastierten Landstrichen reichen – vorgesorgt werde und die türkischen Beamten somit auch wirklich in die Lage versetzt werden, ihren Verpflichtungen nachkommen zu können.

General-Konsul Wassitsch wird von mir aus beauftragt werden, vorderhand in seiner gegenwärtigen Verwendung zu verbleiben, möglicherweise, sobald es rätlich erscheint jedoch bleibend zum General-Konsul in Sarajevo ernannt werden, in welcher Eigenschaft es ihm am Leichtesten sein wird, die türkischen Anordnungen zu überwachen, derselbe erhält übrigens keine ostensible Mission.

Nachdem es im Interesse der Pazifikation wünschenswert erachtet werden muß, daß die Insurgenten wieder ihre Häuser und Kirchen aufbauen, wozu die türkische Regierung das Material zu liefern sich bereit erklärt, und nachdem mit Hinblick auf das herannahende Frühjahr der Anbau der Felder notwendig wird, sobald die türkischen Behörden die Saatfrüchte geliefert haben, so ist es doppelt wünschenswert, daß Eure Exzellenz die kombinierte Aktion sobald als möglich, und gleichzeitig bei den Insurgenten und bei den Flüchtlingen ins Leben treten lassen, damit eben mit der Ablegung der Waffen von Seite der Insurgenten auch die ungefährdete Rückkehr der Flüchtlinge beginnen könne.

Dies ist die Aufgabe, die ich im Auftrage Seiner Majestät Eurer Exzellenz zu übertragen habe; reassumiere ich das Vorstehende, so habe ich nochmals hervorzuheben, daß Seine Majestät der Kaiser und die in Allerhöchstdessen Einvernehmen handelnden Mächte eine bedeutende Amelioration des Zustandes und der Verhältnisse der Christen in den türkischen Nachbarländern von Seite der Pforte erwirkten, und daß diese Reformen die Möglichkeit bieten, noch auf einige Zeit den Frieden zu erhalten.

Die Annahme unserer Propositionen von Seite der Pforte legt uns die Verpflichtung auf, deren Durchführung uns angelegen sein zu lassen. Jetzt ist auch jeder Grund entfallen, einen Zustand noch länger aufrecht zu erhalten, der es uns bis jetzt nicht erlaubte, jene Stellung einzunehmen, welche völkerrechtlich bei einem Kampfe zwischen Insurgenten mit ihrer legitimen Regierung zu beobachten wäre.

Diese Stellung macht uns die Kooperation mit den türkischen Behörden zur Pazifizierung der Länder, sowie eine strikte Neutralität zur Aufgabe, in Folge welcher ich auch Euer Exzellenz ersuchen muß, alle Waffen- und Munitions-Sendungen, bezüglich welcher gegründeter Verdacht vorliegt, daß sie für Insurgenten bestimmt sind, mit Beschlag belegen zu lassen.

Da aus mehrseitigen Nachrichten zu entnehmen ist, daß fremde Personen aus verschiedenen Ländern dem Insurrektions-Schauplatze zuziehen, um sich der Bewegung anzuschließen, so habe Eure Exzellenz zur Verhinderung einer Ansammlung solcher Personen, – die jedenfalls nur durch revolutionäre Tendenzen geleitet sind, – energische Maßregeln zu ergreifen, solche Fremde zurückzuweisen und deren Landung, beziehungsweise ihren Aufenthalt auf österreichischem Territorium nicht zu gestatten.

Über alle die Ausführung dieser Direktiven bezweckenden Maßnahmen, sowie über die Verhandlungen mit den türkischen Behörden wolle es Eurer Exzellenz gefällig sein, mir auch weiterhin fallweise Bericht zu erstatten.

Wien, 21. Februar 1876   Andrássy m.p.
KA. MKSM 1876, 69-1/4-2.

Dasselbe in:
HHStA. PA XII. TÜRKEI, VARIA TURQUIE I, 1875 – 1876, Karton 228.

DIRECTIVEN FÜR DEN STATTHALTER VON DALMATIEN F.Z.M. FREIHERRN VON RODICH, WIEN, 21. FEBRUAR 1876.

Abschrift der Instruktion an Feldzeugmeister Freiherrn von Mollinary, d.d. Wien, den 24. Februar 1876

Wie Euer Exzellenz bekannt ist, waren die Bemühungen der k. u. k. Regierung dahin gerichtet, die Lage der christlichen Bevölkerung in den insurgierten türkischen Provinzen, Bosnien und Herzegowina, in nachhaltiger Weise zu verbessern. Zu diesem Lande sind im Einvernehmen mit den europäischen Mächten die betreffenden Reformvorschläge der Regierung des Sultans vorgelegt worden.

Durch die Euer Exzellenz ebenfalls bekannt gewordene Annahme dieser Vorschläge seitens der Pforte ist – soweit dies im Bereiche unserer Einwirkung gelegen war – schon eine wesentliche Verbesserung des Verhältnisses der Christen in den türkischen Nachbarländern erreicht, zumal es sich um Errungenschaften handelt, die weit das Ausmaß dessen überschreiten, was die Insurgenten sich selbst als ursprüngliches Ziel ihres Strebens gesetzt hatten.

Hiermit entfällt aber auch jeder Grund unsererseits einen Zustand länger aufrecht zu erhalten, der uns bisher zögern ließ, jene Stellung einzunehmen, die an sich bei einem Kampfe der Insurgenten gegen die legitime Regierung völkerrechtlich zu beobachten wäre.

Sowohl die diplomatische als die politische Aktion der k. u. k. Regierung tritt nunmehr in ein neues Stadium. Ich halte es daher, was letztere anbelangt, für notwendig auch Euer Exzellenz, wie den Herrn Statthalter von Dalmatien, jene Direktiven an die Hand zu geben, nach welchen sich Hochdero Vorgehen in Zukunft zu regeln haben wird.

Durch die der Pforte von Seite aller europäischen Großmächte empfohlenen und von ersterer angenommenen Reformen, haben wir nicht nur der türkischen Regierung, sondern auch den europäischen Mächten gegenüber die moralische Verpflichtung übernommen, die Pazifikation in den türkischen Nachbarländern mit allen zu Gebote stehenden Mitteln zu fördern, beziehungsweise der Durchführung unserer Propositionen nach besten Kräften Vorschub zu leisten.

Dementsprechend werden Euer Exzellenz im Folgenden Ihre Hauptaufgaben zu erblicken haben:

1. die Bildung bewaffneter Banden so wie der Übertritt solcher in das insurgierte Nachbarland ist in jeder möglichen Weise zu verhindern und den Aufständischen überhaupt jeden Zufluß unsererseits abzuschneiden.

Politische Vereine zu Zwecke direkter oder indirekter Unterstützung der Insurgenten sind nicht zu dulden.

Die gegen die Pazifikationsbemühungen der Mächte gerichtete Agitation der Presse ist auf das Entschiedenste zu verhindern.

2. Die Ausfuhr von Waffen und Munition in das türkische Nachbarland ist nicht zu gestatten und allfällig zur Kenntnis der Behörde gelangte, für die Zwecke der Insurrektion bestimmte Waffen oder Munitions-Artikel sind mit Beschlag zu belegen.

3. Da die Insurgenten, wie bekannt, auch aus dem Auslande Zuzug erhalten, so haben Euer Exzellenz dem Aufenthalte Einzelner so wie der Ansammlung solcher Fremder, die gewiß nur revolutionäre Tendenzen verfolgen, mit energischen Maßregeln entgegen zu treten und sie ohne Bedenken aus unserem Territorium auszuweisen.

4. In einer abgesonderten Mitteilung werden Euer Exzellenz die unsererseits von der Pforte für die Flüchtlinge erwirkten Zugeständnisse bekannt gegeben werden.

Es wird Euer Exzellenz bewährtem Takte die Aufgabe zufallen, die Ältesten und Angesehensten, also gewissermaßen die Vertrauenspersonen der Flüchtlinge davon zu überzeugen, daß, nachdem die Mächte beschlossen haben, weiterem Blutvergießen Einhalt zu tun, ihre beschleunigte Rückkehr in die Heimat nunmehr in ihrem eigenen Interesse geboten sei. Etwaige Zweifel darüber, ob die Versprechungen seitens der Türken auch wirklich erfüllt werden würden, sind mit der Erklärung zu beseitigen, daß diese Versprechungen von der Pforte nicht ihren Untertanen allein, sondern auch den europäischen Mächten erteilt worden seien, daß daher Letztere alles aufbieten werden, um ihre Erfüllung sicher zu stellen.

Ich habe Euer Exzellenz mit der auf Befehl Seiner Majestät des Kaisers und Königs Ihnen übertragenen Aufgabe hiermit vertraut gemacht und kann nur beifügen, daß sich Ihre Einwirkung auf die beschleunigte Rückkehr der Flüchtlinge umso dringender herausstellt, als mit dem herannahenden Frühjahr der Anbau der Felder notwendig und möglich wird, sobald die türkischen Behörden die versprochenen Saatfrüchte geliefert haben werden.

Euer Exzellenz werden die ungestörte Rückkehr der Flüchtlinge wesentlich fördern, wenn Sie die für diesen Zweck türkischerseits bestimmten Funktionäre, deren Namen und Amtsorte ich Ihnen baldigst bekannt geben zu können hoffe – von Fall zu Fall, rechtzeitig über die zu erfolgende Rückkehr von Flüchtlingen orientieren lassen, damit ihrerseits für die Unterstützung der Letzteren vorgesorgt werde und die türkischen Behörden wirklich in die Lage versetzt würden, der übernommenen Verpflichtung nachzukommen.

Ich werde Euer Exzellenz nachträglich jenen Konsularfunktionär namhaft machen, welcher, ohne eine ostensible Mission zu erhalten, von mir beauftragt werden wird, die auf die Durchführung der Reform abzielenden türkischen Anordnungen zu überwachen.

Hochdieselben werden mich über alle auf die Anwendung dieser Direktiven sich beziehenden eigenen Verfügungen, sowie über die Verhandlungen mit den türkischen Behörden fortlaufend in Kenntnis zu erhalten haben.

Andrássy m.p.

KA, MKSM 1876, 69-1/4-3.

Instruktion, welche Herr Hauptmann Eugen Lazich, mündlich an den k. u. k. Vize-Konsul Verćevich in Trebinje zu überbringen hat.
Wien, 28. Februar 1876.

Nachdem die türkische Regierung die von den europäischen Mächten übereinstimmend vorgeschlagenen Maßregeln zur Pazifikation der insurgierten Distrikte in Bosnien und Herzegowina angenommen und die Zusicherung gegeben hat, in diesen genannten Provinzen sofort Zustände herbeizuführen, wodurch das Los der christlichen Bevölkerung wesentlich gebessert wird, – nachdem die türkische Regierung gleichzeitig für alle ihre Untertanen, welche an der Insurrektion teilgenommen haben, eine vollständige Amnestie erlassen und denselben die straffreie Rückkehr zugestanden hat, ja gewillt ist, den Heimkehrenden Mittel an die Hand zu geben ihrem Erwerbsbetriebe nachzugehen, so entfällt von nun an aller Grund, den Widerstand gegen jene Durchführungen fortzusetzen, und es liegt jetzt allen, welche an der Pazifizierung der genannten Länder ein Interesse haben, ob, dahin zu wirken, damit die flüchtigen Rajahs und namentlich die an der Aktion beteiligt gewesenen Insurgenten nach Niederlegung der Waffen in ihre Heimatorte zurückkehren und sich unter den neuen gesicherten Verhältnissen wieder dem friedlichen Erwerbe widmen.

Euer Wohlgeboren werden deshalb aufgefordert, auf Grund Ihrer persönlichen Bekanntschaft sowohl mit manchen Notabeln unter den flüchtig gewordenen Rajahs als auch mit den Führern der Insurrektion – mit denselben in Verbindung zu treten und innerhalb dieses Kreises die Bemühungen der k. k. Behörden in Dalmatien, welche dahin gerichtet sind, die flüchtigen Rajahs und auf österreichischem Boden befindlichen Insurgenten zur Annahme der Amnestie und zur Rückkehr in die Heimat zu bewegen, mit Ihrem persönlichen Ansehen kräftigst zu unterstützen und in Ihrem eigenen Konsularbezirke eine gleiche Tätigkeit zu entwickeln. Bei dieser Gelegenheit wollen Sie den betreffenden klar machen, daß es der bestimmte Wille der europäischen Mächte ist, daß der Friedenszustand in der Herzegowina wieder hergestellt werde.

Die Möglichkeit hiezu sei gegenwärtig gegeben durch die von der Pforte an die Christen gewährten Konzessionen, welche der christlichen Bevölkerung so große Vorteile bieten, wie sie von den Rajahs kaum erhofft worden sein konnten. Der allfälligen Einwendung, daß man den türkischen Versprechungen nicht trauen könne, weil die türkische Regierung erfahrungsgemäß sie nicht einzuhalten pflege, wollen Sie mit der Darlegung entgegentreten, daß es sich hier nicht um einseitige Versprechungen der Pforte oder der türkischen Regierung an Provinzeinwohner handle, sondern um Zusagen, welche die Pforte auf Grund der von den europäischen Mächten ihr gemachten Vorschläge nicht nur den christlichen Bewohnern der genannten Provinzen, sondern auch gegenüber den europäischen Mächten gemacht hat, welchen gegenüber die auch die Verpflichtung der gewissenhaften Durchführung übernommen hat. Es wird sonach Aufgabe dieser Mächte sein, die Ausführung jener Zusagen durch ihre Organe zu überwachen und zu sorgen, daß diese Ausführung tatsächlich und nicht etwa bloß zum Schein erfolge. Die türkische Regierung hat auf unser Verlangen ihre Willfährigkeit kundgegeben, den heimkehrenden Rajah noch besondere Unterstützungen und Erleichterungen zuzuwenden, damit unsere Wünsche auf Herstellung der gebesserten materiellen Lage der heimkehrenden Rajah Erfolg haben.

Es ist nicht zu zweifeln, daß das Gros der christlichen Bevölkerung der insurgierten Provinzen unter den gegebenen Verhältnissen sich dem wohlmeinenden Rate zur Heimkehr nicht verschließen wird. Gegenüber von Elementen aber, welche den die Pazifikation des Landes abzielenden Bestrebungen entgegentreten sollten, wollen Sie ganz kategorisch bedeuten, daß, wenn unser wohlgemeinter Rat nicht befolgt würde, die k. k. Behörde in Dalmatien den strengsten Auftrag erhalten würden, den sich der Arbeit entziehenden Rajahs keine Subventionen zu erfolgen, sondern sie auch zum Verlassen des österreichischen Territoriums zu verhalten fernerhin die Grenzen gegenüber den aufständischen Bezirken abzusperren und der Insurrektion jede Verbindung mit dem Auslande abzuschneiden. Es würden in Folge dessen sonach alle Transporte von Lebensmitteln, Waffen und Munition aus den dalmatinischen Häfen an die Insurgenten über die Grenze nach der Herzegowina verboten und die auf unser Gebiet herübertretenden Freischärler nach dem Innern der k. k. Monarchie abgeführt und interniert werden, da es unsere ernste Absicht und zugleich Pflicht ist, einem nunmehr ganz unmotivierten und zugleich hoffnungslosen Kampfe an unserer Landesgrenze ein Ende zu setzen und unsere eigenen Grenzgebiete von der andauernden Beunruhigung zu befreien.

So strenge man gegen jene, die sich unserem wohlgemeinten Rate entgegensetzen werden, vorzugehen entschlossen ist, ebenso ist man anderseits geneigt, den sich Fügenden nach Tunlichkeit Mittel und Unterstützung zu ihrer Heimkehr zu gewähren, in welcher Beziehung die k. k. Behörden in Dalmatien von Baron Rodich die entsprechenden Informationen erhalten werden. Da es aber immerhin der Fall sein kann, daß einzelne Führer der Insurgenten sich der türkischen Regierung gegenüber derart kompromittiert erachten können, daß sie es vorziehen, für eine längere Zeit auf die Heimkehr zu verzichten und weiterhin im Auslande zu verbleiben, so dürfte sich empfehlen, denselben nahe zu legen, daß die k. u. k. Regierung nicht abgeneigt wäre, ihnen die Ausführung dieses Beschlusses durch Bewilligung von jährlichen Subventionen zu erleichtern.

Ich ersuche Euer Wohlgeboren im Falle dieser mir praktisch dünkende Vorschlag Aussicht auf Erfolg hat, mir Ihre diesbezüglichen motivierten Antrage einzusenden, worüber ich mir die Entscheidung noch vorbehalte.

Sie erhalten somit die strengvertrauliche und ehrenvolle Aufforderung zu einer offiziösen Aktion, auf Grund Ihres speziellen Verhältnisses zu den verschiedenen

Persönlichkeiten der dortländigen Bewegung, auf welche Sie zu dem Zwecke einwirken wollen, damit sie sich dem Pazifikationswerke aktiv anschließen und der Überzeugung Eingang verschaffen, daß eine Fortführung des Kampfes nutzlos, und daß keine Hoffnung auf eine Unterstützung von Außen, somit auch keine Hoffnung auf einen Erfolg vorhanden sei.

Ich ersuche Sie, Ihre Aktion im Einvernehmen mit dem k. u. k. Vize-Konsul Lazzich-Lazzarovich, welcher von dieser Instruktion Kenntnis hat, sofort aufzunehmen, und uns in fortlaufender Evidenz Ihrer Schritte zu erhalten.

Indem ich Ihnen für die bisherigen recht ersprießlichen Dienstleistungen meinen Dank und Anerkennung ausdrücke, werde ich gerne nach glücklicher Vollendung der Ihnen nun gewordenen Aufgabe, Ihren Wünschen nach Auszeichnung und Verbesserung Ihrer materiellen Lage die gebührende Rechnung tragen, und Ihre Verdienste zur Kenntnis Seiner Majestät bringen.

Empfangen Euer Wohlgeboren die Versicherung meiner vollkommenen Achtung.

HHStA, PA XII, Türkei, Varia Turquie I, 1875 – 1876 Karton 231.

Entwurf Chiffre Telegramm Andrássy an Wassich; Wien, 6. März 1676.

Es ist Wunsch Seiner Majestät, daß Euer Exzellenz den türkischen Behörden zum Zwecke der Pazifikation an die Hand gehen. Rodich und Mollinary haben Instruktion erhalten, in gleicher Weise vorzugehen. Pfortenkommissar Wassa ist abgereist. Er und Pfortenbehörden sind angewiesen, wegen Zeitgewinnung sich direkt und vertrauensvoll an unsere Behörden zu wenden. Da Sie mit Ali Pascha auf vertraulichem Fuße stehen, so können Sie ihm und Wassa mitteilen, welche Aufgabe ihnen geworden, und haben sie wann und wo nötig in ihren Pazifikationsbestrebungen zu unterstützen, und namentlich in ihren Beziehungen mit Baron Rodich und den k. u. k. Behörden wegen Vorbereitungen zur Heimkehr der Flüchtlinge und Pazifizierung der Insurgenten ihnen behilflich zu sein.

Der nachstehende Auszug aus meinem an Graf Zichy gerichteten Telegramm wird Ihnen als Leitfaden für Ihre Tätigkeit dienen.

„Meiner Ansicht hätten Pfortenkommissare nach ihrer Ankunft sofort firman mit den Konzessionen für beide Provinzen zu publizieren, gleichzeitig die Insurgenten aufzufordern, sich mit den Organen der Regierung in Verbindung zusetzen, welche ihnen den Inhalt des firmans bekannt zu geben und die Amnestie unter der Bedingung anzubieten hätten, daß dieselben sich bereit erklären, friedlich in ihre Heimat zurückzukehren. Die Bevollmächtigten werden mit Geld und Vollmacht versehen, um den Insurgenten die Heimkehr zu ermöglichen, und die Vorteile bekanntgeben, welche den heimkehrenden Flüchtlingen gewährt worden sind. Unsererseits wird unser Delegierte Herr von Wassich. nebst unseren Konsularfunktionären in Bosnien und Herzegowina Auftrag erhalten, sich sofort in einen nicht-offiziellen Rapport mit den Insurgenten zu setzen, um sie zur Absendung von Vertrauensmännern an die türkischen Autoritäten zu vermögen, wo dieselben auf indirekten

Wegen von den Entschlüssen des Sultans verständigt würden. Eine offizielle Sommation seitens unserer Agenten erscheint mir nicht opportun, denn die Mächte können sich ihrerseits keiner Ablehnung aussetzen.

Betreffs Heimkehr der Flüchtlinge dürfte es sich empfehlen, sie zur Erklärung zu veranlassen, daß sie sich zur Heimkehr bereithalten wollen. Die Heimsendung en masse sollte jedoch erst dann stattfinden, wenn die Heimatbezirke genugsam pazifiziert sind, daß keine materielle Pression seitens der Insurgenten ausgeübt werden kann. Vorläufig sollen jene Flüchtlinge zur Heimkehr veranlaßt werden, deren Heimat vom Insurrektionsherde entlegen ist, und wo der katholische Kultus vorwiegt, wo sie demnach von den Insurgenten nicht vergewaltigt werden können".

Wollen Sie von dem Inhalte dieses Telegrammes dem General-Konsul Teodorovič auf sicherem Wege Mitteilung machen, daß er seinerseits entsprechend vorgehe und die Konsulardependenzen instruiere. Baron Rodich und Mollinary sind konform beauftragt worden. Vercevich und Lazzarovich in Trebinje haben Spezial- Instruktion, sich mit den Insurgentenführern der Umgebung persönlich in Verbindung zu setzen, um diese zur Pazifikation zu bewegen, und sich mit Ihnen in Verbindung zu setzen.

HHStA, PA XII Türkei, Varia Turguie I, 1875 – 1876, Karton 227.

aus: Medjunarodni naučni skup povodom 100-godišnjice ustanaka u Bosni i Hercegovini, drugim balkanskim zemljama i istočnoj krizi 1875 – 1878 godine. Bd. 1 (Sarajevo 1977), S. 187 – 201.

Öffentliche Meinung oder Meinungspluralität?
Zum Widerhall der Okkupation in der deutschsprachigen Presse der Donaumonarchie

1. Öffentliche Meinung und Massenmedien

Zu allen Zeiten hatten die Träger der politischen Entscheidungen mehr oder minder eingehend bei ihrer politischen Willensbildung auf die sogenannte „öffentliche Meinung" Rücksicht genommen, sie zumindest in ihre handlungsorientierte Motivenkalkulation mit einbezogen. Anderseits darf wohl nicht übersehen werden, daß bei der Ausbildung der modernen Gesellschaft, bei der Ausdifferenzierung ihrer pluralistischen, vielgliedrigen Gestaltungsform der Herrschaftsträger seinerseits auf die Haltung der Bevölkerung Einfluß zu nehmen suchte, sie in seinem Sinne zu motivieren und zu aktivieren beabsichtigte. Durch diese Tatsache kam der öffentlichen Meinung eine durchaus ambivalente Funktion im Sinne der zu konstatierenden Wechselwirkung zur politischen Willensbildung zu. Ihr Gewicht und ihr Erscheinungsbild werden wohl auf Grund der konkreten Analysen im Einzelfall zu untersuchen sein.

In diesem Zusammenhang stellt sich sofort die Frage nach Definition und Wesen der öffentlichen Meinung. Ein guter Teil der neueren publizistischen, soziologischen und politologischen Meinungsäußerungen zu diesem Problemkreis verneint die Existenz der öffentlichen Meinung, überhaupt. Zumindest versucht man eine differenzierte Haltung einzunehmen. Demnach gibt es keine eindeutig festzustellende und quantitativ (oder besser noch: qualitativ) faßbare öffentliche Meinung im Sinne eines nach naturwissenschaftlichen Definitionskriterien zu umreißenden einheitlichen Phänomens.[1]

Hingegen bleibt wohl festzuhalten, daß es kein hinreichender Grund sein kann, die Existenz der öffentlichen Meinung an sich zu leugnen, nur weil sie kein exakt meßbares und statistisch faßbares Erscheinungsbild hat. Zuzustimmen ist sicher der Auffassung, daß die individuelle Meinung des einzelnen als Ausgangspunkt der Meinungsbildung anzusehen sei. Somit – und dies scheint vordergründig eine Binsenwahrheit zu sein – besteht ein unmittelbarer Zusammenhang zwischen der persönlichen Meinung des einzelnen und der Konstituierung der öffentlichen Meinung.

---

1 Vgl dazu: KURT KOSZYK, KARL H. PRUYS, Wörterbuch der Publizistik (München-Pullach/Berlin 1970), S. 263; KURT PAUPIÉ, Öffentlichkeit, Meinungsbildung und Nachrichtenwesen (Wien 1957), S. 7 – 16; Sowjetsystem und demokratische Gesellschaft. Eine vergleichende Enzyklopädie, ed. C. D. KERNIG et al., 6 Bde. (Freiburg) Basel/Wien 1966 – 1972) 4. Bd., S. 807; Meyers Enzyklopädisches Lexikon Bd. 17 (Mannheim/Wien/Zürich 1976), S. 576.

Dieser Summationsprozeß geht stufenweise vor sich und wird nicht zuletzt von der Persönlichkeitsdisposition, von der besonderen Sozialisation und schließlich vom so geschaffenen sozialen und kulturellen Milieu mitbestimmt. Tragende Funktion im Sozialisationsprozeß kommt den Institutionen und vor allem auch den sozialen Beziehungen im Vorfeld der Primärgruppen (Freundeskreis, Verwandtschaft etc.) zu. Schon in diesem Bereich und dann noch eine Stufe höher im Rahmen der sozialen Großgruppe wird die dominante Rolle des „Meinungsbildners", des sogenannten „opinion leaders" nicht zu übersehen sein. Breitenwirkung und vor allem Publizität erhält der Meinungsbildungsprozeß durch die nun einsetzende Information, durch die dafür eingesetzten Medien im weitesten Sinne des Wortes. Damit kommt dieser Information primäre Relevanz für die Konstituierung der öffentlichen Meinung zu. Hiebei bleibt anzumerken, daß die Übernahmedisposition aber primär bei jenen Informationen gegeben ist, die dem bisherigen Meinungsvorrat und dem gegebenen Meinungsstand entsprechen. Hier sei an die Zählebigkeit der prädisponierten, scheinbar unausrottbaren Vorurteile erinnert. Die Folge davon: Sehr häufig modifizieren geänderte Fakten und vom Bisherigen abweichende objektive Informationen nicht unbedingt und nicht sofort das bisherige Meinungsbild. Dessen Stabilität – oder wenn man will: Immobilität – hängt sehr weitgehend von der Homogenität des vorgegebenen Milieus ab.[2]

Bei dieser genetischen Betrachtungsweise der Ausbildung der öffentlichen Meinung darf auf die zahlreichen verschiedenen Ansatzpunkte dieses Prozesses nicht vergessen werden. Die Meinungsbildung geht von einer Vielzahl von Kleingruppen aus, deren Anschauungen zum Teil korrespondieren, zum Teil im Widerspruch stehen. Sie sammeln sich dadurch in einem oder mehreren Meinungsströmen und profilieren sich in Gegensatz und Widerspruch zu den Auffassungen der anderen Gruppen. Somit ergibt sich ein vielschichtiges Bild des Meinungsbildungsprozesses. Damit in Verbindung läßt sich feststellen, daß die öffentliche Meinung *kein einheitliches Erscheinungsbild bieten kann*. Vielmehr ist sie als Summe der in der Öffentlichkeit vorgetragenen Teilmeinungen der in dieser Öffentlichkeit agierenden Gruppen zu verstehen.

Aus der Fülle der in Handbüchern und Nachschlagewerken angebotenen Definitionen sei daher eine herausgegriffen:

Öffentliche Meinung ist eine Ausdrucksform kollektiven Verhaltens und das Resultat multipler, sozialkommunikativer Prozesse. In diesen aktualisieren sich Einstellungen zu Gegenständen, die für das betreffende Sozialsystem von zentraler Bedeutung sind, derart, daß sie a) prinzipiell jedem zugänglich sind und b) effektive Geltung erlangen. Vom politischen Gewicht der beteiligten Akteure (Personen und Gruppen), der Qualität ihrer Argumente und Argumentation hängt es ab, wie relevant schließlich Vorstellungsinhalte und Attitüden für die allgemeine Willensbildung werden und welchen Einfluß sie auf die politischen Entscheidungsprozesse nehmen.[3]

Für den Ansatz der im Haupttitel gewählten Differenzierung und der damit verbundenen Fragestellung ist nun die versuchte Kategorisierung der abgestuften Qualität der aus den Großgruppen entspringenden Meinungsbildungsformen von zentraler Bedeutung. In Verbindung mit der angeführten Definition und mit Rückbezug auf

---
2 Sowjetsystem und demokratische Gesellschaft 4. Bd., S. 812 ff.
3 Ebenda, 4. Bd., S. 807.

das festgehaltene weitgehende Fehlen einer einheitlichen öffentlichen Meinung können drei Qualitätsgruppierungen konstatiert werden:
1. Wenn die Meinungen der verschiedenen Interessengruppen in einer bestimmten Frage konvergieren, wenn in diesem Punkte weitgehende Übereinstimmung erzielt wird, so kann man dieses Phänomen mehrheitlicher Gesinnung als *majoritär* bezeichnen. In diesem Falle – und dies geschieht in idealtypischer Ausformung selten genug – kann man von *einer* oder besser *der* öffentlichen Meinung einer Großgemeinschaft schlechthin sprechen.
2. Der Regelfall wird das mehr oder weniger antagonistische Nebeneinander von verschiedenen Meinungsbündeln der differenten Gruppen sein. Dieses bunte Mosaik der in den einzelnen Sozialgruppierungen auftretenden Ansichten wird man unter der Sammeletikette *pluralistisch* zusammenfassen können. In dieser vielgestaltigen Erscheinungsform zeigt sich in den meisten Fällen die öffentliche Meinung.
3. Die dritte Variante schließlich wird als *minoritär* bezeichnet. Hier wird die Auffassung einer kleinen, aber mächtigen und einflußreichen Gruppe als „elitäre Repräsentanz" ihrer Ansicht der Öffentlichkeit präsentiert, verbunden mit der nicht zu leugnenden Tendenz zur manipulativen Beeinflussung.

Für die Ausbildung der öffentlichen Meinung als Summationsprodukt ergeben sich in ihren Teilbereichen drei konstitutive Elemente: die Weltanschauung, die Gesinnung und die Stimmung. Unter Weltanschauung wird die Summe der Grundanschauungen einer Gemeinschaft zu verstehen sein, die durch lange Tradition und durch Überlieferung geformt wird. Die Gesinnung ist die Überzeugung der in einer Großgruppe vorherrschenden Schicht. Sie ist selbstverständlich stärkeren Wandlungen als die Weltanschauung ausgesetzt. Wird die führende Schicht abgelöst oder ändert sich ihre Zusammensetzung, so ändert sich auch die Gesinnung. Die Stimmung schließlich wird durch die Tagesereignisse bestimmt und erfaßt weitere Kreise der Großgruppe, wird zum Teil von den Massen getragen und prägt auch die Haltung der Masse. Gelingt es, diese Masse handlungsorientiert zu motivieren, so bildet sie sich zu konkreterer Formation wie Gruppe oder Klasse aus.[4] In unserem Betrachtungszusammenhang werden bei den konstitutiven Elementen der öffentlichen Meinung in erster Linie die Stimmung und die Gesinnung der Bevölkerung der Donaumonarchie interessieren, insoweit sie bei einem wesentlichen Organ und Instrument der öffentlichen Meinung, der Presse, zum Ausdruck gekommen sind.

2. Pressewesen in der Donaumonarchie – Charakteristik der Zeitungen

Bevor wir auf die Analyse der Stellungnahmen der deutschsprachigen Presseorgane zur Okkupation eingehen, sei noch ein kurzer Blick auf die Zeitungslandschaft der Donaumonarchie gestattet. Grundsätzlich lassen sich zwei Hauptkategorien von Zeitungen feststellen. Neben der regierungsamtlichen Wiener Zeitung gab es die Gruppe jener Presseerzeugnisse, die der Regierungspolitik loyal gegenüberstanden, als offiziöse oder zumindest von der Regierung „inspirierte" Organe der Donau-

---

[4] PETER R. HOFSTÄTTER, Gruppendynamik, Kritik der Massenpsychologie (= rowohlts deutsche enzyklopädie 38, durchges. u. erw. Neuaufl. Hamburg 1976), S. 21 – 25.

monarchie galten. Sodann läßt sich die Gruppe der sogenannten „oppositionellen Presse" konsitatieren, auch unter der Etikette der „verfassungstreuen Blätter" laufend, die in klarer Konfrontation zur Politik des Ministers des Äußern Julius Graf Andrássy die Positionen der parlamentarischen Opposition zur Regierungspolitik vertrat. Drei Hauptorientierungen lassen sich in diesem Bereich noch herausschälen: die liberalen, die demokratischen und die nationalliberalen Presserzeugnisse.[5]

Wesentlich für die Gruppe der „inspirierten Blätter" waren die Konstruktion und die Einwirkung der amtlichen Pressestellen der Donaumonarchie. Im Jahre 1860 wurde das sogenannte „Pressleitungsbureau" als eigene Abteilung im Ministerpräsidium eingerichtet. Es sollte den pressepolitischen Kontakt zwischen den einzelnen Ministerien herstellen und die Informationen an die Pressefilialen im In- und Ausland weitergeben. Unterstützung erhielt das Presseleitungsbureau durch die „k. k. Telegraphen Correspondenzbureaus" und durch die „Generalkorrespondenz", der auch die „Politische Correspondenz" unterstellt war.[6] Nach Abschluß des österreichisch-ungarischen Ausgleiches wurde im Rahmen der Präsidialsektion des k. k. Ministerpräsidiums eine eigene Abteilung für Presseangelegenheiten, das sogenannte „Department III", eingerichtet, das die Agenden des vormaligen Pressleitungsbureaus übernahm. Neben dieser Institution existierte im k. u. k. Ministerium des Äußern eine eigene Pressestelle. Für die Berichterstattung der regierungsloyalen Blätter bleibt nun die Tatsache hervorzuheben, daß eine Reihe von Männern, die als Beamte und Mitarbeiter im Pressedepartment tätig waren, auch für die „inspirierten" Blätter als Journalisten zur Feder griffen. Damit hatte die Regierung sehr weitgehende Möglichkeiten, ihre Position in den Zeitungen zu artikulieren.[7]

Für einen Teil der österreichischen Zeitungen wurden im kommerziell-wirtschaftlichen Bereich am Beginn der siebziger Jahre grundlegende Weichenstellungen vollzogen. Im Sinne der „horizontalen Konstruktion" der Zusammenfassung mehrerer ineinandergreifender und einander ergänzender Gewerbebetriebe und Industrieunternehmungen wurden – meist in der Rechtsform der Aktiengesellschaft – in Trustform eigene Wirtschaftsimperien geschaffen. Als Beispiel seien die „Elbemühl AG.", die 1874 das „Fremdenblatt" übernahm, und die vom Herausgeber des „Neuen Wiener Tagblattes" Moritz Szeps und von August von Barber im Jahre 1872 gegründete „Steyrermühl A. G." angeführt. Vermutlich nach dem Vorbild der 1869 in Graz gegründeten „Leykam" vereinigte Szeps in seiner Gesellschaft Papierfabrikation, Lithographie, Druckerei und Schriftsetzerei sowie den Zeitungsverlag.[8]

---

5 JOHANN REISNER, Die Außenpolitik Österreich-Ungarns von 1871 – 1879 im Spiegel der Wiener Presse (ungedr. phil. Diss. Wien 1940), S. 6 f.; J. WINCKLER, Die periodische Presse Österreichs (Wien 1875); vgl. vor allem: KURT PAUPIÉ, Handbuch der österreichischen Pressegeschichte 1848 – 1959, 1. Bd. (Wien 1960).

6 KURT PAUPIÉ, Handbuch der österreichischen Pressegeschichte 1848 – 1959, 2. Bd.: Die Zentralen Pressepolitschen Einrichtungen des Staates, S. 60 – 65.

7 PAUPIÉ, Handbuch, 2. Bd., S. 72 ff.; vgl. auch: MANFRED STRAUSS, Die „Politische Korrespondenz" und ihre Nachrichtenpolitik von 1875 bis 1914 (ungedr. phil. Diss. Wien 1965); KARL HEINZ KOSSDORFF, Die Wiener Liberale Lokalpresse im 19. Jahrhundert (ungedr. phil. Diss. Wien 1969), S. 211 – 259.

8 PAUPIÉ, Handbuch Bd. 1, S. 123: vgl. auch HILDA TEICHMANN, Geschichte des Wiener „Fremdenblattes" 1847 – 1862 (ungedr. phil. Diss. Wien 1937), S. 9 – 34. Zur Geschichte der „Steyrermühl A. G." vgl. vor allem: KURT PAUPIÉ, Moritz Szeps. Werk, Persönlichkeit und Beziehungen zum Kaiserhaus (ungedr. phil. Diss. Wien 1949), S. 25 – 37.

Wenn wir zu den zur Analyse herangezogenen Presseerzeugnissen zurückkehren und eine Einordnung der Zeitungen versuchen, so ist das „Fremdenblatt" sicher zu den regierungsloyalen Blättern zu zählen. Hervorzuheben bleibt seine liberale Haltung und am Beginn der siebziger Jahre ein zögerndes Plazet zum Wechsel an der Spitze des Ministeriums des Äußern von Beust zu Andrássy.[9] Der Politik des k. u. k. Ministers des Äußern durchaus wohlwollend stand auch die „Augsburger Allgemeine Zeitung" gegenüber, wiewohl sie in einigen Detailfragen einen durchaus differenzierten Standpunkt einzunehmen bemüht war. Aus diesem Grunde wurden ihre Beiträge bei der Analyse mit herangezogen, obwohl sie nicht in der Donaumonarchie erschien.[10] Der „Pester Lloyd" kann als das „offiziöse" Organ der ungarischen Regierung bezeichnet werden und hat speziell in der Frage der Orientpolitik deutlich spürbare Kritik am Grafen Andrássy geübt. Die „Bohemia" galt als „verfassungstreue" Zeitung, die ab 1861 eine äußerst gemäßigte Linie verfolgte und sich auch in ihren Stellungnahmen der Regierungspolitik gegenüber sichtlich Zurückhaltung auferlegte.[11] Die von Michael Etienne und Max Friedländer herausgegebene „Neue Freie Presse" galt als führendes Blatt der Donaumonarchie, vertrat die Ansichten der liberalen Großbourgeoisie, war stark antirussisch orientiert und kritisierte gleichfalls die Politik Andrássys.[12] Deutlich spürbar war die Stellungnahme gegen Andrássy schließlich auch beim „Neuen Wiener Tagblatt", das von Moritz Szeps herausgegeben wurde. Es gehörte der „demokratischen" Gruppe der verfassungstreuen, deutschliberalen oppositionellen Presse an.[13]

Ein Desideratum sei im Zusammenhang mit der selbstgewählten Themenstellung nicht verheimlicht: Um die Vielfalt der öffentlichen Meinung in der Donaumonarchie in der Frage der Okkupation und der Orientalischen Krise repräsentativ erfassen zu können, wäre es wünschenswert, über die führenden deutschsprachigen Blätter hinaus auch die Stellungnahmen der Presseorgane aller in der Donaumonarchie lebenden Nationalitäten und auch die Position der (wenn auch deutschsprachigen) Lokalpresse zu erfassen. Erst dann ließe sich eine gesicherte und abgerundete Aussage zum Widerhall der Ereignisse 1875 bis 1878 machen. Es ist dies aber ein Vorhaben, das den Rahmen dieses Beitrages bei weitem sprengen würde.

3. Eventualmaßnahmen der Doppelmonarchie

Nach dem Bekanntwerden der Friedensbedingungen von San Stefano geriet die internationale Landschaft in Bewegung. Allenthalben überlegte man Schritte, wie man das als einseitig betrachtete Vorgehen Rußlands einer Revision unterziehen könnte.

---

9 REISNER, S. 7; TEICHMANN, S. 9 – 34: PAUPIÉ, Handbuch, Bd. 1, S. 123.

10 „Die Einflußmöglichkeiten des Wiener Hofes sicherten dem Blatt den Zugang zum österreichischen Publikum." Deutsche Zeitungen des 17. bis 20. Jahrhunderts, ed. HEINZ-DIETRICH FISCHER (München 1972), S. 137; vgl. auch PAUPIÉ, Handbuch Bd. 2, S. 23: zitiert eine Beilage zu einem Rechenschaftsbericht des Pressleitungscomitees aus dem Jahre 1854, in der die Augsburger Allgemeine Zeitung als von Österreich stark inspirierte Zeitung bezeichnet wird.

11 WINCKLER, S. 139.

12 PAUPIÉ, Handbuch Bd. 1, S. 144 – 150: ADAM WANDRUSZKA, Geschichte einer Zeitung. Das Schicksal der „Presse" und der „Neuen Freien Presse" von 1848 bis zur Zweiten Republik (Wien 1958).

13 REISNER, S. 7; PAUPIÉ, Handbuch Bd. 1, S. 150 – 194; PAUPIÉ, Szeps, S. 38 – 60.

Auch der österreichisch-ungarische Minister des Äußern Julius Graf Andrássy wog alle Eventualitäten ab und ersuchte Anfang März die Delegationen um die Bewilligung eines 60 Millionen Gulden-Kredites. Dieses Ersuchen stieß bei einem Teil der Delegationsmitglieder auf wenig Verständnis; vor allem der nicht einsichtige Verwendungszweck wurde kritisiert. Nach heftigen Debatten einigte man sich schließlich doch auf die Bewilligung des Kredits.

Die Presseorgane bezogen zum Kreditansuchen differenziert Stellung. Mehrheitlich stand man wohl dem Ansuchen verständnislos gegenüber – obwohl man sich keineswegs unpatriotisch geben wollte. Neben dem „Fremdenblatt" traten nur die „Österreichisch-Ungarische Wehrzeitung" und mit Abstrichen das „Vaterland" für den 60 Millionen Kredit ein.[14] Die anderen Blätter aber teilten im großen und ganzen die Bedenken der oppositionellen Abgeordneten. Vor allem die „Neue Freie Presse" exponierte sich, wies auf die Widersprüchlichkeit der Politik Andrássys hin und mokierte sich über die Höhe des Betrages.[15]

Nach erfolgter Einberufung des Berliner Kongresses sah sich Österreich-Ungarn im Juni des Jahres 1878 veranlaßt, eine Teilmobilisierung anzuordnen, die man unter Geheimhaltung durchzuführen versuchte.[16] Für diese Maßnahme zeigte die regierungsloyale Presse weitestgehendes Verständnis und glaubte ihren Lesern und der in- und ausländischen Öffentlichkeit die Gründe für dieses Vorgehen der Donaumonarchie plausibel machen zu können. Übereinstimmend wurde betont, daß die Doppelmonarchie sich durch keine aggressive Absicht zur Setzung dieser Maßregel verhalten sehe, die ja auch keineswegs überraschen könne, da Graf Andrássy sie in den Delegationen angekündigt habe. Es sei dies bloß eine Vorsichtsmaßregel für den Fall, daß der Kongreß nicht die erwartete – friedliche – Regelung finde. Aber auch wenn in Berlin eine friedliche Lösung getroffen werden sollte, und damit rechne man zuversichtlich, so müsse doch die Monarchie zeitgerecht, somit vor Ende des Kongresses, gerüstet sein, um die Kongreßbeschlüsse zu realisieren und die Neuordnung auf dem Balkan, im unmittelbaren Grenzbereich Österreich-Ungarns, in die Wege leiten zu können.[17]

---

14 Vaterland, 14. März 1878. Das „Vaterland" war föderalistisch, konservativ eingestellt und exponierte sich für die Interessen der Slaven der Monarchie. Es trat grundsätzlich für die Okkupation der beiden Provinzen ein, war aber in der Orientalischen Frage für eine Kooperation mit Rußland. – Österreichisch-Ungarische Wehrzeitung, 6. März 1878.

15 „... wie man in einem Atem sagen kann, die Okkupation Bosniens und der Herzegowina sei keineswegs die Absicht der Regierung, aber sie könne sich als Notwendigkeit aufdrängen. Unsere Logik steht förmlich still bei dem Gedanken, daß die Notwendigkeit eintreten könnte, Österreichs Grenzen bis zu jenen des neuen südslavischen Staates vorzuschieben, wiewohl Graf Andrássy wiederholt und ausdrücklich erklärt hat, Österreich könne keinen südslavischen Staat als unmittelbaren Grenznachbarn dulden. Durch den Einmarsch oder gar die Annexion Bosniens und der Herzegowina würde ja gerade der Zustand hergestellt, den Graf Andrássy als eine mit den Interessen der Monarchie unverträglich bezeichnet hätte." Neue Freie Presse, 23. März 1878: vgl. auch REISNER, 86.

16 „Es wird mit allem was mit der Mobilisierung im Zusammenhang steht, sehr geheim getan gegenüber der Bevölkerung des eigenen Landes ... und die Tagesblätter vollkommen schweigen, weil sie ‚imperativ gebeten' worden sind, nichts über dieselbe mitzuteilen ..." Augsburger Allgemeine Zeitung, 19. Juni 1878. – Hier kann man durchaus berechtigte Rückschlüsse auf die versuchte Beeinflussung durch die amtlichen Pressestellen ziehen.

17 Bemerkenswert erscheint, auch im Hinblick auf die gezielte Informationsauswahl – Zitat der Neuen Freien Presse – die Parallelität der Formulierung bei der Augsburger Allgemeinen Zeitung und beim Pester Lloyd: „Neue Freie Presse will erfahren haben, daß übereinstimmenden Nachrichten

Das Zielobjekt für diese im Sinne der Donaumonarchie vorzunehmende Neuordnung war trotz aller Dementis und Verschleierungsversuche doch auszunehmen. Denn bereits seit Ausbruch der Unruhen in der Hercegovina waren in den Zeitungen der Habsburgermonarchie deutliche Hinweise zu finden. Schon im Sommer des Jahres 1875 stellte das „Neue Wiener Tagblatt", nur um ein Beispiel herauszugreifen, diesbezügliche Überlegungen an. Denn – so meinte das Blatt – wenn es der Türkei nicht gelingen sollte, des Aufstandes Herr zu werden, wenn sich die Unruhen auch auf die Länder an der unteren Donau ausbreiten und diese ihre staatliche Arrondierung und Selbständigkeit anstreben sollten, dann müsse wohl die Donaumonarchie ihre Sympathien für das Osmanische Reich hintanstellen und auf den Plan treten. Das Tagblatt vermied es zwar, direkt zu einer Okkupationspolitik zu raten, schloß sie aber unter dem Zwang der Umstände nicht aus.[18] Noch deutlicher wurde die Zeitung rund drei Wochen später: Die Monarchie müsse mit ihrer Aktivität Rußland und dem um sich greifenden Panslavismus zuvorkommen, ihre eigenen Interessen im Südosten schützen, ein eigenes Vorfeld, ein Glacis ausbauen, daher sogar zur Okkupation schreiten, nicht um dem Nationalitätenprinzip zu dienen, vielmehr

---

zufolge, die Verwendung eines Teiles des 60 Millionen-Kredites in naher Aussicht stehe. Ein Teil der Armee, man sprach von sechs Divisionen, solle für alle Fälle auf Kriegsfuß gesetzt werden, um Machtmittel zur Durchführung der Kongreßbeschlüsse, soweit dieselben Österr.-Ung. betreffen, in Bereitschaft zu haben. Die Einberufung soll schon in den nächsten Tagen erfolgen." Augsburger Allgemeine Zeitung, 10. Juni 1878.

„Die Neue Freie Presse meldet: Übereinstimmenden Nachrichten zufolge steht die Verwendung eines Teiles des 60 Millionen Kredits ... in naher Aussicht. Mit Rücksicht auf die vom Kongreß zu erwartenden Beschlüsse, welche jedenfalls für die künftige politische Organisation auf der Balkanhalbinsel, zumal für die Österreich-Ungarn benachbarten Provinzen entscheidend sein werden, soll für alle Fälle ein Teil der Armee, man spricht von 6 Divisionen – auf den Kriegsfuß gesetzt werden. Der Zweck dieser Maßregel soll sein, die Machtmittel zur Durchführung der Kongreßbeschlüsse, soweit sie die Monarchie angehen, in Bereitschaft zu haben. Die Einberufung der betreffenden Mannschaften soll schon in den nächsten Tagen erfolgen." Pester Lloyd, 9. Juni 1878.

„Die Ordre den Stand eines Teils unserer Armee zu verstärken, bzw. auf den Kriegsfuß zu bringen; ist gestern erflossen ... Überrascht kann die militärische Bereitschaftsstellung niemand haben, denn Graf Andrássy hat dieselbe in den Delegationen ja ausdrücklich angekündigt, und es ist begreiflich, daß er sich nicht zum Kongreß begeben wollte ohne die angekündigte Maßnahme in Vollzug gesetzt zu haben, die auf einer Linie mit jenen Englands stehen ... Daß mit der österreichischen militärischen Bereitschaftsstellung weder aggressive Absichten verfolgt noch auch Drohungen bezweckt werden, versteht sich wohl von selbst ... Es handelt sich lediglich um Vorsichtsmaßnahmen für alle Eventualitäten. Solche Maßnahmen sind, wie zuversichtlich auch erwartet wird, daß der Kongreß, das gewünschte friedliche Resultat haben werde, für den Fall erforderlich, daß diese Erwartungen doch nicht in Erfüllung gehen sollten und es sich als notwendig herausstellen würde, die speziellen Interessen Österreichs mit den eigenen Machtmitteln zu verteidigen ... Die Maßnahmen sind aber auch für den Fall nicht überflüssig, daß der Kongreß alle Erwartungen erfüllen sollte: denn auch dann wird die Durchführung der Kongreßbeschlüsse übrig bleiben, die auf manchen Widerstand von Seite jener stossen dürfte, die für sich bessere Resultate erwarteten ... Es ist also natürlich, daß nicht erst das Ergebnis des Kongresses abgewartet, sondern schon jetzt zu den nötigen Vorbereitungen geschritten wird, um da oder dort in der einen oder anderen Richtung, den eigenen Interessen gemäß, auftreten zu können." Augsburger Allgemeine Zeitung, 14. Juni 1878.

18 „... daß es Augenblicke geben kann, in denen der weitsichtige Staatsmann sehr wohl dahin geführt wird eine Gebietserweiterung für unabweislich zu erachten, die er unter anderen Umständen vielleicht zu vermeiden getrachtet hätte." Neues Wiener Tagblatt, 24. Juli 1875: „Tief hinten dort in der Türkei"; vgl. auch: DORIS STRÖHER, Die Okkupation Bosniens und der Herzegowina und die öffentliche Meinung Österreich-Ungarns (ungedr. phil. Diss. Wien 1949), S. 230 f.

diesem entgegenzuwirken.[19] Ein Jahr später äußerte sich das „Fremdenblatt" in ähnlichem Sinn, plädierte für die dauernde Inbesitznahme Bosniens, um Serbien zuvorzukommen.[20] Zur Abrundung dieser demonstrativen Palette sei noch an die „Neue Freie Presse" erinnert. Hatte sie noch im Jahre 1877 eine sich abzeichnende Besetzung der beiden Provinzen durch die Donaumonarchie begrüßt, da diese offensichtlich nicht im Dienst Rußlands, sondern aus eigenem „gesunden und berechtigten Egoismus" erfolge, so bezeichnete sie zwölf Monate später die Okkupation als „Farce".[21]

Mit der Einberufung des Kongresses war es gelungen, die Orientfrage zu internationalisieren. Somit hatte auch die Donaumonarchie ein Forum gefunden, ihre Ansprüche auf dem Balkan anzumelden. Mit welchen Erwartungen blickte man nun in Österreich-Ungarn den kommenden Entscheidungen entgegen? Das „Fremdenblatt" schwankte zwischen Zuversicht und Pessimismus. Die Interessen der Doppelmonarchie wurden zunächst mit jenen Europas als durchaus vereinbar hingestellt. Man erhoffte sich eine Lösung, die Garantien für die Aufrechterhaltung der Ordnung bieten könne und auch den Intentionen Österreich-Ungarns entspreche. Auf der anderen Seite befürchtete man die Deckungsungleichheit zwischen den Interessen des Habsburgerreiches und jenen Europas.[22] Entscheidende Bedeutung wurde einem abgestimmten Vorgehen zwischen Österreich-Ungarn und Großbritannien zugemessen. Denn nur durch eine solche Konkordanz wäre ein friedlicher Ausgang des Kongresses gewährleistet, könnte man Rußland Paroli bieten.[23] Auch die „Bohemia"

---

19 Neues Wiener Tagblatt, 12. August 1875: „Das Demolierungsgerüst"; STRÖHER, S. 231 f.
20 „Wir können nicht gestatten, daß Bosnien eine serbische Provinz wird ... Wir können Bosnien okkupieren und wir sind überzeugt, daß in solchem Falle diese Okkupation stattfinden wird. Das einmal okkupierte Bosnien können wir aber nicht mehr räumen." Fremdenblatt, 10. August 1876.
21 „Auch der Plan, Bosnien und die Herzegowina zu besetzen, erschreckt uns nicht. Solange wir befürchten mußten, Österreich könnte in Ausführung geheimer, in Berlin getroffener Verabredungen als Verbündeter Rußlands über die Save gehen, haben wir gegen eine solche, auf abenteuerliche und ungerechte Grundlagen aufgebaute Politik angekämpft. Wie die Dinge heute liegen, dürften wir wohl nicht mehr besorgen, daß Österreich den Einmarsch in Bosnien im Dienste Rußlands vollziehen würde, sondern wir hegen die Überzeugung, daß er im eigenen Interesse Österreichs erfolge ... Nicht die Sorge um die Erhaltung der Türkei wird Österreich zum Einmarsch treiben, sondern jener gesunde und berechtigte Egoismus, ohne den kein Staat gedeihen kann." Neue Freie Presse, 1. Mai 1877.
„Es ist nichts so klein, was um Österreich herum kreucht und fleucht, das nicht auf einmal ein würdiger Gegenstand der Aktion der Großmacht Österreich-Ungarn wäre. Der Groll gegen Rußland hat sich gelegt und die Speerspitze, die sich gegen dieses und den Vertrag von San Stefano wenden sollte, hat eine andere Richtung erhalten. Die Farce von der Besetzung Bosniens aus Rücksicht für die Flüchtlinge wird mit unglaublicher Hartnäckigkeit weitergesponnen." Neue Freie Presse, 3. Mai 1878.
22 „Die Aufgabe des Kongresses besteht darin, die eigenen Interessen mit denen Europas in Einklang zu bringen. Wir werden zufrieden sein, wenn der Kongreß unsere Forderungen als berechtigt anerkennt. Wir sind uns schließlich bewußt, daß wir keinerlei Ansprüche stellen, welche mit den Interessen Europas im Widerspruch stehen." Fremdenblatt, 7. Juni 1878.
„Alles, was wir vom Kongreß erwarten, ist, daß er Österreich-Ungarn die Aufgabe zuspreche, in seiner Interessensphäre jene Änderungen zu überwachen beziehungsweise durchzuführen, welche zur dauernden Sicherung geordneter Zustände und zur Aufrechterhaltung des freien Verkehrs mit dem Osten notwendig sind. Die Interessen der Monarchie sind zwar nicht mit denen Europas identisch, sie durchkreuzen sie aber nirgendwo." Fremdenblatt, 12. Juni 1878.
23 Fremdenblatt, 2. Juni 1878. „Entscheidend für einen friedlichen Ausgang des Kongresses könnte die Konformität der Bestrebungen Englands und Österreich-Ungarns sein. Rußland würde sich

hoffte auf Sukkurs Englands, bezeichnete als Voraussetzung für die Okkupation die Erteilung des europäischen Pazifikationsmandates, das Großbritannien beantragen sollte, die Zustimmung der Hohen Pforte und die Möglichkeit, die dadurch entstehenden Kosten auf die beiden Provinzen überzuwälzen.[24] Bezüglich der Exekution allfälliger Beschlüsse schwankte das „Fremdenblatt" wieder zwischen Hoffen und Bangen: Dem Hinweis auf die günstige Ausgangslage der Donaumonarchie, man werde ohne große Opfer sein Ziel erreichen, folgte wenig später die Befürchtung, es werde nicht „alles glatt und friedlich" vor sich gehen.[25] Die zur Schau gestellte Zuversicht wurde sichtlich von nicht zu verbergender Sorge begleitet, ja teilweise sogar überdeckt.

4. Die Interessen Österreich-Ungarns auf dem Balkan

Das Motivationsspektrum der Donaumonarchie für seine Balkanpolitik, wie es sich aus den zahlreichen Zeitungskommentaren ergibt, war mehrschichtig und wurde auf verschiedenen Argumentationsebenen von den Presseorganen – zum Großteil deckungsgleich – präsentiert. Zusammenfassend kategorisiert könnte man die Beweggründe zwei Hauptgruppen zuweisen: Motive, die aus dem eigenen Selbstverständnis erwachsen sind und Erwägungen, die ihren Ursprung in einem bewußt gepflegten Feindbild haben.

4.1 Eigenes Verständnis

4.1.1 Prestige als Großmacht – Zwang zur Expansion

Österreich-Ungarns Stellung im Konzert der Mächte stand in zahlreichen Pressekommentaren im Mittelpunkt des Interesses. Es wurde konstatiert, daß der Berliner Kongreß der Donaumonarchie das Mandat zur Besetzung der beiden Provinzen zugewiesen habe. Diesem Auftrag nicht nachzukommen, hieße die eigene Großmachtstellung in Frage zu stellen. Daher müsse die Monarchie ihre Machtstel-

---

dadurch sicher zur Mäßigung veranlaßt fühlen." Fremdenblatt, 18. Juni 1878.

24 „Ein Anderes wäre es freilich, wenn der Kongreß Österreich eine solche Mission zuerkennen würde, der es sich füglich im Interesse der Pazifikation nicht entziehen könnte... Alleinselbst in diesem Falle würde man sich hier nur unter der Voraussetzung zu einem solchen Schritte hergeben, daß er mit Zustimmung der Pforte und auf Kosten des zu okkupierenden Landes geschehe. Also nur wenn der Kongreß Österreich ein solches Mandat erteilt und nur wenn die Pforte gegen die Ausübung derselben nicht protestiert und die Überwälzung der Kosten auf die betreffenden Provinzen einräumt, wäre eine solche Expedition denkbar. Nun war gerade in letzter Zeit England sehr bemüht, die Pforte für eine solche Auffassung zugänglich zu machen, woraus dann wohl geschlossen werden darf, daß es dieselbe auch am Kongresse zu vertreten beabsichtigt..." Bohemia, 14. Juni 1878.

25 „Die Lage Österreich-Ungarns ist hoffnungsvoll. Wir haben die besten Aussichten unsere Interessen ohne große Opfer geltend zu machen. Wer die Schwarzseherei unter allen Umständen für eine patriotische Pflicht hält, dem ist zu helfen."
„Es ist die Sache Europas, das letzte Wort über die Reorganisation des Orient zu sprechen. Man darf sich allerdings nicht dem Wahn hingeben, daß sich alles glatt und friedlich entwickeln werde." Fremdenblatt, 2. Juni 1878.

lung in Europa festigen, ihr Anrecht auf den Orient wahren und im Vertrauen auf die Kraft des Staates durch die Besitzergreifung Ansehen, Macht und Zukunft Österreich-Ungarns untermauern.[26]

Nicht zu übersehen ist da und dort die Tendenz, die Okkupation nur als ersten Schritt auf dem Wege einer weiter hin expansiven Politik der Monarchie in Richtung Balkan zu sehen. In offenkundiger Selbstüberschätzung der Kräfte betrachtete man in der ersten Euphorie die Besetzung der beiden Provinzen nur als Anfang einer weiterlaufenden Expansion, die sich nach dem eigenen Selbstverständnis als irreversibel und unabdingbar anbot.[27]

Freilich zeigte sich auch – insbesondere in der oppositionellen Presse – ansatzweise Kritik an der Ausdehnung der eigenen Machtsphäre. Man warnte vor den negativen Folgen, wies auf die Selbstüberschätzung hin und erinnerte an die öffentliche Meinung in der Monarchie, die sich doch gegen die Einverleibung der beiden Provinzen ausgesprochen hätte.[28] Bedenken anderer Art meldete – wieder im Sinne der Verwirklichung der Interessen der Donaumonarchie – das „Neue Wiener Tagblatt" an. Es bemängelte den Zeitpunkt des Aktivwerdens Österreich-Ungarns. Die Monarchie hätte seiner Meinung nach zu lange am Weiterbestand der Türkei als

---

26 „Österreich-Ungarn muß als Großmacht selbst die Überwachung der Ausführung des Berliner Vertrages, soweit durch denselben unsere unmittelbaren Interessensphäre berührt wird, in die Hand nehmen. Die Okkupation Bosniens und der Herzegowina ablehnen hieße ... unsere Großmachtstellung kompromittieren ..." Fremdenblatt, 14. Juli 1878.
„Ob dann die Bevölkerung," – so hieß es in der durch das kulturelle Überlegenheitsgefühl gespeisten Mißachtung – „um die es sich handelt, die Hemden über die Hose tragen und sich in altgriechischer Manier mehr oder minder elegant die Nase mit der Hand zu schneuzen lieben, bleibt für das höhere Staatsinteresse und die Aufgabe einer Großmacht ziemlich gleichgültig."
Neues Wiener Tagblatt, 24. Juli 1875: „Tief hinten dort in der Türkei"; STRÖHER, „Österreich okkupiert Bosnien nur, um sich sein Anrecht auf den Orient zu sichern ..."
Neues Wiener Tagblatt, 21. Juli 1878: „Das bosnische Postskriptum". „... aber jetzt handelt es sich darum, daß Österreich sein Ansehen, seine Macht und seine Zukunft wahre."
Neues Wiener Tagblatt, 4. Juli 1878: „Die zweite Mobilisierung". „... wir sagen aufrichtig, daß wir von dem Land Besitz ergreifen ... (um) unsere Machtstellung in Europa zu schützen."
Neues Wiener Tagblatt, 25. Juli 1878: „Das neue Wappen". „Der Feldzug in Bosnien trägt aber in gerechtfertigter Weise dazu bei, das Vertrauen in die Kraft des Staates zu erhöhen."
Neues Wiener Tagblatt, ebenda.
27 Fremdenblatt, 10. September 1878: „Je ernster und entschiedener wir aber entschlossen sind, ... um so näher liegt auch die Erwägung, daß auch die weitere Ausdehnung unseres Besitzes zur Notwendigkeit werden kann."
Neues Wiener Tagblatt, 25. Juli 1878: „Das neue Wappen". „... daß die Okkupation, welche gleichbedeutend ist mit der Annexion, sich nunmehr tatsächlich vollzogen hat, und daß hiermit der Anfang gemacht wurde mit einer neuen Orientaktion, von welcher es keinen Rückzug geben darf und welche mit gebieterischer Notwendigkeit das Fortschreiten in der eingeschlagenen Richtung erheischt."
Vgl. auch Pester Lloyd, 31. Juli 1878 und STRÖHER, S. 145.
28 „Österreich-Ungarn allein hat aus dem Kongreß empfangen, was es anstrebte: das europäische Mandat zur Okkupation Bosniens und der Herzegowina. Wir möchten wünschen, daß dieses wichtige Ergebnis sowohl für die orientalische Frage als auch für den Mandatsträger nicht zum Verhängnis werde." Neue Freie Presse, 6. Juli 1878.
„Die militärische Besetzung von Bosnien steht von nun an unerschütterlich fest. Die Okkupation hat niemals in der öffentlichen Meinung Sympathie und Unterstützung gefunden." Neue Freie Presse, 16. Juli 1878.

Axiom festgehalten und dadurch den für das Zupacken entschieden günstigeren früheren Zeitpunkt versäumt.[29]

4.1.2 Ordnungs- und Kulturfunktion

Nicht unerheblichen Stellenwert in der Rechtfertigung des expansiven Ausgreifens der Doppelmonarchie nahm die Zeichnung des eigenen Rollenbildes ein. Der Donaumonarchie wurde eine Sendungsaufgabe zugeschrieben, die vom Berliner Kongreß im Sinne Europas bestätigt worden war und daher Österreich-Ungarn in doppelter Hinsicht zum Handeln legitimierte. Im Zuge dieser Pazifikations- und Kulturmission sollte daher die Monarchie in vollem Bewußtsein der „pax austriaca" bzw. der „pax habsburgica" Ordnung, Humanität und Zivilisation in die ihr anvertrauten Provinzen tragen und damit nicht zuletzt eine doppelte Aufgabe erfüllen: die osmanische Verwaltung kontrollieren bzw. substituieren und – wie man es etwas hochgestochen formulierte – „die Freiheit Europas" (wohl gegen Rußland) verteidigen.[30]

Aber auch in diesem Bereich fehlte in der Medienlandschaft keineswegs die Kontraposition. Die Übersteigerung des eigenen Kulturmissionsbewußtseins wurde von der oppositionellen Presse registriert und verurteilt.[31]

4.1.3 Wirtschaftliche und strategische Interessen

Relativ einheitlich hervorgehoben und kaum mit kritischen Anmerkungen von seiten der mit der Regierung nicht konformen Presse versehen, wurde die wirtschaftliche und strategisch-militärische Komponente deponiert. Der freie und ungehinderte Zugang der Doppelmonarchie in Richtung Südosten stand als mehrheitliches Postulat ziemlich eindeutig außer Frage und die Absichtserklärung im Sinne wirtschaftsimperialistischer Kategorien wurde recht unverhüllt angemeldet.[32]

---

29 „Hätten wir uns bereits früher eines Teiles des Orients bemächtigt, so wären wir mit imponierender Kraft... aufgetreten. Es kommt nicht darauf an, daß man sich eines Landes bemächtigt, sondern der Zeitpunkt ist entscheidend. Unser Hemmnis war die Illusion vom Fortbestand des türkischen Reiches." Neues Wiener Tagblatt, 28. Juni 1878.

30 Zu diesem Motivationsband der Ordnungs- und Pazifikationsmission seien einige Zeitungszitate angeführt: „Österreich-Ungarn ist die einzige Macht, welche im Stande ist, Bosnien und die Herzegowina der europäischen Kultur zu gewinnen." Fremdenblatt, 10. September 1878.
Zur Frage der Befreiung der unterjochten Christen hält das Fremdenblatt am 31. Juli 1878 fest: „Der orientalischen Frage voller Jammer drängt sich in dem Worte ‚Rajah' zusammen, doch die Wenigsten vermögen in ihrem ganzen Umfang die Schmach, die sklavische Erniedrigung, die Rechtlosigkeit und brutale Vergewaltigung zu begreifen, die auf dem größten Teil der christlichen Untertanen der Pforte bis auf diesen Tag lastet. Die Zeiten sind nun für Bosnien und die Herzegowina Gottlob für immer vorbei..."
Zur Rolle des Militärs heißt es:
„Das Offizierskorps ist sich... bewußt... Träger einer österreichischen Kulturmission zu sein." Bohemia, 20. Juli 1878.
„Österreich ist auf diese Art zum Wächter Rußlands und der Türkei zugleich gemacht. Es erfüllt, wie England, die doppelte Mission: der türkischen Verwaltung als Korrektur zu dienen und dabei zugleich die Freiheit Europas zu verteidigen." Bohemia, 31. Juli 1878.

31 „Man spricht bis zur Übersättigung von der Notwendigkeit, ... die Zivilisation nach Osten zu tragen." Neue Freie Presse, 7. Juli 1878.

32 „Alles, was wir vom Kongreß erwarten, ist, daß er Österreich-Ungarn die Aufgabe zuspreche, in seiner Interessensphäre jene Änderungen zu überwachen beziehungsweise durchzuführen, welche

4.2 Feindbild

4.2.1 Mobilisierter „Statischer Imperialismus"

Die Grenze zwischen den positiven Motivationselementen der Doppelmonarchie und jenen, die aus dem von ihr gepflegten Feindbild entstehen, somit als „negativ" etikettiert werden könnten, sind zum Teil fließend und daher recht schwer zu ziehen. Denn die Wechselwirkung ist in dieser Hinsicht kaum zu verkennen. Mit der eigenen Expansion als Großmacht ist kaum trennbar die Absicht verbunden, das Ausgreifen anderer, schon vorhandener oder in statu nascendi befindlicher staatlicher Gruppierungen zu verhindern. Daher läßt sich wieder konstatieren, daß die Zeitungsorgane – in diesem Punkte wieder mehrheitlich übereinstimmend – die Besitzergreifung als expansiven Akt als eher defensiv einzustufende Eventualmaßnahme einzuordnen versuchten. Zwar habe die Habsburgermonarchie keineswegs die Absicht, die südosteuropäischen Staaten bzw. Nationen in einem Verband oder einem Bündnis mit Österreich-Ungarn zu vereinen, sie müsse aber expandieren, um eine Ausbreitung der anderen in ihrem Grenz- und Interessenbereich hintanzuhalten.[33]

4.2.2 Zielobjekt der Zurückdrängung: der Einfluß Rußlands, des Slavismus, der nationalen Idee

Bereits im Sommer des Jahres 1875 skizzierte das „Neue Wiener Tagblatt" die primären Operationsziele im strategischen Konzept der österreichisch-ungarischen Außenpolitik auf dem Balkan. Es begrüßt das sich nun abzeichnende aktive Engagement der Doppelmonarchie im Südosten und hob drei Motivationsebenen hervor. Das Habsburgerreich müsse mit seiner Aktivität auf dem Balkan Rußland zuvorkommen, sich selbst damit zur Abwehr des Slavismus bzw. panslavistischer Tendenzen

---

... zur Aufrechterhaltung des freien Verkehrs mit dem Osten notwendig sind." Fremdenblatt, 12. Juni 1878.

„... wir sagen aufrichtig, daß wir von dem Land Besitz ergreifen, weil das Schicksal der Türkei uns nötigt, unsere wirtschaftlichen und politischen Interessen, unseren Weg nach dem Orient, ... zu schützen." Neues Wiener Tagblatt, 25. Juli 1878: „Das neue Wappen". Vgl. auch Neue Freie Presse, 7. Juli 1878.

„Wir können aber nicht dulden, daß die Gebiete, die wirtschaftlich und strategisch in unsere Interessensphäre fallen ..." Fremdenblatt, 15. Juni 1878.

33 „Die Okkupation Bosniens und der Herzegowina ablehnen, hieße ... unser natürliches Machtgebiet Elementen überlassen, welche nur zu bald in schroffsten Gegensatz zu unserer Monarchie treten würden." Fremdenblatt, 14. Juli 1878.

„Wir verlangen nicht" daß sich die kleinen Staaten an unserer Ostgrenze in einen Bund mit uns begeben, wie man es uns unterstellt. Wir können aber nicht dulden, daß die Gebiete ... bei einem Zusammenbruch der türkischen Autorität anderen Staaten einverleibt werden. Diesbezüglich ist ein Kompromiß unmöglich. In diesem Punkt sind sich alle Bürger Österreichs einig." Fremdenblatt, 15. Juni 1878.

„Wir können nicht gestatten, daß Bosnien eine serbische Provinz wird ..." Fremdenblatt 10. August 1878.

Neues Wiener Tagblatt, 12. August 1875: „Das Demolierungsgerüst"; vgl. auch STRÖHER, S. 231 f. Neues Wiener Tagblatt, 25. Juli 1878: „Das neue Wappen". Neue Freie Presse, 10. Juli 1878.

„Und diese Aktion bedingt die Machtentfaltung, um das Ausbreiten gegnerischer Elemente zu verhindern und Gestaltungen im Geiste und im Interesse der österreichisch-ungarischen Monarchie hervorzubringen ..." Pester Lloyd, 31. Juli 1878.

ein geeignetes Vorfeld schaffen und durch den Schutz seiner Interessen dem Nationalitätenprinzip entgegenwirken.[34]

In ähnlichen dreifachen Argumentationsbereichen versuchte die Presse der Donaumonarchie auch im Jahre 1878 durch die Profilierung des Abwehrobjektes Beweggründe für das Ausgreifen Österreich-Ungarns zu sammeln. Es darf betont werden, daß in dieser Hinsicht eine beinahe lückenlose Identität der Ansichten quer durch alle Blätter zu konstatieren ist. Mit einigem Recht kann daher von einer stabilen Bandbreite majoritärer öffentlicher Meinung im Habsburgerreich gesprochen werden.

Zur Frage der Position Rußlands auf dem Balkan wurde übereinstimmend festgehalten, daß dieser Raum nicht der einseitigen Dominanz des Zarenreiches überlassen werden dürfe. Eine Etablierung russischer Sekundogenituren im unmittelbar benachbarten südosteuropäischen Bereich könne nicht toleriert werden. Der Kongreß habe daher auch in diesem Sinn entschieden, habe keineswegs die Geschäfte Rußlands betrieben, ja im Gegenteil der Doppelmonarchie mit der Okkupation das Mandat erteilt, die verstärkte Einflußnahme der östlichen Großmacht einzudämmen. Im Hinblick darauf sei die Okkupation mit der Anhebung des slavischen Bevölkerungsanteiles der Monarchie sicher das kleinere Übel gegenüber einer Prädominanz Rußlands auf dem Balkan.[35]

In Verbindung mit dem Zurückdrängen des russischen Einflusses wurde in den Presseerzeugnissen wiederholt die Notwendigkeit hervorgehoben, die Gefahr des Slavismus bzw. des Panslavismus im südosteuropäischen Nahbereich zu bannen. Diese an der Grenze der Monarchie lauernde Bedrohung müsse man beseitigen, ihre Ausdehnung und ein allfälliges Übergreifen auf das eigene Staatsgebiet verhindern. Der Kongreß habe – so gab man sich durchaus optimistisch – dem Rechnung getragen. Daher stellte das „Fremdenblatt" resümierend fest:

Dagegen sind die Hoffnungen der Panslavisten gründlich enttäuscht worden. Der panslavistische Traum ist ausgeträumt.[36]

---

34 Neues Wiener Tagblatt, 12. August 1875: „Das Demolierungsgerüst"; STRÖHER, S. 231 f.

35 „Die Russen bezeichnen die Balkanhalbinsel als ihre Domäne. Aber auch Europa hat ein Recht darauf, an den Geschicken des Ostens mitzuwirken." Fremdenblatt, 13. Juli 1878.
„Diejenigen, die glaubten, der Kongreß werde die Geschäfte Rußlands besorgen, werden enttäuscht sein . . ." Fremdenblatt, 11. Juli 1878.
„. . . so darf Österreich nicht gestatten, daß an seiner Grenze russische Sekundogenituren . . . entstehen." Neue Freie Presse, 10. Juli 1878.
„Es bleibt also nur das positive Auftreten Österreich-Ungarns im Orient, nur die Aufgabe jener definitiven Gestaltung, welche . . . die Übermacht Rußlands . . . verhindert . . ." Pester Lloyd, 31. Juli 1878.
Das Fremdenblatt betont zwar die ursprünglich weitgehende Konkordanz mit Rußland, weist aber auf die Differenz bei der Anwendung jener Mittel hin, die die beiden Mächte zur Realisierung ihres Programms anzuwenden beabsichtigen: „Wenn Rußland aufrichtig den Frieden wünscht, dann scheint eine Versöhnung nicht allzu schwer. In vielen Hauptpunkten waren sich ja unsere Regierungen einig, nämlich die Schaffung einer menschenwürdigen Existenz für alle Balkanchristen und die Tatsache, daß die Aufrechterhaltung des türkischen Status quo unmöglich sei. Die Anschauungen divergieren aber, wenn es um die Mittel geht, welche zur Herstellung einer besseren Ordnung in den Balkanländern notwendig wären." Fremdenblatt, 15. Juli 1878.
Zur Akzeptierung der Vermehrung des slavischen Bevölkerungsanteiles vgl.: Neues Wiener Tagblatt, 28. Juli 1878: „Der Banus von Kroatien".

36 Fremdenblatt, 11. Juli 1878: „Auch wird man Mittel und Wege suchen müssen, den Slawismus am Ausdehnen zu hindern."

Als Frucht und Konsequenz der bei den ersten Phänomene sah man das Erstarken des nationalen Prinzips an. Unter diesem Blickwinkel erschien daher das expansive Ausgreifen der Donaumonarchie als Gegenmaßnahme gerechtfertigt. Denn durch die Okkupation habe das Habsburgerreich indirekt seine supranationale Position unterstrichen, habe dem Nationalitätenprinzip direkt entgegengewirkt und als zusätzliche Konsequenz eine weiterreichende Konsolidierung der slavischen Staaten auf dem Balkan unter der Schutzmacht Rußland verhindert.[37]

Die Gefahrenmomente dieses „defensiven" Ausgreifens der Doppelmonarchie mit dem Ziel, den Einfluß Rußlands einzudämmen, wurden aber von den Zeitungen keineswegs übersehen. Die Konfrontation mit dem Zarenreich könne, ja müsse beinahe zu einer dauernden Verschlechterung der wechselseitigen Beziehungen führen. Somit wäre es vorstellbar, daß die Okkupation das Vorspiel zu einem zukünftigen Krieg mit Rußland sein könnte.[38]

5. Die Beurteilung des Okkupationsmandates

Im Gegensatz zu der relativ weitgehenden Koinzidenz der Presseorgane der Donaumonarchie bei den im vorigen Kapitel dargelegten Interessen des Habsburgerreiches schieden sich bei der konkreten Bewertung des Okkupationsmandates die Geister. Wohl schienen einige Blätter, die vor dem Berliner Kongreß gegen eine Expansion Österreich-Ungarns aufgetreten waren, nach Mandatserteilung diese zu akzeptieren. Dennoch ist eine polarisierende Differenzierung der Meinungen, eine verstärkt gegebene Pluralität in den einzelnen Teilbereichen der öffentlichen Meinung nicht zu übersehen. Die „Augsburger Allgemeine Zeitung" wies in einem ihrer Beiträge sehr deutlich auf die spürbare Ablehnung des Mandats, auf den kühlen Empfang Andrássys in Wien hin.[39]

Neues Wiener Tagblatt, 28. Juni 1878: „Österreich okkupiert Bosnien nur, ... um eine Kompensation gegen die Machtausdehnung des Slaventums zu haben ..."
Neues Wiener Tagblatt, 4. Juli 1878: „Die zweite Mobilisierung".
„Österreich geht nach Bosnien, ... daß der Slavismus nicht als feindliche Macht unsere Grenze gefährde."
Neues Wiener Tagblatt, 25. Juli 1878: „Das neue Wappen". Vgl. zur Haltung des Pester Lloyd in dieser Frage: STRÖHER, S. 145.

37 „Es blieb also nur das positive Auftreten Österreich-Ungarns im Orient, nur die Aufgabe jener ‚definitiven Gestaltung', welche ... das kompakte Aneinanderschließen der Rußland ergebenen slawischen Völkerschaften verhindert ..." Pester Lloyd, 31. Juli 1878.
„Österreich geht nach Bosnien, nicht um dem Nationalitätenprinzip zu dienen, sondern um demselben entgegen zu wirken ..."
Neues Wiener Tagblatt, 25. Juli 1878: „Das neue Wappen".

38 „Nicht die Pforte, wohl aber Rußland wird Alles aufbieten, um uns wieder aus Sarajewo und Mostar zu vertreiben ..." Neue Freie Presse, 14. August 1878.
„Die Okkupation Bosniens und der Herzegowina ist so etwas wie ein Vorstadium des Krieges zwischen Österreich und Rußland. Rußland wird sobald es sich vom letzten Krieg erholt hat, gegen Österreich zu Felde ziehen. Es hat in den letzten Jahren einfach zu viele Demütigungen einstecken müssen. Es glaubte auf Österreich rechnen zu können und wurde durch dessen Haltung enttäuscht. Aber all das liegt noch in ferner Zukunft." Neues Wiener Tagblatt, 14. Juli 1878.

39 „... in Österreich-Ungarn wieder, welchem Graf Andrássy eine Erwerbung mitgebracht, will sich niemand so recht erfreuen, niemand recht erkennen, daß derjenige welcher das europäische Mandat zur Okkupation Bosniens mitgebracht, sich um die Monarchie sonderlich verdient gemacht: ja

5.1 Stellungnahme für die Okkupation

In den regierungsloyalen Blättern überwog erwartungsgemäß das positive Echo auf die Erteilung des Okkupationsmandates. Neben dem „Fremdenblatt", das die Annahme des europäischen Mandats und die Durchführung der Okkupation als für die Doppelmonarchie unumgängliche Notwendigkeit hinstellte und noch prononciert hervorhob, Graf Andrássy habe durch sein Geschick die Zukunft der Monarchie gesichert,[40] nahmen noch eine Reihe von Zeitungen in durchaus differenzierter, aber doch positiver Weise Stellung. So umfaßte die große Bandbreite zwischen klar deklarierter Loyalität und zögerndem, nur unter Vorbehalten deponiertem Akzept die Blätter „Vaterland", „Bohemia", „Konstitutionelle Vorstadtzeitung", „Augsburger Allgemeine Zeitung", „Neues Wiener Tagblatt", „Presse" und schließlich den „Pester Lloyd".[41]

Das „Fremdenblatt" hob hervor, daß die Donaumonarchie mit der Übertragung des Mandates nicht nur Rechte übernommen habe, sondern auch Pflichten. Aus diesen Pflichten ergäben sich selbstverständlich auch Opfer, die das Habsburgerreich zu bringen hätte. Dies wäre aber unausweichlich, wenn man nicht später noch schwerere Belastungen auf sich nehmen wolle.[42]

In einer mehrteiligen Artikelserie setzte sich die „Bohemia" im Juli mit den Verhältnissen in den beiden Provinzen auseinander. Es wurden demographische, ethnische, ökonomische, verkehrsgeographische und organisatorische Fragen Bosniens und der Hercegovina erörtert. Für die beiden Länder, die als „terra incognita" der Donaumonarchie bezeichnet wurden, war nach Meinung der „Bohemia" die Okkupation die beste Lösung. Für die Doppelmonarchie stelle sich nun die Aufgabe des Administrierens, des Organisierens und des Pazifizierens.[43]

---

umgekehrt meinen viele, er hätte besser getan, das Geschenk, welches Jungfrau Europa Österreich bestimmt hatte . . ., gar nicht mitzubringen, es sei nur ein unnötiges, gefährliches Spielzeug ins Haus gekommen. Der Empfang Andrássys war demgemäß kühl und frostig – draußen auf dem Perron der Nordbahn sowohl als auch figürlich im Publikum und in den Organen der öffentlichen Meinung: man kondolierte eher als daß man gratuliert hätte; sicherlich waltete die ‚nörgelnde Kritik' fleißig ihres Amts, und ein Verteidiger der Regierungspolitik ist darüber so böse geworden, daß er in die Worte ausgebrochen: wir (Österreich und Ungarn) verdienen es gar nicht, daß sich jemand um uns und unser Wohl bemühe." Augsburger Allgemeine Zeitung, 4. August 1878.

40 „Jeder Bürger des Reiches, dem das Wohl der Monarchie am Herzen liegt, muß dem Grafen Andrássy dankbar sein, dem es gelungen ist, die Zukunft Österreich-Ungarns ohne Opfer an Blut sicherzustellen." Fremdenblatt, 14. Juli 1878.

„. . . die Annahme des uns durch das gesamte Europa angetragenen Mandats war eine Notwendigkeit . . ." Fremdenblatt, 10. September 1878. Vgl. auch noch Fremdenblatt, 10. August 1878.

41 Vaterland, 9. Juli 1878; Bohemia, 31. Juli 1878; Konstitutionelle Vorstadtzeitung, 9. Juli 1878; Augsburger Allgemeine Zeitung, 4. August 1878; Neues Wiener Tagblatt, 25. Juli 1878: „Das neue Wappen"; zur Haltung der Presse: WALDHAUSER, S. 137 f.; zu jener des Pester Lloyd: STRÖHER, S. 145.

42 „Das Mandat das wir für Bosnien und die Hercegovina erhalten haben, hat uns nicht bloß Rechte eingeräumt, sondern auch Pflichten auferlegt, und ist mit großen Opfern verknüpft. Aber dieselben müssen gebracht werden, wenn wir für die Zukunft nicht noch zu viel schwereren gezwungen werden sollen." Fremdenblatt, 14. Juli 1878.

43 Bohemia, 13., 14., 16., 17., und 18. Juli 1878 (Beilagen).

Zwei Blättern war die vom Berliner Kongreß vorgesehene Lösung noch zu wenig. Die „Konstitutionelle Vorstadtzeitung" bemängelte, daß das Besetzungsrecht der Monarchie nicht auch auf den Sandžak ausgedehnt worden war und das „Vaterland" hätte am liebsten eine vollgültige Annexion gesehen.[44]

5.2 Stellungnahme gegen die Okkupation

Die Kontra-Position nahm von allen oppositionellen Blättern am deutlichsten und entschiedensten die „Neue Freie Presse" ein. Sie wies darauf hin, das Argument der hohen Kosten, die die Flüchtlinge aus den beiden Provinzen der Donaumonarchie verursachten, sei für die Begründung der Okkupation nicht hinreichend.[45] Sie erinnerte an die vergeblichen Proteste des Osmanischen Reiches gegen das Vorgehen der Doppelmonarchie[46] und kritisierte, daß man bei der politischen Willensbildung die öffentliche Meinung mißachtet habe.[47] Gemeinsam mit anderen Blättern machte sie auf die vielfältigen und komplexen staatsrechtlichen und finanziellen Schwierigkeiten aufmerksam, die sich aus der Okkupation der beiden Provinzen ergeben werden.[48] Schließlich wurden noch völkerrechtliche Argumente ins Treffen geführt, Vergleiche zur Expansion Sardiniens, Preußens, Englands angestellt und festgehalten, daß der Doppelmonarchie bei ihrem territorialen Ausgreifen sowohl der Rechtstitel als auch die den fehlenden Rechtstitel unter Umständen ersetzende de facto-Autorität fehle.[49] Auf jene Gefahren – bis hin zur Möglichkeit einer kriegeri-

---

44 Konstitutionelle Vorstadtzeitung, 9. Juli 1878; Vaterland, 9. Juli 1878.
45 Schon am 3. Mai 1878 schreibt die Neue Freie Presse: „Die Farce von der Besetzung Bosniens aus Rücksicht für die Flüchtlinge wird mit unglaublicher Hartnäckigkeit weitergesponnen."
Schließlich heißt es am 2. Juli 1878 im selben Blatt:
„Die Okkupation Bosniens soll, wie es scheint, wirklich unter dem ingeniösen Vorwand der Repatriierung der Flüchtlinge erfolgen." Vgl. auch Neue Freie Presse, 10. Juli 1878.
46 Neue Freie Presse, 7. Juli 1878.
47 „. . . ebenso wird sich auch die öffentliche Meinung in Österreich-Ungarn vergebens gegen die Politik der Annexion auflehnen." Neue Freie Presse, 7. Juli 1878.
„Die Okkupation hat niemals in der öffentlichen Meinung Sympathie und Unterstützung gefunden." Neue Freie Presse, 16. Juli 1878.
48 Vor allem stellt die Neue Freie Presse vom 26. Juli 1878 die Frage, ob die Kosten der Okkupation tatsächlich dem Heeresbudget oder den Haushalten der beiden Reichsteile angerechnet werden sollten.
„Wären wir die Sorgen wegen der Okkupation in ihren finanziellen und anderen Folgen los, so könnten wir uns ungestört den Friedensgedanken hingeben." Neues Wiener Tagblatt, 14. Juli 1878.
49 „Man wird uns zugeben, daß, wenn schon okkupiert und annektiert werden sollte, nicht leicht eine unglücklichere Form zu finden war, als die in Artikel XXV des Friedensvertrages. Eine Annexion, wie sie Sardinien in Italien, wie sie Preußen in Deutschland vollzog, mag völkerrechtlich nicht zu rechtfertigen sein, aber sie gibt dem annektierenden Staat volle Autorität in dem erworbenen Gebiete . . . Eine Annexion wie die Cyperns gibt keine unbeschränkte Autorität, aber soweit sie Autorität einräumt, gewährt sie einen Rechtstitel. Bezüglich Bosnien wird uns beides fehlen." Deutsche Zeitung, 17. Juli 1878.
„Österreich schicke sich an, ein Salto mortale des Völkerrechtes auszuführen." Neue Freie Presse, 4. Juli 1878.
Die Neue Freie Presse vom 26. Juli 1878 weist noch zusätzlich darauf hin, daß in der Verfassung für die Rechtsstellung eines allfällig okkupierten Gebietes keine Vorsorge getroffen sei.

schen Auseinandersetzung –, die sich aus dem expansiven Vorgehen Österreich-Ungarns ergeben könnten, wurde noch gesondert hingewiesen.[50]

In einer Artikelserie, die als Pendant zu jener der „Bohemia" verstanden werden kann, nahm die „Neue Freie Presse" zu den Zuständen in Bosnien und der Hercegovina Stellung. Die für die Besitzergreifung durch die Donaumonarchie negativen Aspekte überwogen hiebei beträchtlich: 1. der Großteil der Landesbevölkerung sei slavischer Nationalität; 2. die als überaus tüchtig und rührig geltenden Hercegovcen würden sich gegen die Okkupation auflehnen; 3. die Einbindung der Moslems in die Verwaltung gebe nur Schwierigkeiten; 4. das Steueraufkommen der Länder sei zu gering, um eine gute Verwaltung aufzubauen; 5. fast alle infrastrukturellen Voraussetzungen fehlen (Straßen, Brücken etc.); 6. in den Provinzen hätte seit rund 350 Jahren Unruhe geherrscht, daher sei auf Grund der langen Tradition des Widerstandes mit einem Aufruhr zu rechnen. – Als einziges Positivum wurde der Erzreichtum des Landes angeführt. Die „Neue Freie Presse" versuchte ein Resumé zu ziehen:

Alles in allem repräsentiert sich daher Bosnien und die Herzegovina als ein Besitz, der mit ungeheurem Aufwande zwar in ferner Zukunft rentabel gemacht werden kann, der aber für die nächsten Dezennien selbst unter den günstigsten Verhältnissen dem Reiche drückende Lasten und schwere Opfer auferlegen wird.[51]

5.3 Gleichsetzung der Okkupation mit einer Annexion

In der auf Zeit bezogenen Einstufung der Besitzergreifung der beiden Provinzen durch die Doppelmonarchie ist wieder eine majoritäre, ja sogar einheitliche Variante der öffentlichen Meinung zu konstatieren, soweit sie auf der Grundlage der vorliegenden Blätter analysiert werden kann. Von der „Neuen Freien Presse" über das „Neue Wiener Tagblatt", die „Bohemia", den „Pester Lloyd" bis zum „Fremdenblatt" waren sich alle Zeitungen einig, daß die Okkupation auf Dauer gerichtet sei, daß sie nichts anderes bedeute als Annexion.[52]

---

50 „Wir möchten wünschen, daß dieses wichtige Ergebnis sowohl für die orientalische Frage als auch für den Mandatsträger nicht zum Verhängnis werde." Neue Freie Presse. 6. Juli 1878.
„Hoffentlich bedeutet der Berliner Vertrag nicht Frieden für Europa, aber Krieg für Österreich." Neues Wiener Tagblatt, 1. Juli 1878.
51 Neue Freie Presse, 19. Juli 1878; Artikelserie in der Neuen Freien Presse, 13., 19. und 25. Juli 1878.
52 Neue Freie Presse vom 4. Juli 1878 bezeichnet die Okkupation als „Annektion zur linken Hand."
„Anders freilich werden die Dinge sich gestalten, wenn die Okkupation Bosniens und der Herzegowina nebst den 10,000.000 für die Erhaltung der Flüchtlinge noch weitere 60 Millionen und mehr verschlungen haben wird. Dann wird die temporäre Okkupation den Anlaß bieten, um an die Pforte den Anspruch zu stellen, Österreich-Ungarn für die Kosten der Ausführung des europäischen Mandats und für anderswertige Auslagen Ersatz zu leisten, so wird sich eben die temporäre Okkupation in aller Geschwindigkeit in eine Pfandergreifung verwandeln, und die Pfandergreifung, was ist sie Anderes als die Annexion?" Neue Freie Presse, 4. Juli 1878.
Neues Wiener Tagblatt, 21. Juli 1878: „Das bosnische Postskriptum".
„Der wahre Wert der österreichischen Okkupation liegt darin, daß sie der Zeit nach unbegrenzt ist ..." Bohemia, 31. Juli 1878.
„... daß die Okkupation, welche gleichbedeutend ist mit der Annexion, ..." Pester Lloyd, 29. Juli 1878.
Fremdenblatt, 10. August 1878.

*5.4 Vorwurf an die Regierungsbehörden: Hinauszögern der
Okkupationsvorbereitungen*

Anfang Juli 1878 plädierte noch das „Fremdenblatt" für eine rasche Politik der Stärke, hob die ihrer Meinung nach adäquaten Vorbereitungen der Regierung hervor. Im Orient zolle man nur jenem Achtung, der mit nötiger Energie auftrete. Um einen Krieg zu vermeiden, müßten die militärischen Aktionen „mit imponierender Macht" eingeleitet werden.[53]

Einige Tage später sprach sich des „Neue Wiener Tagblatt" in ähnlichem Sinne aus und urgierte unter dem Motto: „Nehmen ist seliger, denn geben" ein „rasches und gewaltsames Vorgehen".[54] Als sich bei der Vorbereitung des Einmarsches Verzögerungen zeigten, zog das Blatt Parallelen zur Zähflüssigkeit der Innenpolitik und rügte den späten Vollzugstermin.[55] Der Schar der Kritiker schlossen sich im August auch der „Pester Lloyd" und die „Augsburger Allgemeine Zeitung" an. Das ungarische Blatt beanstandete vor allem die offenkundig mangelnde Information der eigenen Behörden über Bosnien und die fehlende Aufklärung der Bevölkerung der beiden Provinzen über die Absichten der Doppelmonarchie.[56]

6. Echo auf den Widerstand gegen die Okkupation

6.1 Erwartungen vom Einmarsch

Die Grundstimmung eines Teiles der Presseorgane vor dem bevorstehenden Einmarsch der Truppen der Donaumonarchie in die beiden Provinzen kann als durchaus optimistisch bezeichnet werden. Mitte Juni hob das „Fremdenblatt" hervor, Graf Andrássy sei es gelungen, die Zukunft der Monarchie ohne Blutopfer zu sichern. Der Einmarsch werde sicher friedlich verlaufen, und mit Widerstand sei nicht zu rechnen.[57] Die regierungsloyalen Blätter sammelten gleichsam Indizien, die auf

---

53 Fremdenblatt, 7. Juli 1878.
„Im Orient flößt nur derjenige Achtung ein, welcher nicht bloß stark ist, sondern Stärke zeigt ... Der Einmarsch muß deshalb von Beginn an mit größter Energie und Strenge erfolgen, damit er nicht in einen Krieg ausartet. Nur wenn dies der Fall ist, wird es gelingen, ohne größere Opfer Ruhe und Ordnung wiederherzustellen." Fremdenblatt, 4. Juli 1878.

54 „Wir leben in einer Zeit, wo in der Politik rasches und gewaltsames Vorgehen entscheidet, wo jedes Zuwarten gefährlich ist, wo das Wort gilt: ‚Nehmen ist seliger, denn geben'."
Neues Wiener Tagblatt, 12. Juli 1878: „Nehmen ist seliger, denn geben".

55 „Bei uns hat die Methode der inneren Politik sich ganz von selber auch auf die auswärtige Politik übertragen; auch da wollen die Verhandlungen kein Ende nehmen und der späteste Vollzugstermin wird als der beste angesehen." Neues Wiener Tagblatt, 21. Juli 1878: „Das bosnische Postskriptum".

56 „Die unqualifizierbare Tatsache aber ist diese: wir sind nach Bosnien gegangen, ohne die Disposition des Volkes zu kennen und ohne dass unsere Disposition dem Volke wären bekannt gewesen." Pester Lloyd, 13. August 1878; Augsburger Allgemeine Zeitung, 10. August 1878.

57 „Jeder Bürger des Reiches, dem das Wohl der Monarchie am Herzen liegt, muß dem Grafen Andrássy dankbar sein, dem es gelungen ist die Zukunft Österreich-Ungarns ohne Opfer an Blut sicherzustellen." Fremdenblatt, 14. Juli 1878.
„Wenn auch die bevorstehende Okkupation Bosniens durch die k. k. Truppen ein Akt friedlicher Natur und ein Widerstand irgendwelcher Art vor Seiten der Bewohner nicht zu befürchten ist ..." Fremdenblatt, 16. Juli 1878.

einen jubelnden Empfang der k. k. Truppenverbände schließen ließen, betonten die Österreichfreundlichkeit des Großteils der Bevölkerung; vor allem die Christen würden die Befreiung aus dem muslimischen Joch auf das wärmste begrüßen.[58]

Auch bezüglich der Haltung der Hohen Pforte glaubte man sich sicher sein zu können. Die „Bohemia" berichtete von einer Weisung der türkischen Regierung an die Lokalbehörden der beiden Provinzen, auf die Bevölkerung aufklärend und beruhigend zu wirken.[59]

In vollem Bewußtsein, eine Ordnungsfunktion und eine Kulturmission zu erfüllen, wurde die eigene Rolle bei der Okkupation gesehen. Wer anders – so fragte das „Fremdenblatt" – sei dazu berufen, Humanität und Zivilisation nach Bosnien und der Hercegovina zu tragen, wenn nicht die Donaumonarchie, deren Verfassung allen Nationen und Konfessionen gleiche Rechte garantiere. Primäre Träger dieser Aufgaben seien zunächst die k. k. Truppen, die – so meinte man – in bewährter Manier den Einmarsch und die Durchführung der ihnen gestellten Aufgaben bewältigen würden.[60]

Globaler Eindruck der Grundstimmung in den Presseorganen der Doppelmonarchie: Euphorie und Optimismus!

6.2 Kommentare zum Widerstand gegen die Okkupation

Im Zuge des Vormarsches der k. k. Truppen sollte es sich dann herausstellen, daß von einem friedlichen Vorrücken keine Rede sein konnte. Da und dort loderte Widerstand auf, es kam zu Gefechten, zu bewaffneten Auseinandersetzungen, die

---

58 „Eine Meldung der ‚Pol. Corr.' aus Sarajevo vom heutigen meldet den eingetretenen Stimmungswechsel. Dem baldigen Einmarsche der Österreicher wird mit Befriedigung entgegengesehen, und haben dieselben einen guten Empfang zu erwarten." Bohemia, 16. Juli 1878.
Vgl. auch Fremdenblatt, 14. August 1878.
„Nur zu sehr begreift man nunmehr den Jubel, welcher unsere Jäger-Bataillone begrüßt, als sie den Boden Bosniens betraten. Das Blitzen unserer Bajonette war für sie der erste Schein der nahen Erlösung." Fremdenblatt, 31. Juli 1878.
Das Fremdenblatt vom 31. Juli 1878 berichtet noch von einem Bittgesuch der Einwohnerschaft von Sarajevo an Feldzeugmeister Philippovich. Sie urgiere das rasche Vorrücken der k. k.-Truppen, um die Ordnung im Lande und in der Hauptstadt wiederherzustellen.

59 „Die Pforte wies die dortige türkische Behörde an, der türkischen Bevölkerung bekanntzugeben, daß die österreichische Armee mit freundschaftlichen Absichten einrücken werde, und die Beziehungen zwischen der Pforte und Österreich die freundschaftlichen geblieben seien . . ." Bohemia, 16. Juli 1878.

60 „Um dauernden Frieden und dauernde Ordnung herzustellen, bedarf es des Eingreifens einer Macht, welche zur Gerechtigkeit Kraft besitzt. Das aber ist Österreich-Ungarn, dessen Verfassung den Angehörigen aller Nationalitäten und Konfessionen gleiche Rechte gewährt." Fremdenblatt, 28. Juni 1878.
„Humanität und Zivilisation, das waren seit jeher die Ziele, welche Österreich im Orient verfolgte . . . Humanität und Zivilisation tragen nunmehr unsere Truppen in das Land, in welchem dem Sultan nur noch eine Schattenherrschaft verblieb." Fremdenblatt, 30. Juli 1878.
„Daß stramme Disziplin alle Truppen kennzeichnet, braucht kaum versichert zu werden. Das Offizierskorps ist sich der bevorstehenden Strapazen bewußt, die kaum durch kriegerische Lorbeeren belohnt werden dürften. Aber es ist sich auch bewußt, Proben seiner Tüchtigkeit ablegen zu müssen und – jeder in seinem Wirkungskreise – Träger einer österreichischen Kulturmission zu sein." Bohemia, 20. Juli 1878.

ihren Blutzoll forderten. Von den Presseorganen der Doppelmonarchie wurden die Opfer einhellig beklagt, das „Fremdenblatt" mußte wohl oder übel seine optimistischen Prognosen von Mitte Juli korrigieren.[61]

Insbesondere das „Neue Wiener Tagblatt" ging bei der Analyse der Ursachen des Widerstandes mit den Einwohnern der beiden Provinzen hart ins Gericht. Es hob die jahrhundertealte Tradition zum unbeugsamen Widerstand hervor, brandmarkte die Unfähigkeit sowohl der christlichen Insurgenten als auch der muslimischen Begs, sich fremdem Willen zu beugen und eine geregelte gesetzliche Ordnung anzuerkennen, kritisierte die Affinität zu anarchischen Zuständen und stellte jedweden Rechtstitel für aktiven Widerstand in Abrede.[62]

Ganz konträr lesen sich die Kommentare der „Neuen Freien Presse". Zwar beklagte auch sie – wie alle Zeitungen der Donaumonarchie – die blutigen Opfer der Okkupation. Weit mehr Verständnis und Einfühlungsvermögen bewies sie aber bei der Analyse der Motivation der Widerstand leistenden Landeseinwohner. Sie hob hervor, daß an der Vehemenz der Gegenwehr die Haltung der Bosnier gegenüber dem Mandat des Berliner Kongresses unschwer abzulesen sei. Hier könne man keineswegs bloß von exzessiven Aktionen eines blindwütigen, fanatisierten Pöbels sprechen, der die anarchischen Zustände zu Plünderung, Raub und Totschlag auszunützen verstehe. Hier müssen andere Motivationen dahinter stehen, von denen man annehmen könne, daß sie „nicht verächtlich" seien. Zwei Beweggründe wurden von der Zeitung angeführt: religiöser Fanatismus und Xenophobie. Die Wurzeln für diese elementaren Ausbrüche könne man nicht mit harter, bewaffneter Faust anpacken. Dies werde wohl einer langjährigen, kostspieligen und unermüdlichen Friedensarbeit bedürfen, wagte die „Neue Freie Presse" einen Blick in die Zukunft.[63]

---

[61] „... es ist irrig, wenn beteuert wird, daß der Kongreß von der Ansicht ausgegangen sei, die Okkupation Bosniens und der Herzegowina werde sich im Frieden vollziehen lassen und blutige Konflikte vermieden werden." Fremdenblatt, 1. September 1878.
Vgl. auch: Fremdenblatt, 31. Juli 1878; Neues Wiener Tagblatt, 2. August 1878: „Das Eisen zieht den Mann an"; Bohemia, 7. August 1878; Augsburger Allgemeine Zeitung, 10., 18. August 1878; Pester Lloyd, 13. August 1878; Neue Freie Presse, 21. August 1878 und 21. September 1878.

[62] „Der Gedanke einem fremden Willen sich fügen und das Joch einer gesetzlichen Ordnung auf sich nehmen zu sollen, ist jenen Insurgenten, die nun seit Jahr und Tag das Feld gegen die Mohamedaner halten, nicht minder unerträglich als den mohamedanischen Begs selber, die zwar mit jenen in ewiger Fehde lagen, zugleich aber auch eine fast unabhängige Stellung gegenüber Konstantinopel zu behaupten wußten. Diese befürchten das Ende der Anarchie und jene das Ende ihrer Herrschaftsträume. So schließen sich dann die Erbfeinde zu dem unnatürlichen Bund gegen den neuen gemeinschaftlichen Feind zusammen." Neues Wiener Tagblatt, 2. August 1878: „Das Eisen zieht den Mann an."
„Es sei doch zu verstehen, daß die Bewohner dem Einmarsch feindlich gegenüberstehen, bedrohe er doch viele Rechte, Gewohnheiten und Freiheiten: so das Gewohnheitsrecht des Raubes, die Freiheit der Bedrückung, die Freiheit der Bestechung usw."
Neues Wiener Tagblatt, 3. August 1878: „Anarchie in Bosnien."

[63] „Das entsetzliche Gemetzel in den Straßen von Sarajewo ist ein furchtbares Wahrzeichen für die Gefühle, mit denen das europäische Mandat Österreichs von der Bevölkerung der okkupierten Provinzen betrachtet wird. Mit solcher verzweifelter Hartnäckigkeit, mit solchem an Wahnwitz grenzenden Fanatismus schlägt sich nicht der lediglich auf Raub und Plünderung bedachte Pöbel. .. Solchem desperaten Widerstand müssen andere Motive und Triebfedern zu Grunde liegen, und wir können nicht sagen, daß jene Motive durchaus verächtlich sind. Glühender Glaubenshaß, im Blute begründete Todesfeindschaft gegen den Fremden müssen gestern in Sarajewo die Waffen geführt haben. Gegnerschaften so elementarer Natur sind nicht durch Waffen allein auszurotten,

6.3 Kritik im eigenen Bereich

Bei der Suche nach den Ursachen, warum der aufbrechende Widerstand die Monarchie so empfindlich getroffen hatte, machte man keineswegs vor der eigenen Haustür halt. Das „Fremdenblatt" versuchte wohl noch Mitte August die Vorkehrungen der Regierung zu unterstreichen, betonte die Unkalkulierbarkeit der Intensität und Breitenwirkung des Widerstandes.[64] Aber schon zehn Tage später stimmte es auch in den Chor der Kritiker ein und reklamierte die fehlenden Detailvereinbarungen über die Modalitäten der Okkupation.[65]

Das „Neue Wiener Tagblatt", der „Pester Lloyd" und die „Augsburger Allgemeine Zeitung" hatten schon vorher die Maßnahmen der Behörden zur Vorbereitung und Durchführung des Einmarsches beanstandet. Bemängelt wurden die offensichtlich kurzsichtige Beurteilung der Tatsachen, das Unterlassen der Rekognoszierung im Lande selbst, das Fehlen von Abmachungen mit der Hohen Pforte, die Ahnungslosigkeit bezüglich der Absichten der türkischen Regierung und das Versäumnis, der Bevölkerung Bosniens und der Hercegovina zeitgerecht und klar die eigenen Absichten bekanntgemacht zu haben.[66]

---

diese müssen durch eine unermüdete, langwierige Friedensarbeit gezähmt und versöhnt werden." Neue Freie Presse, 21. August 1878.
„Abgesehen vom Blut und Leben und den übrigen Opfern, welche die Okkupation der Bevölkerung kostet, wird das Reich im günstigsten Fall einen Aufwand von 200,000.0000 Gulden machen müssen, um dauernd geordnete Zustände herbeizuführen." Neue Freie Presse, 21. September 1878.

64 „Unsere Regierung hat die ihr übertragene Mission nie leicht genommen. Sie war gefaßt auf die Schwierigkeiten, sie rechnete auf lokale Erhebungen und traf dem gemäß ihre Vorkehrungen. Worauf sie jedoch nicht rechnen konnte, war, daß die fanatisierte Bevölkerung auch von regulären türkischen Soldaten unterstützt würde." Fremdenblatt, 17. August 1878.

65 „... auch wir hatten gewünscht, daß bevor die Reichsgrenze durch unsere Truppen überschritten wurde, eine Vereinbarung über die Details und die Modalitäten der Okkupation zu Stande gekommen wäre." Fremdenblatt, 27. August 1878.

66 „Bei jeder einzelnen Phase stoßen wir auf Täuschungen, auf Widersprüche, auf eine kurzsichtige Beurteilung der Tatsachen."
Neues Wiener Tagblatt, 21. August 1878: „Das Herz Bosniens". „... wie war es möglich, daß man das Okkupationsterrain nicht besser sondierte, daß man von den Absichten der türkischen Regierung keine genaue Kenntnis hatte ... Wo waren die Konsulen, welche dem Grafen Andrássy Bericht zu erstatten haben und deren Aufgabe es war, Österreich frei von Überraschungen zu halten?" Ebenda.
„Die unqualifizierbare Tatsache aber ist diese: wir sind nach Bosnien gegangen, ohne die Dispositionen des Volkes zu kennen und ohne daß unsere Dispositionen dem Volke wären bekanntgewesen." Pester Lloyd, 13. August 1878.
Der Pester Lloyd wies auch darauf hin, daß in dieser Beziehung Rußland und Serbien in den vergangenen Jahren viel aktiver gewesen wären. Diese Länder hätten sehr wohl Agitatoren und Emissäre in die beiden Provinzen entsandt, die Donaumonarchie hätte sich hingegen zurückgehalten.
Vgl. auch Augsburger Allgemeine Zeitung, 10. August 1878. Als Hauptschuldigen am Fiasko bezeichnet das Neue Wiener Tagblatt den Minister des Äußern und empfiehlt als Abhilfe die Machtübernahme durch die Opposition:
„Es ist fraglich, in wieweit man im Palais am Ballhausplatz die Wahrheit gewünscht hat. Das ist eine Eigentümlichkeit jedes ungarischen Magnaten, daß er den Widerspruch seiner untergeordneten Beamten nicht zu ertragen vermag ... Nur die Opposition könnte Durchschlagendes bewirken, welche als das wahre Auge des Reiches sich erwies ..." Neues Wiener Tagblatt, 21. August 1878: „Das Herz Bosniens".

Um die Kosten zu vermindern, die die Flüchtlinge verursacht hatten, und die Verluste der eigenen Truppen zu reduzieren, machte das „Neue Wiener Tagblatt" einen bemerkenswerten Vorschlag. Aus dem Kreise der Flüchtlinge solle man einen Freiwilligenverband aufstellen, mit Waffen, Geld und Verpflegung versehen und unter dem Kommando von Militärpersonen der Donaumonarchie zur Unterstützung der eigenen Truppen in den beiden Provinzen einsetzen. Mit dieser Anti-Guerilla-Taktik wollte man offensichtlich die auf unkonventionelle Art Widerstand Leistenden mit ihren eigenen Waffen besiegen. Das Gegenargument, damit einen Bruderkrieg zu entfachen, spielte bei der Proposition des Tagblattes offenkundig keine Rolle.[67]

6.4 Von außen inspirierter Widerstand

Der Widerstand gegen die Okkupation wurde in den Presseerzeugnissen der Habsburgermonarchie, keineswegs als isolierte, auf die Resistenzbereitschaft der Landesbewohner reduzierte Erscheinung betrachtet. Ganz unverhüllt wurde von einer Einflußnahme von außen gesprochen, und zwar in Form von Aufmunterung, Unterstützung und Beistand.

Schon vor der Erteilung des Okkupationsmandates war in den Artikeln des offiziösen „Fremdenblattes" ein deutliches Abrücken vom Osmanischen Reich zu konstatieren, wurde die Uneinsichtigkeit der Hohen Pforte genauso hervorgehoben wie die Unfähigkeit ihrer Staatsmänner.[68]

Nach erfolgtem Einmarsch, nach Aufbrechen des Widerstandes gegen die k. k. Truppenverbände richteten sich die Vorwürfe der Presseorgane ganz gezielt gegen das Osmanische Reich. Die Türkei trage in erster Linie die Verantwortung für die in den beiden Provinzen herrschenden anarchischen Zustände, durch die die Bevölkerung zur Remonstranz geradezu prädestiniert erscheine.[69] Gegeißelt wurde das offenkundige Doppelspiel der türkischen Staatsmänner: Sie hätten den Berliner Vertrag mit allen seinen Bestimmungen zwar ratifiziert, sabotierten nun aber die Detailexekution. Der österreichisch-ungarische Botschafter solle dagegen bei der Hohen Pforte auf das energischeste protestieren.[70] Die bosnischen Begs erhielten

---

67 „Hätten sich nicht vielleicht unter den 100.000 Flüchtlingen, die nun seit Jahren unser Brot essen, um Geld und gute Worte 20 – 30.000 Freiwillige finden lassen, die, gut ausgerüstet, gut beaufsichtigt und vertraut mit dem Lande und der Kampfart der Landesbevölkerung, unschätzbare Dienste leisten konnten?" Neues Wiener Tagblatt, 10. August 1878: „Die Freiheit der Wilden".
68 Fremdenblatt, 6., 19. und 22. Juni 1878.
69 „Hätte man in Konstantinopel von Anfang an den ernsten Willen gehabt, ... wäre die Anarchie in Mostar und Sarajewo niemals zur Herrschaft gekommen." Fremdenblatt, 14. August 1878.
70 Ebenda.
„... die Zwieschlächtigkeit der Pfortenstaatsmänner, das Protestieren und Intrigieren der einzelnen Paschas ... führt ... notwendig auf den Gedanken, daß man es in Stambul nicht ungern sehen möchte, wenn die Herren Begs ihrer Anhänglichkeit an den Padischah einige ausgiebige Blutopfer brächten, auf die man sich seinerzeit berufen könnte. Vernunft im eigentlichen Sinne liegt wohl nicht in einer solchen Taktik, wohl aber – echte unverfälschte Haremslogik, die zu allen Zeiten aufs Fingerziehen mit den Giaurs hinauslief. Auf der einen Seite wird der Berliner Vertrag ratifiziert, auf der anderen sucht man unter der Hand der Durchführung der Vertragsbestimmungen Schwierigkeiten entgegenzusetzen. Ich meine, es dürfte Graf Zichy in Konstantinopel schon in die Lage versetzt werden, von den Herren, die keinen Wein trinken dürfen, für sich selbst klaren Wein zu erbitten." Bohemia, 7. August 1878.

direkten Sukkurs von der türkischen Regierung, die Aufständischen würden von regulären türkischen Soldaten unterstützt, die Hohe Pforte sähe das Blutvergießen in den beiden Provinzen mit unverhohlener Genugtuung.[71] Damit hätten sie aber eine große moralische Schuld auf sich geladen. Das bei der Okkupation vergossene Blut könnte als ausreichend hoher Kaufpreis für den endgültigen Erwerb Bosniens und der Hercegovina angesehen werden, drohte die „Bohemia" an.[72]

Die argwöhnische Aufmerksamkeit der Presseorgane des Habsburgerreiches wurde aber nicht nur durch das Osmanische Reich gefesselt. Breiten Raum in der Berichterstattung nahmen auch jene Gerüchte und die daraus entstehenden Mutmaßungen ein, die von einer Beeinflussung der Aufstandsbewegung durch die Regierungen Serbiens und Montenegros wissen wollten. Auf die Vehemenz und auf den sichtbaren Fortschritt des Aufstandes an der serbischen Grenze wurde hingewiesen, an die gute Bewaffnung und Ausbildung der Aufständischen an der Drina erinnert. Unverhüllt versuchte man allfällige Konsequenzen anzudeuten, die die Doppelmonarchie aus dieser zweideutigen Haltung der beiden Fürstentümer zu ziehen gezwungen wäre. Mit aggressivem Unterton schwang sogar die Drohung einer bewaffneten Aktion Österreich-Ungarns gegen das benachbarte Fürstentum Serbien mit, denn der Weg von der ungarischen Grenze nach Belgrad wäre ja nicht weit...[73]

---

71 Ebenda.
„Unsere Regierung hat die ihr übertragene Mission nie leicht genommen... Worauf sie jedoch nicht rechnen konnte, war, daß die fanatisierte Bevölkerung auch von regulären türkischen Soldaten unterstützt würde." Fremdenblatt, 17. August 1878.
„Die Abgesandtschaft der bosnischen Begs hat vorgestern wieder Konstantinopel verlassen, um, mit entsprechenden Mitteln ausgestattet, den Widerstand in Sarajevo zu organisieren."
Neues Wiener Tagblatt, 2. August 1878: „Das Eisen zieht den Mann an".

72 „Die türkischen Staatsmänner aber, welche an den jüngsten Vorfällen die moralische Schuld tragen, welche bei der Nachricht von dem Verrate in Maglaj sich vielleicht schadenfroh die Hände reiben, sollten sich eines zu Gemüte führen: das Blut österreichischer Soldaten, das in Bosnien und der Herzegowina vergossen worden, repräsentiert einen sehr hohen Wert, und die Pforte wird nicht staunen dürfen. wenn dieses Blut eines Tages als ein weitaus genügender Kaufpreis für jene beiden Provinzen betrachtet werden sollte." Bohemia, 7. August 1878.

73 „Die serbische Regierung, gleichwie das Kabinett von Cetinje, setzt Himmel und Erde in Bewegung, um ihre Loyalität im Hinblick auf die Vorgänge in Bosnien und der Herzegowina ins strahlendste Licht zu rücken... Die öffentliche Meinung setzt das Mißgeschick der Division Szapáry vor Tuzla den liebenswerten Nachbarn jenseits der Drina aufs Kerbholz, und es kursieren überhaupt die allerbösesten Gerüchte über das zweideutige Zusammenspiel der beiden Heldenbrüder Milan und Nikita, in deren Bund der zwischen Belgrad und Cetinje herumirrende Fadejew den dritten abgibt. Tatsächlich bleibt, die Loyalität der beiden Nachbarn vorausgesetzt, das Faktum ein unlösbares Rätsel, daß... der bosnische Aufstand auch jetzt in der Drina-Gegend am zähesten sich erweist, dort an der serbischen Grenze die zahlreichsten, bestbewaffneten und bestgeschulten ‚Insurgenten' sich befinden... Sollten sich greifbare Beweise herausstellen, so ist Graf Andrássy gewiß nicht der Mann sich solche Streiche gefallen zu lassen. Wir glauben auch, daß die Serben sich hüten werden. sich auch nur im geringsten zu kompromittieren. Sie wissen, daß sie unter Deutschen und Ungarn durch einen Akt der Perfidie einen Sturm der Entrüstung hervorrufen würden, dem selbst der starke und besonnene Andrássy nicht zu widerstehen vermöchte; sie wissen, daß der Weg von der ungarischen Grenze nach Belgrad nicht weit ist, und daß ihn Deutsche wie Ungarn mit Jubel gehen würden." Bohemia, 18. August 1878: vgl. auch die Abendblätter des Pester Lloyd vom 14. und 17. August 1878.

Schlußbemerkung

Im ersten Kapitel dieses Beitrages wird die Frage aufgeworfen, ob es zur Zeit der Orientalischen Krise eine öffentliche Meinung in der Donaumonarchie gegeben hatte oder nicht. Darauf aufbauend gibt es schließlich noch eine weitere Problemstellung, ob etwa Ansätze zu einer Wechselbeziehung zwischen der allfällig vorhandenen öffentlichen Meinung und den außenpolitischen Entscheidungsträgern festzustellen waren.

Untersucht wurde das angeschnittene Problem an Hand einer repräsentativen Auswahl des wesentlichsten Mediums der öffentlichen Meinung, der deutschsprachigen Presseorgane der Doppelmonarchie.

Vorwegnehmend sei vielleicht gleich das Ergebnis dieser Detailuntersuchung an die Spitze gestellt: Im Sinne der im Einleitungskapitel definierten und vor allem differenzierten „Begriffsbestimmung" kann man durchaus von der Existenz einer „öffentlichen Meinung" in Österreich-Ungarn zur Zeit des Berliner Kongresses sprechen.

Der dreifachen Klassifizierung folgend kann sie – sicher nicht unerwartet – als überwiegend *pluralistisch* eingestuft werden. In diesem Zusammenhang sei vielleicht demonstrativ an einige Punkte erinnert, in denen sich die Presseorgane der Monarchie durchaus verschieden, teilweise sogar kontroversiell, geäußert haben:

1. Die Reaktionen auf den 60 Millionen-Kredit, der von den Delegationen bewilligt wurde;
2. die Frage der Stellung der Doppelmonarchie im Konzert der Mächte, ihre Position und ihre Verpflichtung als Großmacht;
3. die Rolle Österreich-Ungarns auf dem Balkan im Sinne der Kulturmission und der Ordnungs- und Stabilisierungsfunktion.

Bei den letzten beiden Punkten muß allerdings hinzugefügt werden, daß in der öffentlichen Meinung – trotz sicher differenter Auffassungen in den einzelnen Zeitungen – doch deutlich die Tendenz zu einer positiven Beurteilung der Okkupationspolitik abzulesen ist!

4. Die Beurteilung des Okkupationsmandates (vielleicht ist dieses Beispiel der Paradefall für die Pluralität der öffentlichen Meinung in der Donaumonarchie schlechthin);
5. die Beurteilung des gegenwärtigen Zustandes der beiden Länder und des Nutzens, des Vorteils und der Risiken der Besetzung (vgl. hier insbesondere die in ihrem Aussagegehalt verschiedenen Artikelserien in der „Neuen Freien Presse" und in der „Bohemia");
6. die Erwartungen vom Einmarsch;
7. die Analyse der Ursachen für den Widerstand der Landesbewohner gegen die Besetzung durch die k. k. Truppen.

Noch mehr überrascht aber die Häufigkeit der Koinzidenz: Nicht selten und in nicht wenigen Fragen waren sich zumindest die deutschsprachigen Zeitungen Österreich-Ungarns in wesentlichen Punkten der Orientpolitik einig:

1. Die Interessen der Donaumonarchie lägen im Südosten; daher ein Argument im Sinne des Wirtschaftsimperialismus: Österreich-Ungarn müsse sich in seinem eigenen wirtschaftlichen Interesse, aber auch aus strategischen Gründen den Zugang nach Saloniki offenhalten;

2. ein Motivationselement aus dem Bereich des Statischen Imperialismus: Das Habsburgerreich müsse als Großmacht expandieren, um das Ausgreifen anderer Mächtegruppierungen zu verhindern. Im Klartext bedeute dies das Zurückdrängen Rußlands, die Bekämpfung der panslavistischen Ideen und die Hintanhaltung des nationalen Prinzips;
3. völlige Identität zwischen Okkupation und Annexion;
4. Kritik aus den eigenen Reihen: Hinauszögern und mangelnde Vorbereitung der Okkupation in diplomatischer, militärischer und politischer Hinsicht;
5. das einhellige Bedauern des hohen Blutzolls, den die Besetzung der beiden Provinzen gekostet hatte.

In den hier skizzierten und noch einmal kurz zusammengefaßten Fragebereichen kann wohl ziemlich eindeutig von einer *majoritären* öffentlichen Meinung in der Doppelmonarchie gesprochen werden.

Im Vergleich dazu nimmt sich die Kategorie der *elitären* (oder minoritären) Meinungslandschaft sehr bescheiden aus:

Nur in der Frage des 60 Millionen-Kredites zeigten sich einige wenige Blätter der Regierung gegenüber völlig kritiklos. Und schließlich sei noch an jene Zeitungen erinnert, denen das vom Kongreß ausgesprochene Okkupationsmandat ungenügend erschien.

Zum Abschluß noch ein kurzer Blick auf die sehr diffizile zweite Frage: Von einer deutlichen Rückwirkung, einer starken Interdependenz zwischen öffentlicher Meinung und außenpolitischer Entscheidung kann kaum gesprochen werden. Ausschlaggebend hiefür waren wohl die vorherrschende Einstufung der Außenpolitik als Prärogativ des Herrschers, fehlende Informationen, die von der Geheimdiplomatie als allgemein bekannt vorausgesetzt wurden, und das auf den komplizierten Kompetenzmechanismus des Dualismus zurückzuführende mangelnde Kontroll- und Mitgestaltungsrecht der parlamentarischen Vertretungen. So konnte man in der Donaumonarchie außenpolitische Entscheidungen nur noch post festum zur Kenntnis nehmen. Daher hatten auch die Pressekommentare nur sehr beschränkten, indirekten Einfluß auf die außenpolitische Entscheidungsfindung, spielte auch die „öffentliche Meinung" in der Motivationsskala des Herrschaftsträgers nur eine periphere Rolle.

aus: Otpor austro-ugarskoj okupaciji 1878. godine u Bosni i Hercegovini (Sarajevo 1979), S. 215 – 244.

Zur Unterrichtspolitik Österreich-Ungarns in Bosnien und der Hercegovina nach der Okkupation

Der ab 13. Juni 1878 in Berlin zusammengetretene Kongreß der europäischen Mächte sollte eine neue, eine stabile Ordnung auf dem Balkan installieren. Nach dem Aufstand der Bevölkerung in der Hercegovina gegen die als Bedrückung empfundene osmanische Verwaltung, nach der Eröffnung der Kampfhandlungen gegen das Osmanische Reich durch Serbien und Montenegro, nach dem massiven Eingreifen Rußlands auf seiten der Balkanfürstentümer war Anfang 1878 im Frieden von San Stefano eine nach russischen Interessen konzipierte Lösung der Balkanfrage festgelegt worden. Die anderen europäischen Großmächte, vor allem Österreich-Ungarn und Großbritannien, waren mit dieser Regelung nicht einverstanden. In Berlin stand daher die Revision des Friedens von San Stefano und das Zurückdrängen des dominanten russischen Einflusses in Südosteuropa auf der Tagesordnung.[1]

Für die Doppelmonarchie war vor allem die Frage der künftigen Stellung der beiden osmanischen Provinzen Bosnien und der Hercegovina von eminenter Bedeutung.[2] Entgegen den Vereinbarungen, die in Reichstadt und in Budapest mit dem Zarenreich getroffen worden waren, hatte Rußland in San Stefano für Bosnien und die Hercegovina einen autonomen Status im Rahmen des Osmanischen Reiches festgelegt. Am 28. Juni 1878 stellte der Außenminister Großbritanniens Robert Arthur Marquess of Salisbury in Berlin den Antrag, „... die Provinzen Bosnien und Herzegovina durch Österreich-Ungarn besetzen und verwalten zu lassen". Gegen den Widerstand des Osmanischen Reiches stimmten die Vertreter der Mächte dem Okkupationsmandat zu. Otto von Bismarck, Gastgeber und Vorsitzender des Kon-

---

1 WILLIAM NORTON MEDLICOTT, The Congress of Berlin and after. A diplomatic History of the New Eastern Settlement (London 1938); ALEXANDER NOVOTNY, Quellen und Studien zur Geschichte des Berliner Kongresses 1878, Bd. 1: Österreich, die Türkei und das Balkanproblem im Jahre des Berliner Kongresses (Graz 1957); Der Berliner Kongreß von 1878. Die Politik der Großmächte und die Probleme der Modernisierung in Südosteuropa in der zweiten Hälfte des 19. Jahrhunderts, ed. RALPH MELVILLE, HANS-JÜRGEN SCHRÖDER (= Veröffentlichungen des Instituts für Europäische Geschichte Mainz, Abteilung Universalgeschichte, ed. KARL OTHMAR FREIHERR VON ARETIN, Beiheft 7, Wiesbaden 1982), mit ansführlichen Literaturangaben; FRANZ-JOSEF KOS, Die Politik Österreich-Ungarns während der Orientkrise 1874/75 – 1879. Zum Verhältnis von politischer und militärischer Führung (Köln/Wien 1982).
2 Zur Position Österreich-Ungarns vgl. insbesondere: HORST HASELSTEINER, Zur Haltung der Donaumonarchie in der Orientalischen Frage. In: Der Berliner Kongreß von 1878. Die Politik der Großmächte und die Probleme der Modernisierung in Südosteuropa in der zweiten Hälfte des 19. Jahrhunderts, ed. RALPH MELVILLE, HANS-JÜRGEN SCHRÖDER (= Veröffentlichungen des Instituts für Europäische Geschichte Mainz, Abteilung Universalgeschichte, ed. KARL OTHMAR FREIHERR VON ARETIN, Beiheft 7, Wiesbaden 1982), S. 227 – 243.

gresses, umriß in seiner Stellungnahme die Motivation für das Kongreßmandat: „Nur ein mächtiger Staat, der über die notwendigen Kräfte in Reichweite des Unruheherdes verfügt, kann hier die Ordnung wiederherstellen sowie das Los und die Zukunft dieser Bevölkerung sichern."[3]

Die militärische Besetzung der beiden Landesteile durch Truppenformationen der k. k. Armee im Spätsommer und im Frühherbst des Jahres 1878 sollte dann allerdings nicht ganz ohne Probleme ablaufen. Es kam zu heftigen Widerstandsaktionen, vor allem der muslimischen Bevölkerung bei Maglaj, Jajce und Banjaluka, und zu blutigen Kämpfen. Erst im Oktober 1878 konnten die Besetzung des Landes und die Übernahme der beiden Provinzen abgeschlossen werden.[4]

Nach der Okkupation stellte sich für die neue Verwaltung unter dem Landeschef und Kommandierenden General Feldzeugmeister Herzog von Württemberg die Aufgabe, die einzelnen Bereiche der Administration einzurichten. Im Sinne des Mandates des Berliner Kongresses und im Interesse der Befriedung sollten gerade auf dem Gebiete des Schulwesens Akzente einer selbst vorgegebenen „zivilisatorischen Kulturmission" gesetzt werden. Diese Aufgabenstellung erwies sich als äußerst vielschichtig und war zweifellos nicht leicht zu lösen. Sie war schwierig für die verantwortlichen Männer des Jahres 1878 und auch für deren Nachfolger als Landeschefs bzw. als zuständige Gemeinsame Minister für Finanzen in den Folgejahren der österreichisch-ungarischen Verwaltung bis zum Jahre 1918.

Beispielhaft sind einige Problemfelder aufzuzählen:
- Soll die bisherige Schulstruktur beibehalten werden, sind daher bloß Reformen innerhalb der bestehenden konfessionellen Schulen der Moslems, der Orthodoxen und der Katholiken vorzunehmen? Als Alternative bot sich eine volle Neustrukturierung des Bildungswesens an. Aber auch hier offenbarte sich die „dualistische Gretchenfrage": Soll die neue, die interkonfessionelle, die staatliche Schule nach dem Muster des ungarischen, des Eötvös'schen Gesetzes von 1868 oder aber nach dem Modell des österreichischen Reichsvolksschulgesetzes von 1869 eingerichtet werden?
- Wie soll das eventuell neu einzuführende Elementarschulstatut aussehen? Inwieweit soll es auf die gesellschaftlichen und konfessionellen Besonderheiten der beiden Landesteile Rücksicht nehmen?
- Ist die allgemeine Schulpflicht für alle Kinder und damit der obligatorische Schulunterricht einzuführen? Was spricht dafür, was dagegen?

Neben diesen generellen Fragen gab es noch eine Vielzahl von Problemen, die einer Lösung harrten:
- Neue Schulgebäude mußten errichtet, die bestehenden adaptiert und verbessert werden.
- Es fehlte an Lehrern, vor allem an qualifizierten Lehrkräften mit Kenntnis der Landessprache, daher auch die Lehrerausbildung als vordringliches Desideratum.
- Es mangelte an Lehrbüchern und anderen Unterrichtsbehelfen. In dieser Beziehung stand man vor der problematischen Entscheidung, welche Lehrbücher man

---
3 Der Berliner Kongreß 1878. Protokolle und Materialien, ed. IMANUEL GEISS (= Schriften des Bundesarchivs 27, Boppard am Rhein 1978), S. 242 f.
4 MILORAD EKMEČIĆ, Der Aufstand in Bosnien 1875 – 1878, 2 Bde. (= Zur Kunde Südosteuropas I, 3, Graz 1974); ALOIS VELTZÉ, Unsere Truppen in Bosnien und Herzegowina 1878, 6 Bde. (Wien 1907 – 1909).

nehmen sollte: die aus Dalmatien oder Kroatien-Slavonien oder jene aus Südungarn. Denn die Bücher aus dem Bereich des selbständigen serbischen Staates kamen wohl kaum in Frage. Als zusätzliche Möglichkeit blieb noch das Erstellen von völlig neuen, auf Bosnien und die Hercegovina zugeschnittenen Lehrbüchern.
- Einem Großteil der Landeseinwohner, den Moslems und den Serben, sollte die Lateinschrift beigebracht werden, um einen erweiterten Bildungszugang zu ermöglichen.
- Eine konzeptiv durchdachte, zentrale, staatliche Unterrichtspolitik erforderte gerade in der ersten Phase der Reformen einen hervorragenden Fachmann als Mitarbeiter der Landesregierung und als Berater des Landeschefs und der Zentralstellen.
- In weiterer Folge hatte man auf der Grundlage eines stabilisierten Elementarschulunterrichtes an eine Ausweitung und Differenzierung des Bildungsangebotes im sekundaren, im höheren Unterrichtswesen zu denken, an Realgymnasien, Gymnasien, Handelsschulen, Lehrerbildungsanstalten, Fachschulen, vor allem auch im landwirtschaftlichen Bereich.

Diese weitgestreuten und komplexen Zielvorstellungen mußten in einer äußerst sensiblen und heiklen Gesamtkonstellation verwirklicht werden. Durch Absprachen zwischen der Landesbehörde und den Zentralstellen in Wien und durch die angestrebte Übereinstimmung mit den Regierungen der beiden Reichsteile bzw. ihrer jeweiligen Unterrichts- und Kultusminister war ein gemeinsamer, ein gangbarer Weg zu suchen. Und zusätzlich belastend wirkte – wie bei allen Reformbemühungen der Donaumonarchie in Bosnien und der Hercegovina – das Finanzierungsproblem. Denn nach der Grundmaxime der Politik Österreich-Ungarns sollten alle Maßnahmen ausschließlich aus Landesmitteln finanziert werden. Dies alles mußte zu einer Quadratur des Zirkels werden. Die Bemühungen der Doppelmonarchie im bildungspolitischen Bereich standen zusätzlich noch unter dem Druck der Erfolgshaftung: Inwieweit konnte man mit der Annahme, mit der Akzeptanz der Bevölkerung der beiden Provinzen rechnen? In welchem Ausmaß würde die Bevölkerung, vor allem die Bevölkerung außerhalb der Städte, vom Bildungsangebot Gebrauch machen? In welchem Zeitrahmen und mit welchem Erfolg würde man eine Erhöhung der Alphabetisierung, eine Hebung des Bildungsniveaus erreichen?

Wie zähflüssig und problembeladen die Lösungsansätze in die Wege geleitet wurden, darf an einem konkreten Einzelbeispiel aus den Anfangsjahren der österreichisch-ungarischen Mandatsverwaltung nachgezeichnet werden.

Ende Dezember 1878 übermittelte der Landeschef Herzog von Württemberg dem Gemeinsamen Finanzministerium zwei Berichte über die administrativen und politischen Verhältnisse in Bosnien und Hercegovina. Neben der Bestandsaufnahme unterbreitete der General gleich eine Reihe von Vorschlägen. Im Unterrichtsbereich konstatierte er ein eindeutiges Defizit. Württemberg schlug die Errichtung von neuen Elementarschulen und die Gründung eines Gymnasiums in Sarajevo vor und setzte sich für die Installierung eines eigenen Schulreferenten bei der Landesregierung ein.[5]

---

5 Berichtsentwürfe Feldzeugmeister Herzog von Württemberg an Gemeinsames Finanzministerium; dat. Sarajevo 27. und 31. Dezember 1878 – Arhiv Bosne i Hercegovine, Sarajevo, Zajedničko ministarstvo financije, odeljenje sa BiH 1878 – 1918, opšti spisi (weiterhin: ABiH, ZMF, OBiH) 168/1878.

Anfang Februar 1879 mußte der Landeschef feststellen, daß seine Propositionen vom Gemeinsamen Finanzministerium abgelehnt worden waren, daß vor allem die von ihm beantragte Schulreferentenstelle im Beamtenschema keine Berücksichtigung gefunden hatte. Mit eindringlichen Worten und ausführlicher Begründung urgierte Württemberg beim Ministerium in Wien und bat neuerlich um die Bewilligung des Dienstpostens, „. . . damit das vollständig daniederliegende Schulwesen so bald als möglich organisiert werde". Der zu berufende Schulmann müsse nach den Vorstellungen des Feldzeugmeisters ein hervorragender Fachmann mit großem Organisationstalent sein. Zusätzlich verwies Württemberg auf das Eigeninteresse der Donaumonarchie, auf die Bedeutung der öffentlichen Meinung und auf die „Erwartungen der zivilisierten Welt", daß Österreich-Ungarn die ihm vom Kongreß in Berlin übertragene Pazifikations- und Sanierungsaufgabe auch erfülle.[6]

Am 19. Februar antwortete das Ministerium abschlägig. Es werde keinen eigenen Referenten bewilligen, diese Aufgabe solle vorläufig von einem Sekretär der Landesregierung wahrgenommen werden. Als Begründung wurden „finanzielle Schwierigkeiten" und „Rücksicht auf die Fragen religiöser und staatsrechtlicher Natur" angeführt.[7]

Ende Februar wandte sich der Feldzeugmeister erneut an die Wiener Zentralstellen, diesmal an das Gemeinsame Finanzministerium und zusätzlich auch noch an den Gemeinsamen Minister des Äußern, an Julius Graf Andrássy.

Vor allem dem Außenminister gegenüber machte er deutlich, daß die ablehnende Haltung des Finanzministeriums für ihn gänzlich unverständlich sei. Er unterstrich die Dringlichkeit der Ernennung eines „. . . erfahrenen . . . Fachmannes" und umriß noch einmal dessen umfangreichen Kompetenzbereich. Der Schulreferent sollte vor allem vier Aufgabenstellungen in Angriff nehmen:
1. eine Bestandsaufnahme der bestehenden konfessionellen Schulen,
2. Ausarbeitung eines Reformpaketes zur Verbesserung des Elementarschulwesens,
3. begründete Vorschläge für die Errichtung neuer Schulen und deren regionale Aufteilung, und
4. vor allem das Erstellen einer Studie über die besonderen, „. . . den religiösen Eigentümlichkeiten entstammenden, verschiedenartigen Verhältnisse . . ." in den beiden okkupierten Provinzen, die mit jenen der Monarchie in keiner Weise verglichen werden können. Der kommandierende General bemängelte die Tat-

---

6 „Zum Schulrat muß ein eminenter Fachmann ernannt werden, . . . Ich bitte das hohe Ministerium, das Schulwesen, welches die Basis unserer übernommenen Mission bildet, der geeigneten Würdigung unterziehen zu wollen, um durch dessen ehetunlichste Inangriffnahme nicht nur das eigene, – der Kultur und Sittlichkeit dienende staatliche Interesse zu fördern, sondern auch der öffentlichen Meinung und den Erwartungen der zivilisierten Welt gerecht werden zu können." – Schreiben FZM Herzog von Württemberg an Gemeinsames Finanzministerium; Sarajevo, 3. Februar 1879 – ABiH, ZMF, OBiH 420/1879.
7 Briefentwurf Gemeinsames Finanzministerium an FZM Herzog von Württemberg; Wien, 19. Februar 1879 – ABiH, ZMF, OBiH 500/1879: „Wir würdigen zwar vollkommen die von E.k.H. betonte Notwendigkeit der Hebung des Schulwesens in den occupierten Provinzen, können aber nicht verhehlen, daß die beantragte Errichtung von Volks- und Mittelschulen in Bosnien und der Herzegowina dermalen angesichts der finanziellen Schwierigkeiten schwer möglich und mit Rücksicht auf die Fragen religiöser und staatsrechtlicher Natur, welche dadurch hervorgerufen würden, im Augenblicke auch noch nicht rätlich sein würde."

sache, daß die österreichisch-ungarische Verwaltung sich kein klares Bild über die tatsächlichen Schulgegebenheiten machen könne, da im Lande offenkundig niemand, auch nicht die Spitzenrepräsentanten der Religionsgemeinschaften, einen halbwegs verläßlichen Zustandsbericht liefern könnten. In dieser Situation wäre es daher ein Unding, bloß einen Regierungssekretär – der durch die chronische personelle Unterbesetzung der Landesbehörden bereits überlastet sei, – mit diesen wichtigen Agenden zu betrauen. Schließlich hob Württemberg die absolute Notwendigkeit einer einheitlichen, konzeptiven Schulpolitik in den okkupierten Provinzen hervor.[8]

Zwei Wochen später reagierte das Finanzministerium, neuerlich negativ. Es verwies auf dringende, finanzintensive Reformmaßnahmen in der allgemeinen Verwaltung, im Sicherheits- und Fiskaldienst, auf das noch immer ungelöste Flüchtlingsproblem mit seinen finanziellen Belastungen, ließ allerdings in der Referentenfrage Teilentgegenkommen erkennen: Man könne sich die eventuelle kurzfristige Entsendung eines Schulfachmannes zu „Vorstudien" vorstellen.[9] Auf Intervention von Julius Graf Andrássy fiel dann am 15. März 1879 die endgültige Entscheidung, und sie fiel im Sinne des Antrages von Württemberg. Die Stelle eines Schulreferenten für Bosnien und die Hercegovina wurde geschaffen.[10]

Bei der Besetzung des neuen Postens sollten sich allerdings einige Schwierigkeiten ergeben. Denn die dem Schulreferenten der bosnisch-hercegovinischen Landesregierung vorgegebenen Aufgabenstellungen und Zielvorhaben waren anspruchsvoll. Nach den Vorstellungen des Landeschefs sollte er „. . . das vollständige daniederliegende Schulsystem so bald als möglich . . ." neuordnen. Daher auch die Empfehlung Württembergs von Anfang Februar 1879: „Zum Schulrat muß ein eminenter Fachmann ernannt werden, dessen organisatorischen Talente ein weites Feld offensteht, in welches die ersten Keime der geistigen Entwicklung eines von der Natur wohlausgestatteten Volkes eingepflanzt werden sollen."[11]

Das Büro für die Angelegenheiten Bosniens und der Hercegovina im Finanzministerium konkretisierte den beiden Unterrichtsministerien gegenüber noch das Anforderungsprofil: „Die Aufgaben dieses Funktionärs bestünden darin, in erster Reihe das Volksschulwesen, wie es sich heute in den okkupierten Provinzen vorstellt, eingehend zu studieren, die Maßregeln für dessen Hebung zu bezeichnen und

---

8 Briefe FZM Herzog von Württemberg an Julius Graf Andrássy; Sarajevo, 19. und 27. Februar 1879 – ABiH, ZMF, OBiH 673/1879. „Nirgends bestehen Institutionen, welche über das dermalige Schulwesen irgendwelche Daten liefern könnten . . . Nicht einmal von den hiesigen Spitzen der Religionsgemeinschaften, denen doch das Gedeihen der konfessionellen Schulen nicht so ganz gleichgültig sein dürfte, könnte ich genügende Anhaltspunkte zur Beurteilung der Schulverhältnisse erhalten." Brief vom 27. Februar 1879.

9 Das Büro für Bosnien und die Hercegovina im Gemeinsamen Finanzministerium argumentierte u. a.: „Gleichzeitig und jetzt schon die Aufgaben der höheren Kultur und Zivilisation in Angriff zu nehmen und eventuell hiefür Investierungen anzubahnen, bei welchen der Kostenpunkt nicht ganz klar übersehen werden kann, erschiene uns aber wenigstens für das Jahr 1879 noch verfrüht und müßte einer späteren Entwicklung vorbehalten werden." – Briefentwurf des Büros für die Angelegenheiten Bosniens und der Hercegovina im Gemeinsamen Finanzministerium an FZM Herzog von Württemberg; Wien, 12. März 1879 – ABiH, ZMF, OBiH 873/1879.

10 Brief des k. k. Ministeriums für Kultus und Unterricht an das Präsidium des k. k. Ministerrates; Wien, 28. März 1879 – ABiH, ZMF, OBiH 1134/1879.

11 Brief FZM Herzog von Württemberg an Gemeinsames Finanzministerium; Sarajevo, 3. Februar 1879 – ABiH, ZMF, OBiH 420/1879.

durchzuführen, endlich die allmähliche Einführung von Mittelschulen anzubahnen." Zusätzlich müsse der Kandidat noch der Landessprache „. . . oder eines ihr zunächst stehenden slavischen Idioms vollkommen mächtig sein". Und – so umriß das Büro die diffizilste Voraussetzung des neuen Mannes – „. . . gegenüber den nationalen wie konfessionellen Strömungen im Lande die vollste Objektivität zu bewahren vermögen".[12]

Das cisleithanische Ministerium für Kultus und Unterricht wies auf einige zusätzliche Imponderabilien hin. Der österreichische Unterrichtsminister und Vorsitzende des österreichischen Ministerrates Karl von Stremayr machte das Finanzministerium am 14. Mai 1879 darauf aufmerksam, daß auf den Schulreferenten in den okkupierten Provinzen eine dornenvolle Aufgabe warte, da seiner Überzeugung nach die Hilfe und Unterstützung durch die Unterbehörden des Landes fehlen dürfte. Bei der definitiven Besetzung des Postens sah Stremayr erhebliche Komplikationen voraus. Denn das angebotene Gehalt und das schwierige Arbeitsfeld, das besondere Anstellungsprofil böten für erfahrene Landesschulinspektoren, aber auch für Direktoren kaum genügend Anreiz, sich für diesen Posten zu bewerben. Man werde daher wohl auf einen jüngeren Mittelschullehrer zurückgreifen müssen, der initiativ genug sowie mit dem nötigen Organisationstalent ausgestattet sei und dadurch die etwa fehlende Erfahrung damit wettmachen könne.[13]

Bei den dann in Erwägung gezogenen Personen figurierten dennoch in erster Linie Direktoren von verschiedenen Gymnasien aus der österreichischen Reichshälfte. Die Vorschläge kamen bemerkenswerterweise fast durchwegs von der Seite der Landesregierung in Sarajevo. Die zuständigen Zentral- und Lokalbehörden, das Unterrichtsministerium in Wien und die Statthalterei in Zara wurden vom Finanzministerium bloß um ihre Stellungnahme und Meinung befragt.

Bestellt wurde dann nach langer Wartezeit der in der Bewertungsliste des österreichischen Ministeriums für Kultus und Unterricht an vierter Stelle stehende Kandidat. Die vor diesem Mann eingestuften Persönlichkeiten aus Wien und aus Spalato/Split – somit alle Bewerber ausschließlich aus der cisleithanischen Reichshälfte – hatten nach entsprechender Überlegungsfrist abgelehnt, bzw. wurde von den zuständigen Landesbehörden auf deren Unabkömmlichkeit hingewiesen.[14]

---

12 Briefentwurf des Büro für die Angelegenheiten Bosniens und der Hercegovina im Gemeinsamen Finanzministerium an k. k. Ministerpräsidenten Dr. Karl von Stremayr; datiert Wien, 2. Mai 1879 – ABiH, ZMF, OBiH 1680/1879.

13 In voller Kenntnis der „österreichischen Beamtenmentalität" gab Minister Stremayr zu bedenken: „Nun leuchtet von selbst ein, daß ohne Aussicht auf beträchtliche Vorteile keinem Direktor eines Gymnasiums oder einer Realschule zugemutet werden kann, seine allseitig normierte, im ganzen ruhige Amtstätigkeit an einer österreichischen Stadt zu vertauschen, gegen einen weit angestrengteren und noch ungeregelten Dienst in einem der Kultur erst zu eröffnenden Gebiete." – Schreiben Dr. Karl von Stremayr an Gemeinsames Finanzministerium; Wien, 14. Mai 1879, ABiH, ZMF, OBiH 2256/1879.

14 Prof. Josef Suman vom Akademischen Gymnasium in Wien war der von Herzog von Württemberg genannte erste Wunschkandidat der Landesregierung. Er sagte Ende März 1879 nach einer kurzen Bedenkzeit ab. Die übrigen drei in Betracht kommenden Kandidaten, die Gymnasialdirektoren aus Spalato/Split Glavenić und Borčić sowie Professor Zore aus Ragusa/Dubrovnik wurden von der Landesregierung vorgeschlagen. Der für die vorgesehene Position nicht sehr gut geeignete k. k. Volksschulinspektor Vinzenz Prausek wurde von Karl von Stremayr kurzfristig forciert. – Vgl. ABiH, ZMF OBiH 2383, 2876, 3215/1879.

Nach langem Hin und Her erklärte sich Lukas Zore im September 1879 bereit, den Posten des Schulreferenten in Bosnien und der Hercegovina zu übernehmen. Der 1846 geborene Zore, er war zum Zeitpunkt seiner Berufung 33 Jahre alt, hatte in Wien Slavistik und Altphilologie studiert. Er war als Professor in Ragusa/Dubrovnik tätig, wurde 1872 nach Cattaro/Kotor versetzt und bekleidete dort zuletzt den Posten eines stellvertretenden Direktors an einer Lehranstalt, an der in serbokroatischer Sprache unterrichtet wurde. Der Verfasser einer Lateingrammatik und zahlreicher einschlägiger Aufsätze war einem Gutachten des österreichischen Unterrichtsministeriums nach insbesondere für die Diensteinteilung in Bosnien und der Hercegovina geeignet: „Wenn auf die Bekanntschaft mit Verhältnissen, welche denen in Bosnien sehr ähnlich sind, Gewicht gelegt wird, so hat Zore den Vorzug mit Rücksicht auf seinen mehrjährigen Aufenthalt in Cattaro."[15]

Anfang November 1879 wurde Lukas Zore vom Gemeinsamen Finanzministerium zum Schulreferenten ernannt, somit erst rund acht Monate nach Bewilligung der Planstelle! Er erhielt von seiner Stammanstalt einen zweijährigen Karenzurlaub und trat am 18. November 1879 seinen Dienst in Bosnien an. Er inspizierte zunächst die Schulen der Landeshauptstadt und trat dann auf Weisung des Landeschefs eine Rundreise durch die beiden okkupierten Provinzen an, um der Landesregierung Bericht zu erstatten und die erforderlichen Anträge zur Neuorganisierung des Schulwesens zu stellen.[16]

Diese Inspektions- und Berichtsreisen sind nicht ohne Konfrontation abgelaufen. Daher sah sich Zore nach knapp zweimonatiger Tätigkeit im Jänner 1880 – nach Unzukömmlichkeiten und Differenzen mit der Bezirksbehörde in Trebinje – veranlaßt, beim Landeschef Herzog von Württemberg um seine Entlassung ansuchen. Diesem Ersuchen wurde auch prompt stattgegeben. Lukas Zore trat mit dem Sommersemester 1880 seinen Dienst als Direktor des Gymnasiums in Ragusa an.[17]

Die Stelle des Schulreferenten in Bosnien und der Hercegovina war somit vakant und sie sollte es auch noch monatelang bleiben.

Erst im Jahre 1881 konnte sie wieder besetzt werden. Die skizzierten Schwierigkeiten bei der ersten Besetzung des Schulreferenten stellten beileibe keinen Einzelfall dar. Auch in der Folgezeit sollte es mehrfache Auseinandersetzungen und Differenzen mit und über den Schulreferenten und die ihm unterstellten Inspektoren geben – Indikatoren für den mühevollen Weg, den die österreichisch-ungarische Unterrichtspolitik in den beiden Landesteilen zu gehen hatte.

aus: Geschichtsforschung in Graz. Festschrift zum 125-Jahr-Jubiläum des Instituts für Geschichte der Karl-Franzens-Universität Graz (Graz 1990), S. 249 – 254.

---

15 Schreiben k. k. Ministerium für Kultus und Unterricht an Gemeinsames Finanzministerium; Wien, 30. September 1879 – ABiH, ZMF, OBiH 4978/1879. Lukas Zore hatte mit Schreiben vom 17.9.1879 die Position des Schulreferenten in Sarajevo angenommen.

16 Schreiben Herzog von Württemberg an Gemeinsames Finanzministerium; Sarajevo, 27. November 1879 – ABiH, ZMF, OBiH 6252.

17 Schreiben der Landesregierung in Sarajevo an Gemeinsames Finanzministerium; Sarajevo, 23. Jänner 1880 – ABiH, ZMF, OBiH 597/1880.

Erste Reformmaßnahmen der österreichisch-ungarischen Verwaltung im Elementarschulwesen Bosniens und der Hercegovina

Österreich-Ungarn hatte im Jahre 1878 nach dem Mandat des Berliner Kongresses in den beiden ehemaligen osmanischen Provinzen Bosnien und Hercegovina eine Pazifizierungsfunktion und gleichzeitig eine Kulturmission zu erfüllen. Der Gastgeber in Berlin, Otto von Bismarck, umriß in klarer Schärfe den Motivationshintergrund der europäischen Mächte für das Okkupationsmandat: „Nur ein mächtiger Staat, der über notwendige Kräfte in Reichweite des Unruheherdes verfügt, kann hier die Ordnung wiederherstellen sowie das Los und die Zukunft dieser Bevölkerung sichern."[1]

Die Okkupation und die militärische Besetzung der beiden Provinzen ging nicht ganz reibungslos vonstatten. Die k. k. Truppen unter dem Kommando von Feldzeugmeister Josef Philippovich von Philippsberg in Bosnien und von Feldmarschalleutnant Stephan Jovanović in der Hercegovina trafen im August und im September 1878 auf heftigen Widerstand. Erst am 19. August 1878 konnte Philippovich in Sarajevo einrücken. In Westbosnien hielten sich die letzten Reste des Widerstandes gegen die Okkupation bis gegen Mitte Oktober.[2]

Nach der Okkupation stellte sich für die neue Administration der Doppelmonarchie unter dem Landeschef und kommandierenden General Feldzeugmeister Herzog von Württemberg die schwierige Aufgabe, die Verwaltung in den beiden Provinzen neu aufzubauen. Eines der Kernprobleme stellte zweifelsohne die Etablierung eines geeigneten Bildungs- und Schulsystems dar – vor allem im Hinblick auf die zugewiesene und selbst so interpretierte „zivilisatorische Kulturmission". Es war dies eine vielschichtige Frage, ein komplexes und schwieriges Aufgabengebiet, mit dem Herzog von Württemberg und seine Nachfolger als Landeschefs von Bosnien und der Hercegovina bis zum Jahre 1918 zu kämpfen hatten.

Es ergab sich eine Fülle von offenen Fragen, von ungelösten Problemen – insbesondere für die Anfangsphase der österreichisch-ungarischen Okkupationsverwaltung in den frühen achtziger Jahren:

---

1 Der Berliner Kongreß 1878. Protokolle und Materialien, ed. I. GEISS (= Schriften des Bundesarchivs 27, Boppard am Rhein 1878), S. 242 f.
2 M. EKMEČIĆ, Der Aufstand in Bosnien 1875 – 1878, 2 Bde. (= Zur Kunde Südosteuropas I, 3, Graz 1974); A. VELTZÉ, Unsere Truppen in Bosnien und der Hercegowina 1878, 6 Bde. (Wien 1907 – 1909); W. WAGNER, Die k. (u.) k. Armee – Gliederung und Aufgabenstellung. In: Die Habsburgermonarchie 1848 – 1918, Bd. V. Die bewaffnete Macht (Wien 1987), S. 142 – 633.

- Vordringlich erschien zunächst die Erfassung der tatsächlichen Situation auf dem Schulsektor, die Bestandsaufnahme des Schulwesens im Jahre 1878 bzw. 1879.
- Sollte die bisherige – rein konfessionell geprägte – Schulsituation unverändert beibehalten werden? Oder sollte man – und wenn ja: in welchem Ausmaß modernisieren, ein mitteleuropäisches Modell einführen?
- Wie sollte das neue Elementarschulstatut aussehen? Inwieweit war auf die kulturellen, sozialen, nationalen und konfessionellen Besonderheiten der beiden ehemals osmanischen Provinzen einzugehen?
- Was sprach für die rigorose Einführung der allgemeinen Schulpflicht, um die zweifellos katastrophale Schulfrequenz zu verbessern?
- Im Hinblick auf den eklatanten Mangel an guten Lehrern stellte sich das Problem der Lehrerrekrutierung bzw. der Ausbildung des Lehrpersonals. Als kurzfristige Lösung ergab sich die Frage, woher man einigermaßen qualifizierte und der Landessprache mächtige Lehrer nehmen sollte.
- Die Sanierung der alten Schulgebäude und die Errichtung neuer Schulen, um das Schulnetz zu verdichten, das Schulangebot zu verbreitern.
- Welche Lehrbücher sollte man verwenden? Die alten, in osmanischer Zeit verwendeten waren wohl nicht sehr geeignet. Als Alternativen boten sich die Lehrbehelfe aus Dalmatien, aus Kroatien-Slavonien oder aus den südslavischen Gebieten Ungarns an. Denn solche aus dem Fürstentum Serbien kamen kaum in Betracht.
- Ein Großteil der Landeseinwohner waren Analphabeten bzw. hatten nie eine Schule besucht. Wie konnte man die Bewohner der beiden Landesteile motivieren, ihre Kinder nun verstärkt in die Schule zu schicken?
- Den Moslems und z. T. auch den Serben war die Lateinschrift, die „Latinica", fremd. Um dieser Bevölkerungsschicht den weiteren Zugang zu höherer Bildung zu ermöglichen, mußte für die Erlernung der Lateinschrift Vorsorge getroffen werden.
- Eine konzeptive staatliche Unterrichtspolitik, die unbedingt anzustreben war, erforderte gerade für die erste Zeit der Verwaltung die Heranziehung eines der Landessprache mächtigen, exzellenten Fachmannes als Schulreferenten der bosnisch-hercegovinischen Landesregierung.
- In weiterer Folge hatte man auf der Grundlage des neu etablierten und verbesserten Elementarschulwesens an den Ausbau und eine weitere Differenzierung im sekundären Unterrichtswesen zu denken, an die Errichtung von Realgymnasien, Gymnasien, Handelsschulen, Lehrerbildungsanstalten und Fachschulen, vor allem im landwirtschaftlichen Bereich.

Die sich ergebenden und die zu bewältigenden Aufgabenstellungen waren ungeheuer und gewiß nicht leicht zu lösen.

Als vordringlichste Aufgabe der Landesregierung ergab sich die Erfassung der aktuellen Situation im Schulbereich, die quantitative und qualitative Analyse des unter osmanischer Verwaltung etablierten Schulwesens. Um die Ausgangslage auszuloten, mußte eruiert werden, wieviele Schulen, Lehrer, Schüler es gab, wo diese Lehranstalten ihren Sitz hatten und welcher Art sie waren. Landeschef Herzog von Württemberg hatte sich die dringend nötige Bestandsaufnahme wesentlich leichter vorgestellt. Im Februar 1879 klagte er gegenüber dem k. u. k. Minister des Äußern und des k. u. k. Hauses, Julius Graf Andrássy, über katastrophalen Informationsmangel: „Nirgends bestehen Institutionen, welche über das dermalige Schulwesen irgendwelche Daten liefern könnten ... Nicht einmal von den hiesigen Spitzen der Religionsgemeinschaften, denen doch das Gedeihen der konfessionellen Schulen nicht so ganz gleichgültig sein dürfte, konnte ich genügende Anhaltspunkte zur Beurteilung der Schulverhältnisse erhalten."[3].

Trotz der Schwierigkeiten bei der Informationsbeschaffung meldete die Landesregierung im Verlaufe der Jahre 1880 und 1881 den Istzustand des bosnisch-hercegovinischen Schulwesens nach Wien, an das für die Verwaltung der beiden okkupierten Landesteile zuständige gemeinsame k. u. k. Finanzministerium. Aus den Übersichtsmeldungen der Landesbehörde ergab sich ein differenziertes und detailliertes, aber keineswegs ein erfreuliches Bild. Präzise erfaßt wurde die Zahl der Schulen, der Lehrer und der Schüler. Demnach übernahm die Doppelmonarchie aus der Zeit der osmanischen Verwaltung der beiden Landesteile insgesamt 645 Elementarschulen, davon waren 110 christliche Unterrichtsanstalten. Diese Schulen wurden von nur 30.000 Schülern frequentiert. Dies bedeutete, daß der Prozentanteil der Nichtschulgänger beinahe 80% ausmachte. In Bosnien und der Hercegovina waren insgesamt an diesen Lehranstalten 686 Lehrer tätig, von denen wiederum nur 131 „Elementarunterricht nach europäischer Art erteilen". 86 Lehrern aus dieser letztgenannten Gruppe wies die Landesregierung die Zensur zu, zum Unterricht nach „europäischer Art" nicht befähigt zu sein. Das Lehrer-Schüler-Verhältnis belief sich auf 1 zu 43. Regional und konfessionell ergab sich ein vielschichtiges Gesamtbild. Vergleichsweise am günstigsten war die Schulsituation im Kreis Sarajevo bzw. in der Stadt Sarajevo selbst; am ungünstigsten war die Lage im Kreis Mostar in der Hercegovina. Das Niveau des Unterrichtes war auf einer sehr niedrigen Stufe, vor allem – wie die Landesregierung hervorhob – in den muslimischen Elementarschulen. Dennoch aber war rein quantitativ gesehen die Situation bei den muslimischen Landeseinwohnern noch vergleichsweise am besten. Als Beispiel ist auf die Stadt Sarajevo zu verweisen. Sarajevo hatte einen muslimischen Bevölkerungsanteil von 76,9%, einen katholischen von 3,6% und einen orthodoxen von 19,4%. In der bosnischen Hauptstadt bestanden neben je zwei katholischen und orthodoxen Schulen 51 muslimische Lehranstalten.[4].

Zur Bestandsaufnahme im Schulwesen hatte der eigens für die beiden ehemaligen osmanischen Provinzen ernannte Schulreferent beigetragen, dessen Bestellung selbst nicht ohne Komplikationen abgelaufen war, wie im vorangehenden Kapitel erwähnt.[5]

---

3 Herzog von Württemberg an Julius Graf Andrássy, Sarajevo, 27. Februar 1879, in: Arhiv Bosne i Hercegovine, Sarajevo, Zajedničko ministarstvo financije, odeljenje za BiH 1878–1918, opšti spisi (künftig: ABiH, ZMF, OBiH) 673/1879.

4 STRAUSZ 1884, 2. Bd., S. 262 f.; Herzog von Württemberg an k. u. k. Finanzminister Joseph von Szlávy, Sarajevo, 11. Juni 1880, in: ABiH, ZMF, OBiH 3964/1880; Tabellarische Darstellung der in Bosnien und der Hercegovina bestehenden Volksunterrichtsanstalten, in: ABiH, ZMF, OBiH 672/1881.

5 A. STRAUSZ, Bosnien. Land und Leute. Historisch-ethnographische Schilderung, 2 Bde. (Wien 1984), 2. Bd., S. 256 f.

Ein mehrere Jahre dauerndes Tauziehen sollte es dann um die grundlegende Frage der gesamten Schulorganisation geben. Es ging – wie bereits in den einleitenden Fragestellungen angedeutet – um das Problem, ob man die bereits in osmanischer Zeit gewachsene Struktur der ausschließlich konfessionellen Schulen vollständig beibehalten sollte, eventuell mit einigen strukturellen Verbesserungen und unter staatlicher Aufsicht, oder ob man nicht doch ein modernes, mitteleuropäisches Schulmodell, eine liberale, „interkonfessionelle Schule" einführen sollte. Bei eventueller Installierung dieser „interkonfessionellen Schule" stellte sich fast zwangsläufig die für die Doppelmonarchie so typische „dualistische Gretchenfrage": Soll die neue Schulform nach dem Muster des cisleithanischen, des österreichischen Reichsvolksschulgesetzes vom 14. Mai 1869, RGBl. Nr. 62, oder aber nach dem Modell des transleithanischen, des ungarischen, von Baron Joseph Eötvös konzipierten Gesetzesartikel LXVIII aus dem Jahre 1868 konzipiert sein? Zusätzlich wurde darüber debattiert, ob man die neue „interkonfessionelle Schule" imperativ und kategorisch oder aber nur alternativ und fakultativ neben den weiterhin bestehenden konfessionellen Unterrichtsanstalten einführen sollte.

Auch in diesen Fragen waren sich die bosnisch-hercegovinische Landesregierung, das gemeinsame Finanzministerium und die beiden Regierungen der Doppelmonarchie, vor allem die beiden Minister für Kultus und Unterricht nicht einig. Die Landesregierung in Sarajevo hatte bereits am 6. Juni 1879 die politischen Unterbehörden in den beiden Landesteilen angewiesen, vorläufig in den Bezirksorten und in allen größeren Gemeinden „Elementarschulen, wo schulfähige Kinder ohne Unterschied der Konfession den ersten Unterricht in den Elementargegenständen im Lesen, Schreiben und Rechnen empfangen sollen, mit Zuhilfenahme geeigneter Lehrkräfte aus dem Militärstande" zu errichten.[6] Das k. u. k. gemeinsame Finanzministerium hieß diese Zirkularverordnung Ende Juni auch gut. Die Landesregierung legte daraufhin Mitte September einen Entwurf über „Grundbestimmungen für die Organisierung des Volksschulwesens in Bosnien und der Hercegovina" vor. Die Regierungen der beiden Reichsteile wurden um Stellungnahme gebeten. Im Oktober und im November 1879 gingen die Meinungsäußerungen der Unterrichtsminister der beiden Reichshälften beim gemeinsamen Finanzministerium und bei der Landesregierung ein.

Beide Minister meldeten gegen das von der Landesregierung vorgesehene Modell der „interkonfessionellen Schulen" Bedenken an. Diese Vorbehalte wurden vom cisleithanischen Unterrichtsminister eher moderat formuliert.[7]

Der ungarische Ministerpräsident Koloman Tisza übermittelte dann Ende November 1879 die schroff ablehnende Haltung seines Unterrichtsministers Ágost Trefort. Der ungarische Fachminister hielt die vorgeschlagene Errichtung von „interkonfessionellen Schulen" für absolut undurchführbar. Zwei Gründe waren für Trefort bei seiner strikten Ablehnung maßgebend. Zunächst hielt er – wohl nicht ganz zu Unrecht, wird man hinzufügen müssen – die Gemeinden in den beiden Landesteilen für zu wenig konsolidiert und für zu finanzschwach, um für die

---

[6] Verordnung der Landesregierung in Sarajevo an sämtliche politischen Behörden, Sarajevo, 6. Juni 1879, in: ABiH, ZMF, OBiH 2919/1879; STRAUSZ 1884, 2. Bd., S. 256 f.

[7] K. u. k. Minister für Kultus und Unterricht Karl von Stremayr an k. u. k. Ministerpräsidenten Eduard Graf Taaffe, Wien, 28. Oktober 1879, in: ABiH; ZMF OBiH 273/1880.

Erhaltung der vorgesehenen neuen Schulen aufzukommen. Tisza faßte diesbezüglich zusammen: „Denn in Bosnien und in der Hercegowina befinden sich wohl Gemeinden, doch müssen diese erst . . . organisiert werden. Es bedürfe keiner näheren Erörterung, wie schwer es überhaupt sei, in derzeit noch nicht geregelten Gemeinden – selbst nach deren Organisierung, den Sinn für die öffentlichen Angelegenheiten rege zu machen, welcher Erfolg stünde nun daselbst jenen Bemühungen in Aussicht, welche die Volksbildung anstreben?"

Neben anderen Einwänden führte dann Trefort noch das Argument gegen die vorgesehenen interkonfessionellen Gemeindeschulen an, daß Abneigung, ja Haß zwischen den Muslimen und den christlichen Konfessionen eine gemeinsame, eine „interkonfessionelle Schule" von vornherein unmöglich machen würde: „. . . so sei es vorauszusehen, daß die in jenen Gemeinden ansässigen Bewohner christlichen und mohammedanischen Glaubensbekenntnisses bei dem bekannten Religions-Hasse ihre Kinder nicht so leicht, wahrscheinlich aber gar nicht eine und dieselbe Schule besuchen lassen werden." Der ungarische Ministerpräsident faßte dem gemeinsamen Finanzministerium gegenüber den ungarischen Standpunkt noch einmal komprimiert zusammen: „Aus diesen und selben nachstehenden sonstigen Gründen erscheint dem Herrn kön. ung. Kultusminister die Errichtung von gemeinsamen Gemeinde-Schulen als Hauptmittel der Volkserziehung in Bosnien und der Herzegowina für unausführbar."[8] Die ungarische Regierung plädierte für die Beibehaltung und für den Ausbau des bisherigen rein konfessionellen Schulsystems.

Die Landesregierung in Sarajevo drängte in der ersten Jahreshälfte 1880 mehrfach auf die endgültige Entscheidung über die Elementarschulstruktur und auf den definitiven Erlaß des neuen Volksschulstatuts. Zunächst blieben diese Urgenzen ohne nachhaltige Wirkung. Das gemeinsame Finanzministerium mußte die Landesbehörde immer wieder vertrösten. Dennoch erließ die Landesregierung am 10. Mai und am 17. August 1880 zwei neue, modifizierte Rundverordnungen, die die weitere Errichtung von „interkonfessionellen Schulen" zum Gegenstand hatten. Landeschef Herzog von Württemberg war es insbesondere, der die Einrichtung dieses neuen Schultyps vehement verteidigte und forcierte. Er verwies vor allem auf die Notwendigkeit, gerade den muslimischen Landeseinwohnern einen fundierten Elementarunterricht zu sichern und meinte: „. . . da . . . nur durch diese Einrichtung die Möglichkeit geboten wird, die Muhamedaner der Wohltat eines guten Elementarschulunterrichtes teilhaftig werden zu lassen", müsse man die interkonfessionelle Schule einrichten. Denn in den beiden Provinzen gäbe es keinen Muslim, der in der Lage wäre, „. . . den Unterricht in den Elementargegenständen in der Landessprache und lateinischen oder cyrillischen Schrift zu erteilen". Vor allem widersprach der Landeschef der Auffassung der ungarischen Regierung, „. . . daß die zwischen den einzelnen Konfessionen im Lande bestehenden Gegensätze überhaupt unausrottbar seien". Der Herzog führte auch gleich Gegenbeispiele aus der Praxis der unmittelbaren Vergangenheit an: „In den bereits errichteten, zum Teile zahlreich besuchten interkonfessionellen Schulen saßen Kinder aller Konfessionen friedlich nebeneinander, ohne daß es unter ihnen auch nur zu jenen Ausschreitungen gekommen wäre, welche selbst in Schulen der Monarchie nicht selten sind, wenn Kinder verschiedener

---

8 K. u. k. Ministerpräsident Koloman Tisza an k. u. k. Finanzministerium, Budapest, 27. November 1879, in: ABiH, ZMF, OBiH 6503/1879.

Nationalität auf derselben Schulbank sitzen." Und Württemberg stieß noch nach: „Muhamedanische Eltern trugen keine Bedenken, ihre Kinder, worunter auch Mädchen, in interkonfessionelle Schulen zu senden, an welchen christliche Lehrer und Lehrerinnen den Unterricht erteilen."[9]

In der Frage nach der fakultativen oder allgemeinen, obligatorischen Einführung der neuen „interkonfessionellen Schulen" setzte sich dann die Auffassung des Finanzministeriums in Wien durch. Es stellte zunächst die Frage, „. . . ob die Durchführung dieser Grundsätze imperativ vorzunehmen sei, oder nur sukzessive je nach der Zulässigkeit der vorhandenen Geldkräfte und mit Rücksicht auf die Stimmung der Bevölkerung einzutreten habe". Und legte gleich die künftige Generallinie fest: „Ich glaube daher auch von fachmännischer Seite keinen Widerspruch zu erfahren, wenn ich von einer imperativen Durchführung des geplanten Schulgesetzes Abstand nehme."[10]

Dieses geplante und wiederholt urgierte endgültige Schulstatut für die beiden Provinzen Bosnien und die Hercegovina sollte allerdings noch bis in die Mitte der achtziger Jahre auf sich warten lassen; und dies trotz der Tatsache, daß bereits ab Herbst 1879 einige dieser „interkonfessionellen Schulen" – zum Teil mit Unteroffizieren als Lehrpersonal – installiert worden waren.

Die Schulbesuchsfrequenz in den beiden ehemals osmanischen Landesteilen war katastrophal. Sie wies markante regionale und konfessionelle Unterschiede auf. Sie war in der Landeshauptstadt Sarajevo und im gesamten Kreis Sarajevo am höchsten und erreichte im Kreis Mostar in der Hercegovina ihren Tiefststand. Die beispielhaft gegenübergestellten Zahlenrelationen sollen dies verdeutlichen: Der Kreis Sarajevo hatte insgesamt 214.209 Einwohner, davon 6198 Schüler aufzuweisen, die entsprechenden Vergleichszahlen im Kreis Mostar beliefen sich auf 189.548 Einwohner und lediglich 2442 Elementarschüler. Die durchschnittliche Schulbesuchsfrequenz aller schulpflichtigen Kinder betrug im Landesschnitt nur knapp 20%. In den ländlichen Gebieten war sie noch weit niedriger. Hier spielten der längere Schulweg und vor allem der Einsatz der Kinder bei den Arbeiten in der Landwirtschaft eine wesentliche Rolle. Diese Tatsachen drückten auch beim christlichen Bevölkerungsanteil der Kmeten den Schulfrequenzanteil auf lediglich 5%! Ein Blick auf die konfessionellen Unterschiede zeigt, daß bei den Juden 13,17 Personen auf einen Schulgänger kamen, bei den Muslimen 19,24, bei den Katholiken 90,06 und bei den Orthodoxen, die das Schlußlicht bildeten, gar 139,61.[11] Es darf festgehalten werden, daß trotz intensiver Bemühungen der Landesbehörden die Schulbesuchsfrequenz nur sehr langsam und sehr zögernd angehoben werden konnte. Daher war auch der Erfolg der Alphabetisierung eher bescheiden.

Überlegungen, wie die Zahl der Schüler gesteigert werden könnte, wurden von den Landesbehörden wie von den Zentralstellen in Wien in mehrfacher Weise

---

9 Herzog von Württemberg an k. u. k. Finanzministerium, Sarajevo, 17. August 1880, in: ABiH, ZMF, OBiH 5813/1880; Verordnung über die Errichtung von Volksschulen, an welchen k. k. Unteroffiziere den Unterricht erteilen werden, Sarajevo, 10. Mai 1880, in: ABiH, ZMF, OBiH 3964/1880.

10 K. u. k. Finanzministerium an k. k. Ministerpräsidium, Wien, 1. September 1880, in: ABiH, ZMF, OBiH 5812/1880.

11 STRAUSZ 1884, 2. Bd., S. 249; Tabellarische Darstellung der in Bosnien und der Hercegovina bestehenden Volksunterrichtsanstalten, in: ABiH, ZMF, OBiH 672/1878.

angestellt. Man dachte an die Errichtung neuer Schulbauten, um das Schulnetz zu verdichten und den Kindern den Anmarschweg zum Unterrichtsgebäude zu verkürzen. Lange wurde überlegt, ob man durch eine verordnete Schulpflicht für alle Kinder in den beiden Provinzen den Schulbesuch steigern und damit die Analphabetenrate senken könnte. Nach eingehender Debatte entschied man sich zunächst gegen eine konsequente Anordnung des Schulbesuches. In der Zirkularnote der bosnisch-hercegovinischen Landesregierung vom Juni 1879 hieß es dazu: „Ein förmlicher Schulzwang wäre selbstverständlich vorderhand ausgeschlossen; jedoch haben die politischen Behörden dahin zu wirken, daß möglichst viele Kinder und namentlich jene der mohamedanischen Konfession die Schulen besuchen."[12] Die Landes- und Schulbehörden glaubten offensichtlich auf die Grundeinstellung der Bevölkerung dem Schul- und Unterrichtswesen gegenüber Rücksicht nehmen zu müssen. Dies geht im Hinblick auf die muslimische Bevölkerung recht klar aus jener Bestimmung hervor, die die offizielle Frequenzpolitik der Behörden bei den in erster Linie für die Muslime eingerichteten Kursen zur Erlernung der Lateinschrift, der „Latinica", festzusetzen versuchte. Es wurde erwogen – und dann auch in die Tat umgesetzt – „ob nicht eine Verpflichtung zum Besuche der gedachten Kurse erst dann ausgesprochen werden solle, bis sich die wohltätige Wirkung der Institution bewährt haben wird".[13] Und der Landeschef Herzog von Württemberg bekräftigte dem Ministerium gegenüber die eher vorsichtige Haltung der Landesregierung und der Schulbehörden: „Es ist in der ersten Zeit besser, daß man die mohamedanischen Kinder nicht allgemein verpflichtet."[14]

Im Sommer 1880 hatte sich zwar der Landesverwaltungsrat für die Einführung der Schulpflicht ausgesprochen. Die Landesregierung aber war es, die vorläufig eine liberalere und flexiblere Haltung einnehmen wollte. Als Hauptmotiv führte sie an, daß ein Schulzwang in einem Lande, in dem dieser noch weithin unbekannt sei, erst dann ausgesprochen werden könne, wenn eine ausreichende Anzahl von Schulen vorhanden sei und somit die Kinder aller Konfessionen und aller Religionen ohne Probleme die Schule besuchen könnten. Man wollte die Erfahrung abwarten, die man bei den bisher schon etablierten „interkonfessionellen Musterschulen" bezüglich der Akzeptanz durch die Eltern und der Schulbesuchsfrequenz machen würde „. . . und überläßt es dem Takte der politischen Behörden, auf einen zahlreichen Schulbesuch seitens aller Konfessionen hinzuwirken, ohne schon jetzt im Beginne ihrer schulfördernden Bestrebungen auf das odiose Mittel, die Eltern durch Strafen zu zwingen, zu greifen". Außerdem war für die österreichisch-ungarische Behörde der Verzicht auf die Schulpflicht auch eine budgetär-finanzielle Schutzmaßnahme: „Würde die Landesregierung heute schon den Schulzwang im Lande dekretieren und auf die Nichtbefolgung ihrer Anordnung eine Strafsanktion setzen, so würde hierdurch die Pflicht erwachsen, sofort für die Errichtung einer hinreichenden Zahl von Schulen selbst Sorge zu tragen, was schon aus finanziellen Rücksichten nicht durchführbar wäre."[15]

---

12 Verordnung der Landesregierung in Sarajevo an sämtliche politischen Behörden, Sarajevo, 6. Juni 1879, in: ABiH, ZMF, OBiH 2919/1879; STRAUSZ 1884, 2. Bd., S. 257.
13 K. u. k. Finanzministerium an bosnisch-hercegovinische Landesregierung, Wien, 12. September 1879, in: ABiH, ZMF, OBiH 4479/1879.
14 Herzog von Württemberg an k. u. k. Finanzministerium, Sarajevo, 20. September 1879, in: ABiH, ZMF, OBiH 4935/1879.
15 Herzog von Württemberg an k. u. k. Finanzministerium, Sarajevo, 17. August 1880, in: ABiH,

Einige führende Männer des neuen österreichisch-ungarischen Schulsystems hatten allerdings bereits ab dem Schuljahr 1879/1880 auf eine schärfere Fassung der Bestimmungen und auf eine klarere Formulierung des Schulzwanges bzw. der Schulpflicht gedrängt. Um nur ein Beispiel anzuführen: Der Leiter der Lateinkurse in Sarajevo, Marko Grivić, legte den Landesbehörden in klaren Worten nahe: „Ein gesetzlicher Schulzwang würde hier offenbar segensreiche Früchte bringen, da nicht mehr Abneigung, sondern moralische Schwäche die Eltern daran hindert, die Kinder in die Schule zu schicken."[16] Aber erst gegen die Mitte der achtziger Jahre, mit dem Erlaß der endgültigen Elementarschulordnung, entschloß man sich zu einer rigoroseren und strengeren Formulierung der Schulpflicht. Die angestrebte Wirkung und der erhoffte Effekt, eine deutliche Steigerung der Schulbesuchsfrequenz und eine Senkung der Analphabetenrate, stellte sich aber nur sehr langsam und zögernd ein.

Marko Grivić hatte seinen Finger auf einen weiteren heiklen Punkt gelegt, der zweifellos die Schulbesuchsfrequenz und damit die gesamten Bemühungen Österreich-Ungarns in der Reformpolitik beeinträchtigte. Es war dies die mißtrauische und im Grunde ablehnende Haltung der Eltern gegenüber dem Schulbesuch ihrer Kinder, vor allem aber die Sorge, durch die neue Schule würden die Kinder ihren Traditionen und ihren Familien entfremdet werden. Zusätzlich erschwerend wirkte sich die beharrende und zum Teil an Indolenz grenzende Grundeinstellung eines großen Teiles der Landeseinwohner aus, die Grivić sehr pointiert bloß den Muslimen zugeschrieben wissen wollte: „Viele Bewohner geben die Nützlichkeit des Schulunterrichtes in vollem Maße zu, zeigen sich von verschiedenen Vorurteilen, welche dagegen früher geltend gemacht wurden, geheilt, aber in der fatalistischen Natur der Mohamedaner wurzelndes Sichgehenlassen läßt sie zu keinem bestimmten Entschluß kommen."[17].

Ein Maßstab für das Greifen der österreichisch-ungarischen Reformpolitik in Bosnien und der Hercegovina war zweifellos die Verdichtung des Schulnetzes, die Anforderung, neue Schulen und vor allem neue Schulgebäude zu errichten. Daher war auch eine der ersten Forderungen des Landeschefs Herzog von Württemberg an das gemeinsame Finanzministerium, bereits im Dezember des Okkupationsjahres formuliert, die Errichtung von neuen Schulbauten und die Installierung von neuen Unterrichtsanstalten. Die Antwort des Finanzministeriums war für die Monarchie symptomatisch und läßt den mäßigen Erfolg voraussahnen: „Wir würdigen zwar vollkommen die von E.k.H. betonte Notwendigkeit der Hebung des Schulwesens in den okkupierten Provinzen, können uns aber nicht verhehlen, daß die beantragte Errichtung von Volks- und Mittelschulen in Bosnien und der Hercegovina dermalen angesichts der finanziellen Schwierigkeiten schwer möglich und mit Rücksicht auf Fragen religiöser und staatsrechtlicher Natur, welche dadurch hervorgerufen würden, im Augenblicke auch noch nicht rätlich sein würde."[18]

ZMF, OBiH 5813/1880.
16 Jahresbericht des einjährigen Lehrkurses zur Erlernung der Lateinschrift, Sarajevo, 31. Juli 1880, in: ABiH, ZMF, OBiH 5684/1880.
17 Jahresbericht des einjährigen Lehrkurses zur Erlernung der Lateinschrift, Sarajevo, 31. Juli 1880, in: ABiH, ZMF, OBiH 5684/1880.
18 K. u. k. Finanzministerium an Herzog von Württemberg, Wien, 19. Februar 1879, in: ABiH, ZMF, OBiH 500/1879.

Die Landesregierung unterließ es auch in den Folgejahren nicht, verstärkt auf die Errichtung neuer Schulen und auf eine Verdichtung des Schulnetzes zu drängen. Das Finanzministerium in Wien und die beiden Regierungen der Reichsteile aber bremsten, wiesen auf die vielfältigen anderen Investitionsausgaben in den beiden Landesteilen hin, forderten die Verbesserung der schulischen Infrastruktur mit Hilfe von Landesmitteln und verweigerten eine infrastrukturell wirksame Kapitalhilfe aus Wien und Budapest. Dementsprechend bescheiden machte sich dann auch die erste Erfolgsbilanz aus dem Jahre 1881 aus: In nicht ganz drei Jahren wurden in den beiden Landesteilen nur 38 Elementarschulen errichtet. Diese Lehranstalten wurden von 833 Schülern frequentiert, davon 78 Muslimen, 308 Katholiken, 441 Orthodoxen und 6 Juden. Die 38 Volksschulen gliederten sich wie folgt auf: 5 städtische Volksschulen, 19 Volksschulen in den Bezirksorten, 14 Volksschulen in kleineren Landgemeinden. Finanziert wurden die neuen Schulen mit etwas mehr als einem Drittel Gemeindemitteln und etwas weniger als zwei Drittel aus dem Landesetat.[19] Diese vergleichsweise bescheidene Bilanz relativiert die von Strausz gezogene zeitgenössische positive Beurteilung der österreichisch-ungarischen Schulpolitik in diesem Punkte. Strausz schrieb resümierend 1884: „Wenn wir die kurze Zeit in Betracht ziehen, ferner die nicht eben glänzend zu nennenden finanziellen Verhältnisse und besonders die Reibungen, welche zwischen den einzelnen Konfessionen beständig stattfinden, die Hindernisse, welche diese, namentlich in Schulangelegenheiten, einander in den Weg legen, so müssen wir gestehen, daß die Regierung in Sarajevo auf dem Gebiete des Unterrichtes eine wirklich außerordentliche Tätigkeit entfaltet hat."[20]

Auf die triste Situation und auf den quantitativen und qualitativen Mangel an gut geeignetem Lehrerpersonal wurde bereits am Beginn des Beitrages verwiesen. Nach dem Urteil der Landesregierung waren von den insgesamt 686 Lehrpersonen des Jahres 1878 nur 45 befähigt, Elementarschulunterricht nach „europäischer Art", nach mitteleuropäischem Standard zu erteilen. Daher war als kurzfristige Notmaßnahme die Rekrutierung von qualifizierten Lehrern ein vordringliches Gebot. Da der Unterricht in der serbo-kroatischen Landessprache zu erteilen war, war dieses kein leichtes Unterfangen. Denn aus den südslavischen Ländern der Habsburgermonarchie Leute bei gleicher Bezahlung zu motivieren, den beschwerlichen schulischen Aufbaudienst in den beiden Provinzen zu übernehmen, war gewiß nicht einfach. Daher verfiel die Landesregierung auf den Ausweg, für den Lehrberuf „interessierte" Personen und k. k. Unteroffiziere südslavischer Herkunft vorläufig und vorübergehend einzustellen.[21] Die Unteroffiziere wurden von der Armee abkommandiert und in den Dienst der Landesregierung übernommen. Nach dem Ausweis aus dem Jahre 1881 waren von den 44 Lehrern, die an den noch ohne Schulstatut installierten „interkonfessionellen Schulen" tätig waren, 23 Unteroffiziere. Den Berichten nach zu urteilen, die von den Gemeinden an die Landesregierung gingen, war der allergrößte Teil von ihnen mit großem Erfolg tätig. In den

---

19 Tabellarische Darstellung der in Bosnien und der Hercegovina bestehenden Unterrichtsanstalten in: ABiH, ZMF, OBiH 672/1881.
20 STRAUSZ, 1884, 2. Bd., S. 261 f.
21 Verordnung Landesregierung in Sarajevo an sämtliche politischen Behörden, Sarajevo, 6. Juni 1879, in: ABiH, ZMF, OBiH 2919/1879; STRAUSZ, 1884, 2. Bd., S. 256 f.

folgenden Jahren mehrten sich die Ansuchen, die betreffenden abkommandierten Unteroffiziere im Schuldienst zu belassen.[22]

Die Landesregierung versuchte aber bereits im Jahre 1880, Abhilfe zu schaffen. Sie schrieb Landesstipendien für Lehramtskandidaten aus den beiden Landesteilen aus. Und Herzog von Württemberg versuchte, die Rekrutierung aus den Ländern und Provinzen der Doppelmonarchie zu forcieren, „... daß nunmehr befähigte und vollkommen vertrauenswürdige Lehrer aus der österr. ungar. Monarchie berufen werden sollen, während die orthodoxen Kultusgemeinden bisher für ihre konfessionellen Schulen mangelhaft befähigte und politisch unverläßliche Lehrer fast ausschließlich aus Serbien bezogen".[23] Verstärktes Bemühen um im Sinne des Staatspatriotismus der Monarchie politisch verläßliches Lehrpersonal – vornehmlich aus dem kroatisch-katholischen Bereich –, läßt sich aus dieser Absichtserklärung ablesen. Ab den frühen achtziger Jahren setzten dann auch die verstärkten Postenausschreibungen ein. Aus der umfangreichen Korrespondenz zwischen der Landesregierung in Bosnien-Hercegovina und den Budapester und Wiener Zentralstellen läßt sich das latente Mißtrauen gegenüber aus Ungarn kommenden Lehrerkandidaten serbischer Herkunft vielfach ablesen. Dementsprechend bescheiden – schon im Hinblick auch auf den Lehrermangel in den beiden Reichsteilen – waren die Anstellungserfolge der Landesregierung. Erst Mitte der achtziger Jahre sollte sich die Situation leicht entspannen. Auf die Frage der Lehrbücher und der Unterrichtsbehelfe wurde bereits kurz in den einleitenden Bemerkungen eingegangen. Die neue Landesverwaltung beggenete den alten, in osmanischer Zeit verwendeten Lehrbehelfen mit einiger Reserve. Der stellvertretende Landeschef Feldmarschalleutnant von Dahlem hatte bereit Jahre 1879 dem Ministerium in Wien vorgeschlagen, für die bosnisch-hercegovinischen Volksschulen „... neue, den Intentionen der österreichisch-ungarischen Monarchie und den Verhältnissen dieser Länder entsprechende Schulbücher einzuführen". Vor der Okkupation wurden in den katholischen Schulen die im Schulbücher-Verlag in Wien gedruckten Lesebücher verwendet. Bei den Serben hingegen waren die in Pancsova, Neusatz und Belgrad gedruckten serbischen Schulbücher in kyrillischen Lettern in Gebrauch. Beide Gruppen von Schulbüchern kamen beim Feldmarschalleutnant nicht gut weg. Seine Kritik an den kroatischen Büchern: sie „... haben einen prononciert katholischen Charakter und können, abgesehen davon, daß sie über diese Länder und über die Intentionen des österreichisch ungarischen Staates nichts enthalten, wegen ihres zu strengen konfessionellen Charakters an den hierländischen Volksschulen, wenn man auch die mohamedanischen Kinder in dieselben einschult ... nicht mehr verwendet werden". Aber auch die serbischen Bücher wurden pauschal verurteilt: Sie müßten „... schon wegen ihrer serbischen Tendenz verpönt werden".[24] Der stellvertretende Landeschef formulierte auch schon seine Wunschvorstellungen: zunächst Umarbeitung der kroatischen Lehrbücher, mehr Stellenwert für Geschichte und Geographie der Ge-

---

22 Tabellarische Darstellung der in Bosnien und der Hercegovina bestehenden Unterrichtsanstalten, in: ABiH, ZMF, OBiH 672/1881.
23 Herzog von Württemberg an k. u. k. Finanzministerium, Sarajevo, 17. August 1880, in: ABiH, ZMF, OBiH 5813/1880.
24 FML Dahlem an k. u. k. Finanzministerium, Sarajevo, 7. August 1880, in: ABiH, ZMF, OBiH 5602/1880.

samtmonarchie und der beiden ehemals osmanischen Provinzen und statt der katholisch-religiösen Lesestücke „. . . solche, welche die Moral und die allen Religionen eigenen Hauptlehren berühren". In ähnliche Richtung hatte bereits sein Vorgesetzter, Herzog von Württemberg, argumentiert: „Im übrigen gedenke ich für die hierländischen Volksschulen eigene, den Verhältnissen dieser Länder, dem Bildungsgrad der Bevölkerung und den Intentionen der österreichisch-ungarischen Monarchie entsprechende Bücher (insbesondere Lesebücher) einzuführen . . ."[25]

Aber erst Ende der achtziger Jahre lagen die neuen Volksschullehrbücher vor. Bis dahin mußten sich die bosnisch-hercegovinischen Schulen mit den alten Lehrbüchern und mit Leihgaben und Geschenken aus den beiden Reichsteilen der Doppelmonarchie begnügen.[26]

Um der muslimischen Bevölkerung in Sarajevo, aber auch einem Teil der Serben, die nicht in ausreichendem Ausmaß oder gar nicht mit der Lateinschrift vertraut waren, die „Latinica" näherzubringen, wurde von den österreichisch-ungarischen Landesbehörden in der bosnischen Hauptstadt ein Doppelkurs eingerichtet.[27] Erklärte Zielsetzung dieser zwei einjährigen Kurse war es, die Kenntnis der amtlichen Schrift des offiziellen Dienstverkehrs zu verbreiten und den Frequentanten den Zugang zur höheren „west- und mitteleuropäischen" Bildung zu ermöglichen. Die Kurse begannen am 1. Oktober 1879 und liefen mit bemerkenswertem Erfolg: „Wegen der besonderen Befähigung und Lernlust der Schuljugend gelang es, den Lehrstoff bis Monat März so weit zu bewältigen, daß die Schüler mit ziemlicher Fertigkeit und Korrektheit lasen und schrieben, sowohl leichtere Diktate, auch kürzere Beantwortungen entsprechend gestellter Fragen in kurzen Sätzen mit Leichtigkeit . . . im Schreibhefte niederzuschreiben im Stande waren." Ganz besonderen Anklang fand bei den Schülern die praktische Ausbildung in landwirtschaftlichen Fächern: Neben dem Schulgebäude befand sich ein Versuchsgarten, wo Obst veredelt, Gemüse gezogen und Blumenbeete angelegt wurden. Als besondere Attraktion galt die Seidenraupenzucht, die über den Schülerkreis hinaus das Echo einer breiteren Öffentlichkeit fand: „Bei der Entfaltung der Seide von den Cocons war die ganze Hofstelle voller Zuschauer, welche sich bereitwillig erklärten, auf das nächste Frühjahr Seidenwürmer zu züchten."[28]

Auch im sekundaren, im weiterführenden Schulwesen ging die Initiative eindeutig von der Landesregierung in Sarajevo aus. Bereits Ende August 1879 – die Etablierung des provisorischen Elementarschulwesens war kaum angelaufen – wurde der Landeschef beim Finanzministerium in Wien vorstellig. Er ersuchte um die Gründung eines Realgymnasiums in der bosnischen Landeshauptstadt. Der Herzog

---

25 Herzog von Württemberg an k. u. k. Finanzministerium, Sarajevo, 19. Mai 1880, in: ABiH, ZMF, OBiH 5813 bzw. 3486/1880.
26 Vgl. k. u. k. Ministerium für Kultus und Unterricht an k. u. k. Finanzministerium, Wien, 16. September 1880, in: ABiH, ZMF, OBiH 6412/1880; k. u. k. Ministerium für Kultus und Unterricht an k. u. k. Finanzministerium, Budapest, 14. Dezember 1879, in: ABiH, ZMF, OBiH 6368/1879; Hermann Manz an k. u. k. Finanzministerium, Wien, 18. Dezember 1879, in: ABiH, ZMF, OBiH 6415/1879.
27 Württemberg an k. u. k. Finanzministerium, Sarajevo, 26. August 1879, in: ABiH, ZMF, OBiH 4479/1879.
28 Jahresbericht des einjährigen Lehrkurses zur Erlernung der Lateinschrift, Sarajevo, 31. Juli 1880, in: ABiH, ZMF, OBiH 5684/1880.

erhoffte sich mit dieser Schulgründung eine Sog- und Vorbildwirkung der „staatlichen" Schulpolitik, „... daß, wenn die Gemeinden einsehen werden, daß für die fernere Erziehung ihrer Schulkinder der Staat schon gehörige Vorsorge getroffen, die Lust zur Gründung von Elementarschulen gesteigert werden dürfte. (...) Ferner glaube ich, daß es notwendig sei, durch Gründung von Staatslehranstalten der Bevölkerung zu zeigen, daß die Tätigkeit und Wirksamkeit dieser Regierung eine entschlossene und stabile, keine temporäre sei ...", untermauerte der Landeschef seine Ambitionen mit einer höchst politischen Motivation. Und Württemberg zeichnete gleich ein breit angelegtes Wunschbild in Richtung Ausbau des weiterführenden Unterrichtswesens: „Man braucht hier Lehranstalten zur technischen Ausbildung, und solche, aus welchen junge Leute in streng wirtschaftliche Hochschulen eintreten, um sodann als Professoren, Beamte, Juristen etc. austreten und wirken zu können." Das Realgymnasium wäre nur ein erster Schritt, dem weitere folgen sollten. Denn gegenwärtig ließen es die Landesmittel nicht zu, weitere Mittel- und Fachschulen zu gründen. Aber der Anspruch für die Zukunft war durchaus angemeldet.[29]

Am 1. Oktober 1879 wurde dann tatsächlich das erste Schuljahr eröffnet, mit 79 Schülern, davon 37 in der 1. Klasse und 42 Frequentanten der Vorbereitungsklasse. Somit hatte Bosnien neben dem serbisch-orthodoxen Gymnasium in Sarajevo (mit 38 Schülern) und dem Franziskanergymnasium in Travnik (mit 32 Schülern) seine dritte Mittelschule. Der erste Jahresbericht im Jahre 1880 vermittelt ein Bild von wechselnden Erfolgen. Das Realgymnasium sollte sich aber später durchaus bewähren und war zweifellos eine Säule des sekundaren Unterrichtsbereiches.[30]

Eine weitreichende und verzweigtere Differenzierung des Schulsystems in Bosnien und der Hercegovina erfolgte dann erst ab der Mitte bzw. dem Ende der achtziger Jahre. Vor allem Handelsschulen und landwirtschaftliche Fachschulen sowie Gewerbeschulen wurden nicht nur in Sarajevo, sondern auch in den Kreis-Hauptorten errichtet. Die Akzeptanz und die Frequenz durch die Schuljugend blieben allerdings auch in diesem Bereich weit hinter den Erwartungen der Landesbehörden zurück.

Die Aufgabenstellung und die Herausforderung für die neue österreichisch-ungarische Mandatsverwaltung in Bosnien und der Hercegovina waren zweifellos ungeheuer. Mit Sicherheit hatte man die anstehenden Probleme unterschätzt. Dies galt auch für die Unterrichtspolitik. Österreich-Ungarn hatte mit endogenen und exogenen Schwierigkeiten zu kämpfen. Die Probleme und Fragestellungen mußten in einer äußerst komplexen Situation und bei nicht sehr günstigen Rahmenbedingungen bewältigt werden. Zunächst mußte die politische Zuständigkeit für die Verwaltung der beiden Provinzen festgelegt werden. Nach einigem Hin und Her wurde bestimmt, daß eine Abteilung des gemeinsamen k. u. k. Finanzministeriums, das Büro für die Angelegenheiten Bosniens und der Hercegovina, für die beiden ehemals osmanischen Provinzen zuständig sein sollte. Die beiden anderen gemeinsamen Ministerien, das Kriegsministerium und das Außenministerium, waren für diese Kompetenz durchaus im Gespräch und keineswegs ohne Ambitionen. Als nachge-

---

29 Württemberg an k. u. k. Finanzministerium, Sarajevo, 26. August 1879, in: ABiH, ZMF, OBiH 4480/1879; vgl. auch noch: 4606/1879.
30 FML Dahlem an k. u. k. Finanzministerium, Sarajevo, 12. August 1880, in: ABiH, ZMF, OBiH 5279/1880.

ordnete Dienststelle des gemeinsamen Finanzministeriums wurde als Landesbehörde die bosnisch-hercegovinische Landesregierung mit einem Kommandierenden General als Landeschef installiert. Nun mußte in politisch-administrativen Dingen eine Übereinkunft zwischen der Landesregierung, der zuständigen Zentralstelle in Wien und den zwei Regierungen der beiden Reichsteile – in unserem Fall jeweils mit den Ministerpräsidenten und den Unterrichtsministern – hergestellt werden. Nur so konnte ein gemeinsamer, ein gangbarer Weg in der Unterrichtspolitik gefunden werden. Daß dies oft mühsam war, ist an den in diesem Beitrag angeführten Beispielen aus der ersten Zeit der österreichisch-ungarischen Verwaltung in Bosnien und der Hercegovina abzulesen. Erinnert sei in diesem Zusammenhang an die Fragen des Elementarschulstatuts und des Schulreferenten, um nur zwei Beispiele anzuführen.

Als zusätzliches Handicap gegen eine erfolgreiche, rasch Ergebnisse zeitigende Politik erwies sich die generelle Maxime der Doppelmonarchie, die aus heutiger Sicht äußerst problematisch erscheinen muß: Grundsätzlich sollten sich die beiden Landesteile ausschließlich aus ihren eigenen Einkünften erhalten, alle nötigen Landesaufwendungen aus eigenen Mitteln finanzieren. Ein Zuschuß aus den Mitteln der cis- bzw. transleithanischen Reichshälfte und deren Etat wurde von den Parlamenten und den Regierungen Österreichs wie Ungarns abgelehnt. Aber gerade bei sehr kostenintensiven infrastrukturellen Maßnahmen, und das Unterrichtswesen gehört zweifellos dazu, ist eine stimulierende Investitionshilfe für das Greifen, für das take off von Reformen – insbesondere bei „Rückstandsgebieten" – wohl unerläßlich.

Eine zusätzliche Frage hat die Bemühungen Österreich-Ungarns, in erster Linie die Initiativen der Landesbehörden, gefährdet und zum Teil zum Scheitern gebracht: die Frage nämlich, ob und inwieweit die verschiedenen Bevölkerungsschichten der beiden Landesteile das eingeleitete und versuchte Reformprogramm im Unterrichtswesen anzunehmen bereit waren. Diese Kernfrage bezog sich aber auf alle Verwaltungsbereiche und alle Modernisierungsbemühungen der Doppelmonarchie.

aus: Allgemeinbildung als Modernisierungsfaktor. Zur Geschichte der Elementarbildung in Südosteuropa von der Aufklärung bis zum Zweiten Weltkrieg, ed. NORBERT REITER, HOLM SUNDHAUSSEN (= *Osteuropa-Institut der Freien Universität Berlin, Balkanologische Veröffentlichungen*, ed. NORBERT REITER, Harrassowitz Verlag, Wiesbaden 1994), S. 61 - 76.

Politische und militärische Überlegungen zur Haltung Österreich-Ungarns gegenüber Bosnien und der Hercegovina 1908/09

Im Hinblick auf die weitreichenden mittelfristigen Folgen des österreichisch-ungarischen Entschlusses zur Annexion von Bosnien und der Hercegovina erhebt sich zu Recht die Frage, auf welcher Grundlage die Entscheidung vom Oktober 1908 fiel. Über welche direkten und indirekten Informationen verfügten Herrscher und politische sowie militärische Führungsstellen in Wien? Neben dem außen- und machtpolitischen Kalkül wird man zweifellos auch Überlegungen in Rechnung stellen müssen, die sich auf die innere Lage in den beiden Landesteilen bezogen. Welches Bild vom Lande selbst, von der Haltung und den Erwartungen der Bevölkerung wurde den Führungsschichten und Entscheidungsträgern der Monarchie geliefert? Und vor allem: welche Maßnahmen wurden vorgeschlagen, welche künftige Politik zu promovieren versucht?

In diesem Zusammenhang wird man zwei schriftlichen Berichten Moritz von Auffenbergs einigen Stellenwert beizumessen haben.

Feldmarschalleutnant Moritz von Auffenberg, der spätere k. u. k. Kriegsminister, war in der Zeit der Annexionskrise Generalinspektor der Korps-Offiziersschulen der k. u. k. Armee. In dieser Funktion unternahm er von Amts wegen mehrere Inspektionsreisen in die verschiedenen Kronländer der Monarchie. Seine Hauptaufgabe bestand in der Inspizierung der Korpsoffiziersschulen, in der Berichterstattung über diese und in der Formulierung von eventuellen Verbesserungsvorschlägen. In seiner Funktion war er dem k. u. k. Reichskriegsminister Feldzeugmeister Franz Schönaich unterstellt. Seine Inspektionsreisen führten ihn im März 1908 – vor Ausbruch der Jungtürkischen Revolution und vor der unmittelbaren Aktualisierung der Annexionsfrage – und nach der Deklarierung der Annexion, aber vor Lösung der Krise im Jänner 1909 nach Kroatien-Slavonien und in die beiden Landesteile bzw. nach Dalmatien. Auf Weisung des Reichskriegsministers Schönaich und gleichzeitig im Auftrag des Chefs des k. u. k. Generalstabs Feldmarschalleutnant Franz Conrad von Hötzendorff sollte er sich die politischen und militärischen Verhältnisse in den südslavischen Ländern, vornehmlich in Bosnien und der Hercegovina ansehen, „... da die einlaufenden Berichte ein wechselvolles und wenig erfreuliches Bild boten".[1]

Er sollte vor allem über seine Eindrücke und Impressionen, über seine Gespräche und über seine Ansichten schriftlich Bericht legen. Die nach seinen Inspektionsreisen

---

1 (MORITZ VON) AUFFENBERG-KOMARÓW, Aus Österreichs Höhe und Niedergang. Eine Lebensschilderung (München 1921) [weiterhin: AUFFENBERG-KOMARÓW], S. 111.

abgefaßten und zunächst dem Kriegsminister und dem Chef des Generalstabs vorgelegten Memoranden vom 1. April 1908 bzw. vom 19. Jänner 1909 sind sowohl im Nachlaß Auffenberg als auch im Bestand der Militärkanzlei im Kriegsarchiv in Wien zu finden. Sie wurden vom Reichskriegsministerium über die Militärkanzlei Franz Joseph direkt vorgelegt.[2] Aber auch der k. u. k. Minister des k. u. k. Hauses und des Äußern, Aloys Lexa von Aehrenthal, erhielt vom ersten Memorandum Auffenbergs Kenntnis und interessierte sich für die Ausführungen des vor Ort gewesenen und als Experte in der Südslavischen Frage geltenden Generals. Daher ersuchte er Auffenberg um mündliche Erläuterung seines Berichtes vom April 1908 und bat ihn am Silvesterabend des Jahres 1908, anläßlich seiner bevorstehenden zweiten Inspektionsreise um weitere Berichterstattung.[3]

Weniger wegen der Originalität ihres Inhalts, eher wegen der Einsicht- und Kenntnisnahme durch führende Persönlichkeiten der Doppelmonarchie verdienen daher die beiden Memoranden Moritz von Auffenbergs erhöhte Aufmerksamkeit. In der bisherigen Forschung sind die beiden Memoranden bereits registriert und zum Teil ausgewertet worden, aber bei weitem nicht in vollem Umfang. Ohne die Denkschriften überbewerten zu wollen, wird man ihnen aber dennoch einen gewissen Entscheidungshilfecharakter für die Gestaltung der Politik, die Haltung gegenüber den beiden Landesteilen nicht absprechen können.

Einige Tatsachen und Kausalzusammenhänge sind bei Einordnung und Bewertung der Berichte Auffenbergs zweifellos zu beachten:
– Durch seine Tätigkeit als Divisionär in Zagreb/Agram war er mit den Verhältnissen im Königreich Kroatien-Slavonien recht gut vertraut. Er pflegte Kontakte zu Persönlichkeiten des öffentlichen Lebens, vornehmlich zu den führenden Männern der Reinen Rechtspartei, zu Frank, Halper und Drašković.
– Auch nach seiner Abkommandierung aus Kroatien rissen die Verbindungen zu den ihm nahestehenden Persönlichkeiten des Königreiches nicht ab. Er betont in seinen Memoiren, daß die kroatischen Politiker ihn anläßlich ihrer Wien-Besuche stets aufzusuchen und zu kontaktieren pflegten.[4]
– Für beide Inspektionsreisen ist symptomatisch, daß Auffenberg zunächst die kroatische Hauptstadt Zagreb besuchte und dort seine ersten Informationen über Bosnien und die Hercegovina einholte.
– In den beiden Landesteilen waren seine Kontaktpersonen und seine Gesprächspartner fast ausschließlich Vertreter der österreichisch-ungarischen Hoheitsverwaltung und der katholischen, der kroatischen Bevölkerungsgruppe.
– Daher ist seine prokroatische und antiserbische Grundeinstellung nicht zu übersehen.

---

2 Chef der Militärkanzlei Seiner Majestät Bolfras an Franz Joseph; Wien, 9. April 1908 – Kriegsarchiv Wien [weiterhin: KA], Militärkanzlei Seiner Majestät [weiterhin: MKSM] – 25-1/5 von 1908.

3 „Am Sylvesterabend, während der großen Gratulationscour in der Hofburg, hatte ich noch eine kurze Besprechung mit Aehrenthal. Er ersuchte mich dringend, bei meiner bevorstehenden Reise ins Annexionsgebiet die Stimmung und die Verhältnisse gründlich zu erheben." – AUFFENBERG-KOMARÓW, S. 122.

4 „Meine dienstlichen Arbeiten hinderten mich nicht, die in Kroatien gesponnenen Relationen aufrecht zu erhalten. Die meisten der dortigen Politiker suchten mich auf, wenn sie nach Wien kamen. Besonders jene der reinen Rechtspartei..." – AUFFENBERG-KOMARÓW, S. 110.

– Als führender Offizier der k. u. k. Armee vertrat er eine Politik der starken Hand und trat für eine machtvolle Demonstration der militärischen Stärke der Doppelmonarchie nach außen und nach innen ein.

1. Allgemeine Beurteilung der Situation in den beiden Landesteilen

Gleich zu Beginn seines ersten Memorandums vom 1. April 1908 berichtet Auffenberg über die allgemeine Stimmung und die generelle Lage in den beiden okkupierten Provinzen. Bei dieser Lageeinschätzung gibt er vornehmlich die Bewertung seiner primären Gesprächspartner, der führenden Landesbeamten, des Landeschefs und die Aussagen von Militärkontaktpersonen wieder.

Dieser aus Spitzenrepräsentanten der österreichisch-ungarischen Verwaltung bestehende Personenkreis betont übereinstimmend, daß die Lage der beiden Landesteile seit der Okkupation bzw. seit den Unruhen in den Jahren 1881/1882 noch nie so zugespitzt und noch nie so ernst gewesen sei wie gerade zu dieser Zeit. Das Ansehen der Monarchie sei auf den Tiefpunkt gesunken – zurückzuführen auf die wenig energische Politik der letzten fünf Jahre und auf die serbische Agitation. Diese Propaganda werde in erster Linie von den Serben in den Ländern der Stephanskrone genährt und geschürt, finde bei den Vertretern der „Unabhängigkeitspartei" in Ungarn, insbesondere bei Franz Kossuth und bei Tivadar Graf Batthyány warmen Sukkurs und werde auch von „... einigen radikalen Tschechenführern ..." propagiert. Vor allem die Landesbeamtenschaft sei zutiefst verunsichert. Sie sehe sich Presseattacken der „oppositionellen Zeitungen" wehr- und schutzlos ausgeliefert. Und diese Pressekampagne werde von den Verwaltungs-, vor allem aber von den Justizbehörden – so Auffenberg – nur sehr lau und sehr lax bekämpft. Obwohl ein Teil der Presse, vor allem die „Otačbina" in Banjaluka, in aller Form großserbische Propaganda betreibe und „... wahrhafte Brandartikel, die einfach die Bezeichnung Hochverrat verdienen ..." publiziere! Der kommandierende General und Landeschef Feldmarschalleutnant Anton Edler von Winzor sei auch mit dem Präsidenten des Obergerichtes in Sarajevo Friedrich Kobinger „... sehr wenig zufrieden ...". Wenn schon einmal eine Geldstrafe ausgesprochen werde, dann werde sie umgehend bezahlt. Dies sei ein offenkundiger Beweis, „... daß ganz bedeutende Geldkräfte hinter diesen Journalen stehen ...", mutmaßte der Feldmarschalleutnant. Und wenn schließlich ein Redakteur doch einmal verurteilt werde, so stelle er sich meist als bloßer „Sitzredakteur" heraus, der vom Inhalt des inkriminierten Artikels keine Ahnung habe ...

Das Resümee der ersten, allgemeinen Lageeinschätzung: Die Beamten betrachten ihre eigene prekäre und ungewisse Lage als symptomatisch für die Situation des gesamten Landes. Man frage sich allen Ernstes, „... ob denn das Ganze von Dauer sein werde...".[5]

Im Jänner des Jahres 1909, nach bereits vollzogener Annexion, konstatiert Feldmarschalleutnant von Auffenberg, daß in den nun annektierten Gebieten eine

---

5 Memorandum über die dermaligen Verhältnisse in Kroatien und im Okkupationsgebiete (Ende März 1908) von Feldmarschalleutnant Moritz von Auffenberg; an Bord des Schiffes Goritia, 1. April 1908 – KA, MKSM – 25-1/5 von 1908 [weiterhin: Memorandum 1908].

"merkwürdige Ruhe" herrsche. Es seien keine Gesetzeswidrigkeiten und keine Ausschreitungen größeren Ausmaßes zu konstatieren. Das öffentliche Leben habe sich nach außen hin in keiner Weise verändert. Das bedeute allerdings nicht – so schränkt der Berichterstatter ein –, daß sich alle Bevölkerungsschichten des Landes mit den großen Veränderungen abgefunden haben.[6]

Der damit in Zusammenhang stehende Rückgang im Geschäftsleben ist nicht zu übersehen. Besonders in den Städten, vor allem aber in Sarajevo selbst ist er deutlich spürbar. Die vorangegangenen Monate haben keine nennenswerten Geschäftsabschlüsse gebracht. Ausländische Lieferfirmen bestehen auf Barzahlung. All dies sind offenkundig Zeichen der Instabilität, vor allem ein Zeichen der Ungewißheit, wie sich die Dinge weiterentwickeln werden. Der Bevölkerung bleibt die Hoffnung, „. . . daß die Verhältnisse wieder besser werden, sobald in die äußere Situation ein Ruhemoment eingetreten sein wird".[7]

In seinen Memoiren hält Auffenberg fest, daß in den Landesteilen eine Stimmung geherrscht habe, „. . . die großen Ereignissen voranzugehen pflegt". Es wurde viel vom Krieg, von der unausweichlich bevorstehenden bewaffneten Auseinandersetzung gesprochen. Die Stadt Sarajevo selbst bot durch die zahlreich dorthin verlegten Truppen „ein kriegerisches Bild".[8]

Moritz von Auffenberg legt gleich mehrfach seinen Finger auf eine schwärende Wunde. Er kritisiert in beiden Memoranden den bisherigen Kompetenzwirrwarr und die in Bosnien und der Hercegovina nach wie vor bestehende Tetrarchie. Landeschef Feldmarschalleutnant Winzor hat offenkundig gegenüber dem Kameraden aus Wien über seine peinliche und prekäre Stellung geklagt. Auffenberg nimmt die Beschwerden auf und weist auf die verworrene, widersprüchliche und wenig effiziente Situation in der Verwaltung der beiden Landesteile hin. In Form einer Dreierherrschaft besteht ein Neben-, in bedeutsamen Dingen oft auch ein Gegeneinander zwischen dem Landeschef, dem ihm beigegebenen Ziviladlatus Isidor Freiherr Benko von Bojnik und der Zentralstelle in Wien und deren Chef, dem k. u. k. Finanzminister Stephan Baron Burián von Rajecz. Sehr häufig wird über den Kopf des Landeschefs hinweg entschieden, „. . . die Landesregierung manchmal ganz einfach desavouiert". Erschwerend für die verworrenen Verhältnisse ist das offenkundig schlechte Verhältnis zwischen dem Landeschef und dem Minister in Wien. Und die Tatsache – so schließt der Feldmarschalleutnant in einer für die Monarchie bezeichnenden Weisen –, daß der Ziviladlatus in einer höheren Dienstklasse eingeteilt ist als der Kommandierende General und Landeschef, vermindert das Prestige Winzors.[9]

Im zweiten Memorandum stößt der inspizierende Feldmarschalleutnant noch einmal nach und weist auf die gefährliche Kuriosität der Konstellation in den beiden Landesteilen hin: „Allerdings erscheint es als ein Unikum in der Verwaltungspraxis,

---

6 „Alles geht den gewohnten Beschäftigungen nach und nichts hat sich seit der Annexion im Leben und Treiben geändert." – Memorandum über die politische und militärische Situation im Südosten der Monarchie (Jänner 1909) von Feldmarschalleutnant Moritz von Auffenberg; an Bord des Schiffes Salone, 19. Jänner 1909 – KA, MKSM – 25-1/5 von 1908 [weiterhin: Memorandum 1909].
7 Memorandum 1909.
8 AUFFENBERG-KOMARÓW, S. 123.
9 Memorandum 1908.

daß *ein* Verwaltungsgebiet durch ein verantwortliches Ministerium, einen verantwortlichen Landeschef und einen verantwortlichen Ziviladlatus regiert wird."[10]

In der Frage der mangelnden Kompetenz hält Auffenberg dem Landeschef ohne Zweifel die Stange. In der Beurteilung von Persönlichkeit und vor allem der Tätigkeit des Landeschefs ist aber ein deutlicher Unterschied zwischen 1908 und 1909 festzustellen.

Im Memorandum vom 1. April 1908 fällt die Bewertung Feldmarschalleuntnant Winzors noch äußerst positiv aus.[11] Und nur durch das schlechte Verhältnis zum Gemeinsamen Finanzminister Burián und durch die ungenaue Umreißung seiner Kompetenzen ist er nicht in der Lage, die formal gegebenen Machtmittel effizienter einzusetzen. Sogar in der Gesamtretrospektive seiner Memoiren beurteilt Auffenberg den Landeschef unverändert positiv. Vorbehalte gegen den Landeschef dürfte vor allem der zweite Auftraggeber Auffenbergs gehabt haben, der Chef des Generalstabes Conrad. Auffenberg vermerkt dies in seinen Memoiren und deutet an, daß Conrad von seinem ersten, für den Landeschef positiv gehaltenen Bericht vom Jahre 1908 keineswegs begeistert gewesen sei.[12] Inwieweit Conrads Reaktion auf die etwas distanziertere Beurteilung Auffenbergs und die einsetzende Kritik an Winzor in seinem zweiten Memorandum im Jänner 1909 eingewirkt hat, ist schwer zu beurteilen, läßt sich aber nicht ausschließen.

Das Urteil Auffenbergs über Winzor fällt im zweiten Memorandum deutlich modifizert und nicht mehr ausschließlich positiv aus. In diesem Punkt lehnt er sich offenkundig an die im beigelegten anonymen Bericht vorgebrachte Einschätzung des Landeschefs an.[13] Auffenberg hebt zwar hervor, daß man in beiden Ländern nach wie vor „. . . die ruhige Würde seiner äußeren Erscheinung . . ." schätzt und auch „. . . von der Lauterkeit seiner Intentionen überzeugt . . ." ist. Es wird jedoch kritisch angemerkt, daß Winzor nach allgemeiner Ansicht zu wenig Kontakt zum Lande, zur Bevölkerung und sogar zur eigenen Bürokratie pflegt.[14] Auffenberg läßt offen, ob die Hauptursache dafür, daß die Regierung durch ihren Spitzenrepräsentanten in der Öffentlichkeit nicht wirksam genug vertreten ist, in der mangelnden formalen Kompetenz oder aber doch im Persönlichkeitsprofil und vornehmlich in den fehlenden Sprachkenntnissen seine Erklärung findet. Jedenfalls ist die Kritik an Person

---

10 Memorandum 1909.
11 „Der Landeschef gilt als ruhiger, entschlossener Mann, der in ernsten Momenten auch Kraft, Energie und Verantwortungsfreude zeigen würde, wenn man ihm die Hände nicht länger bindet." – Memorandum 1908.
12 „Heimgekehrt, stellte ich einen eingehenden Bericht über die Verhältnisse im Okkupationsgebiet zusammen. Er fand den vollsten Beifall des Kriegsministers und des Ministers des Äußern, weniger jenen Conrads. Der Grund dazu lag wohl vornehmlich darin, daß der Bericht keinen triftigen Grund für den vom Chef des Generalstabes gewünschten Wechsel in der Leitung der bosnisch-herzegowinischen Landesregierung bot." – AUFFENBERG-KOMARÓW, S. 114.
13 Beilage. Ansichten einer mit den Verhältnissen wohl vertrauten Persönlichkeit. Ohne Orts- und Datumsangabe. – KA, MKSM 25-1/5 von 1908 [weiterhin Bericht]. Der Verfasser dieses anonymen Papiers kann möglicherweise der von Auffenberg inspirierte Kommandant der Korps-Offizierschule in Sarajevo, Feldmarschalleutnant Johann Ritter von Karl sein, dem Auffenberg in seinen Memoiren ein hervorragendes Zeugnis ausstellt: „. . . die (die Korps-Offizierschule, Anm. d. Verf.) der klarblickende Feldmarschalleutnant Karl führt." – AUFFENBERG-KOMARÓW, S. 112.
14 „. . . daß er mit dem Lande. mit der Bevölkerung und selbst mit den Administrativ-Organen so wenig in Kontakt tritt." – „. . . es sei hier nur konstatiert, daß jener geringe Kontakt allseits beklagt wird." Memorandum 1909.

und mangelnder Wirksamkeit Feldmarschalleutnant Winzors nicht zu übersehen. Diese Kritik allerdings wird auch gleich auf die noch 1908 so stark verteidigte und so offenkundig gelobte Landesbeamtenschaft ausgedehnt. Auch ihr wird in ähnlicher Weise Isolation und geringer Kontakt zur Landesbevölkerung vorgehalten und der Vorwurf der bloßen „Schreibtischarbeit" erhoben.[15] – Noch deutlicher wird das gewünschte Profil eines neuen Landeschefs in der Beilage zum zweiten Memorandum angesprochen. Er muß eine aktive, kommunikative, den Kontakt suchende, die Landessprache beherrschende Persönlichkeit sein.[16]

Von jenen Spitzenbeamten des Landes, mit denen Auffenberg Gespräche geführt hat, geht der Feldmarschalleutnant in seinen beiden Memoranden auf vier näher ein.[17] Dreien von ihnen wird in der Bewertung Auffenbergs ein hervorragendes bis sehr gutes Zeugnis ausgestellt. Dem Sektionschef bei der Landesregierung Konstantin Hörmann und den beiden Kreisvorstehern von Sarajevo und Mostar, Franz von Mollinary und Michael Rukovina, werden dreißigjährige Erfahrung in den Landesteilen, unbedingte Loyalität gegenüber dem Wiener Herrscherhaus – als „Kompliment" einzustufen – sowie scharfe Gegnerschaft der Serben gegen ihre Person attestiert.[18]

Einzig der Kreisvorsteher von Mostar – einer nach Ansicht Auffenbergs sehr sensiblen Region – kommt sehr schlecht weg. Karl Freiherr von Pitner wird als ehrgeiziger „Streber", als arrogant und anmaßend, als unwillig zur Zusammenarbeit mit den Divisionskommanden und vor allem als prononciert promagyarisch eingestuft. Er pflegt engen Kontakt zur ungarischen „Unabhängigkeitspartei" und versucht – allerdings vergeblich – die Serben der Hercegovina für eine promagyarische Orientierung zu gewinnen. Im Jänner des Jahres 1909 spricht sich Moritz von

---

15 „Auch von dem Verwaltungsapparat wird behauptet, daß er – im Großen und Ganzen – doch zu sehr vom Tische aus regiere . . ." – Memorandum 1909.
16 „. . . er kann seinen Einfluß nur durch den persönlichen Verkehr mit den Notablen – des Landes zum Ausdruck bringen." – „Dazu muß er mit diesen sprechen, muß auf sie in unserem Sinne einwirken; er muß viel im Lande herumreisen, die einflußreichen Leute an sich ziehen – kurz muß was vorstellen und der kais. Regierung [sic!] durch seinen Takt, durch seine direkte Einwirkung auf das sehr zugängliche Gemüt des Volkes Ausdruck geben." – Bericht.
17 In den Memoiren werden neben dem Landeschef Winzor und dem Erzbischof von Sarajevo Dr. Josef Stadler als Gesprächspartner genannt: Zivladlatus Baron Benko, zwei Sektionschefs der bosnisch-hercegovinischen Landesregierung: Konstantin Hörmann, Chef der I., der Administrativen Abteilung, Adalbert Shek v. Vugrovec, Chef der III. Abteilung, der Justiz, und schließlich von den Kreisvorstehern Franz Freiherr von Mollinary von Montepastello, der Kreisvorsteher von Sarajevo und Sohn des Generals. AUFFENBERG-KOMARÓW, S. 112 ff. – In den beiden Memoranden wird der Meinungsäußerung und dem Persönlichkeitsprofil von Hörmann und Mollinary und zusätzlich der Kreisvorsteher von Travnik, Michael Rukovina von Vezinovac, und von Mostar, Karl Freiherr von Pitner, Raum gegeben. – Memorandum 1908 und 1909. – Hervorzuheben ist, daß in den beiden Berichten Auffenbergs von den anderen Kreisvorstehern der beiden Landesteilen keine Rede ist. Die Kreisvorsteher von Banjaluka Franz Ritter von Jakubowski, von Bihać Max von Gyurkovics und von Dolnja Tuzla Friedrich Foglár werden mit keinem Wort erwähnt.
18 Zur Beurteilung der Führungspersönlichkeiten vgl. vor allem: Memorandum 1908. – Zu Sektionschef Hörmann heißt es unter anderem: „Seit der Okkupation im Lande: Ein durch und durch tüchtiger, unbedingt loyaler Mann (Kroate) [sic!], der eine Geschäfts- und Personenkenntnis besitzt, wie niemand im Lande und dem es auch am Amtseifer nicht jemand gleich tut." „. . . alle Serben, die oppositionellen voran, sind gegen ihn . . .", und dies vor allem wegen „. . . seiner unbedingten und intransigenten [sic!] Loyalität . . ." – Memorandum 1908.

Auffenberg dezidiert für einen Wechsel an der Spitze des Kreises Mostar und eine umgehende Ablösung von Pitner aus.[19]

2. Zur Haltung der Landeseinwohner

Unterschiedlichen Raum und unterschiedlichen Stellenwert widmet Moritz von Auffenberg den Hauptgruppen der Bevölkerung Bosniens und der Hercegovina.

Am ausführlichsten geht er auf die Katholiken, auf die *Kroaten* ein. Dabei prägt die ausgesprochen kroatenfreundliche Haltung Auffenbergs weitgehend seine Berichterstattung und seine Bewertung.

Im April 1908 kritisiert er in erster Linie die bisherige offizielle Politik, die zunächst die Moslems, dann die Serben eindeutig favorisiert habe. Für die katholischen Kroaten sei zu wenig geschehen. Gerade die Kroaten aber haben von allen Bevölkerungsgruppen in der Habsburgermonarchie ihren natürlichen „Gravitationspunkt", stellen das der Reichsidee und der Dynastie gegenüber loyalste Element dar und können daher nur im Rahmen der Monarchie wirklich prosperieren.[20] Deshalb ist es auch selbstverständlich, daß die Kroaten der beiden Landesteile von der vollzogenen Annexion am meisten angetan sind. Und obwohl die Kroaten seit Beginn der österreichisch-ungarischen Herrschaft im Jahre 1878 zweifellos „. . . einen ganz beträchtlichen Aufschwung in jeglicher Hinsicht genommen . . ." haben, muß man nun – so fordert der Feldmarschalleutnant – von staatlicher Seite noch viel mehr für die Verbesserung ihrer materiellen und nationalen Lage tun.[21]

Im Mittelpunkt der Berichte Auffenbergs über die Kroaten in Bosnien und der Hercegovina steht die starke, aber nicht unumstrittene Persönlichkeit des katholischen Erzbischofs von Sarajevo Dr. Josef Stadler. In beiden Memoranden wird die unbedingte Loyalität zur österreichisch-ungarischen Herrschaft, seine Ehrlichkeit, seine Opferwilligkeit und seine persönliche Genügsamkeit, sein kompromißloses Eintreten für die katholisch-kroatische Gruppe und deren Interessen, sein Glaube an die Zukunft der „österreichischen" Herrschaft und seine Begeisterung für die Annexion hervorgehoben.[22]

---

19 Memorandum 1908. Memorandum 1909. – Animosität und Ablehnung sowohl Pitners als auch der Magyaren gehen aus einer Passage im Jahre 1908 und der Empfehlung zur Ablöse 1909 hervor: „Jedenfalls ist es symptomatisch, daß er [Pitner, Anm. d. Verf.] zwar der Landessprache nicht vollkommen mächtig ist, sich aber gleichwohl in Mostar dem Studium der ungarischen Sprache mit besonderem Fleiß widmen soll." Memorandum 1908. – „. . . denn die Situation in diesem am meisten gefährdeten Landesteil [die Hercegovina, Anm. d. Verf.] erfordert unbedingt ein einträchtiges, nach einem Ziel gestelltes Zusammenwirken aller staatlichen Organe und Mittel. Für ein Experimentieren in einem spezifisch magyarischen Sinne ist da wohl nicht der Zeitmoment gegeben." – Memorandum 1909.

20 „Die Katholiken (Kroaten) aber als die einzigen Bewohner des Okkupationsgebietes, die nur im Rahmen der Monarchie prosperieren können, fanden nur eine geringe Unterstützung." – Memorandum 1908. „Es dürfte wohl dermalen unter all den unter Habsburgs Szepter vereinigten Völkermassen sich kein Zweig befinden, der der Dynastie und der Reichsidee ergebener wäre, als gerade die 400.000 Katholiken des Annexionsgebietes . . ." Daher sehen die Kroaten in Wien und in der Dynastie „. . . ganz allein ihren Gravitationspunkt . . ." – Beide Zitate: Memorandum 1909.

21 Memorandum 1908 und 1909.

22 „Seine Persönlichkeit, sowie sein rastloses . . . Streben sind bekannt . . . muß man auch die Ehrlichkeit, Opferwilligkeit und konsequente Überzeugungstreue seines teils kirchlichen, teils

Eine leise Reserviertheit ist aber zweifellos bereits im ersten Auffenbergschen Memorandum zu spüren. Stadlers Unduldsamkeit gegenüber Nichtkatholiken und seine Politik des „Wegtaufens" haben ihn bei Serben und Moslems gleichermaßen suspekt, ja verhaßt gemacht.[23]

Im schriftlichen Bericht vom Jänner 1909 ist trotz der nach wie vor gegebenen Würdigung eine deutlich spürbare Distanz zu Dr. Stadler und nun auch schärfere Kritik zu spüren. Durch seine starre und unduldsame Haltung richte Stadler mehr Schaden als Nutzen an und mache infolge seiner forcierten Bekehrungsversuche die muslimischen Bosnier und mehr noch die orthodoxen Serben zu seinen wütenden, enrangierten Gegnern. Aber auch innerhalb des katholischen Lagers bemerkt Auffenberg einen mehrfachen Riß. Zunächst führt er als Beispiel Dr. Nikola Mandić, Rechtsanwalt und Vizebürgermeister in Sarajevo, an. Mandić' volle Übereinstimmung mit dem Erzbischof wird noch 1908 außer Frage gestellt – was schon für diesen Zeitpunkt eher einem Wunschdenken entsprach. Im Jahre 1909 konstatiert der Berichterstatter bereits einen „... allerdings noch leichteren Gegensatz..." – wie er sich etwas euphemistisch ausdrückt – zwischen der katholisch-klerikalen Richtung Stadlers und der etwas liberaler eingestellten Gruppierung um Dr. Mandić.[24] Vor allem aber steht Stadler zu den bei der Bevölkerung der beiden Landesteile beliebten und dort stark verankerten Franziskanern in schroffem Gegensatz, die mit Recht auf ihre historischen Verdienste für den Katholizismus in Bosnien und der Hercegovina in der Osmanenzeit verweisen. Stadler wollte sie in den Bereich ihrer Klöster zurückschicken.[25] – Daher warnt Auffenberg am 19. Jänner 1909 vor einer allzu offensichtlichen und allzu einseitigen Hervorhebung der Verdienste und der Person von Erzbischof Stadler. Er verweist auf den Empfang der bei Franz Joseph vorsprechenden Deputation aus dem Annexionsgebiet. Bei dieser Gelegenheit fühlten sich die beiden Bischöfe von Mostar und Banjaluka, Pascal Buconjić und Marlan Marković „... etwas zurückgesetzt, da ihrer Anschauung nach die Allerhöchste

---

politischen Wirkens anerkennen." „Diese ... doch auch puritanische Reinheit und Strenge seiner Amtsführung muß Achtung erzwingen und es kann keinerlei Zweifel unterliegen, daß dieser Mann als eine der Stützen unserer ganzen Herrschaft zu zählen ist." Er glaubt auch „... an die einzig loyale, staatserhaltende Kraft der Katholiken (Kroaten-)Partei, die er nun mit allen Mitteln stärken und heben will ..." – Alle Zitate aus Memorandum 1908. – „Im Brennpunkt derselben steht die sonst so markige Gestalt des Erzbischofs Stadler, dessen wirkliche Verdienste um Staat und engeres Volkstum ja allgemein bekannt und gewürdigt sind." – Memorandum 1909.

23 „Seine Persönlichkeit, sowie sein rastloses mitunter derbes Streben sind bekannt. Eben diese Derbheit und Unduldsamkeit verschaffen ihm viele Feinde..." – „Diese, wenn auch grobkörnige ... Strenge seiner Amtsführung..." lassen ihn das „... allerdings wenig sympathische Mittel des Wegtaufens... anwenden." – Alle Zitate: Memorandum 1908. In seinen Memoiren faßt Auffenberg noch einmal zusammen: „Dieser typische Vertreter der Ecclesia militans... befand sich damals gerade in einer politischen Unannehmlichkeit, die ihm seine übermäßigen Bekehrungsbestrebungen zugezogen hatten, wodurch er zu den orthodoxen Serben in unüberbrückbaren Gegensatz geriet." – AUFFENBERG-KOMARÓW, S. 112.

24 Von Mandić heißt es noch 1908: „Sein Ideenkreis liegt vollkommen in jenem seines geistlichen Oberhirten, des Erzbischof Stadler." – Memorandum 1908. Vgl. zur geänderten Einschätzung: Memorandum 1909.

25 Zu den Franziskanern heißt es: „Sie sind auch mit der autochtonen Bevölkerung innig verwachsen, kommen aus derselben und haben daher auf dieselbe den größten Einfluß." – Zur Haltung Erzbischof Stadlers: „... benachteiligt er ab und zu die Franziskaner, die er gern in ihre Klöster zurückschicken möchte." – Beide Zitate: Memorandum 1909.

Huld und Gnade sich ausschließlich dem Erzbischof Stadler . . . zuwandte. Es gelang nur mit Mühe, diesen Zwiespalt zu verkleistern".[26]

Eine Lösung des Dilemmas ist für den Feldmarschalleutnant durchaus in Sicht. Wegen der vielzitierten, mehrere Gruppen umfassenden Gegnerschaft zu Erzbischof Stadler bietet es sich an, den für die Dynastie und die Reichsidee so verdienstvollen Mann in ein anderes, größeres, rein kroatisches Wirkungsfeld zu berufen. Wenig pietätvoll spielt Auffenberg auf das vorgerückte Alter von Erzbischof Georg Posilović an und rät die sich bald ergebende Sedisvakanz im angesprochenen Sinne zu nützen.[27]

Relativ knapp wird in den Denkschriften die Einstellung der *Moslems* abgehandelt. Für 1908 wird festgehalten, daß ein großer Teil der muslimischen Bevölkerung Bosniens und der Hercegovina „. . . jeglichem Regierungssystem gleichgültig gegenüber . . ." steht. Da sie sich – wie Auffenberg pauschal urteilt – in die „mitteleuropäischen Verhältnisse" nur schwer einordnen lassen, hofft ein guter Teil nach wie vor auf die Wiedereingliederung in das Osmanische Reich. Und gerade diese Gruppe ist nach dem Urteil Auffenbergs für die serbische Agitation und Propaganda, die geschickt das Hinausdrängen der „Österreicher" den Moslems gegenüber in den Vordergrund rückt, am ehesten anfällig. Daher ist festzustellen, daß der Großteil der muslimischen Bevölkerung der beiden Landesteile zweifellos „. . . mit den Serben geht".[28]

Im Jänner 1909 wird die überwiegend phlegmatische Reaktion der Moslems auf die nun eingetretene Annexion hervorgehoben. Nach der Annahme der Konventionalsumme für die Ablösung der vakuf-Güter durch das Osmanische Reich haben die muslimischen Landeseinwohner das Gefühl, vom Sultan wie Handelsware verkauft worden zu sein; und dies – wie bitter und zynisch vorgerechnet wird – um den Prokopfpreis von bloß 96 Piastern. Damit wurde wohl die Hoffnung auf eine Rückgliederung der beiden Landesteile in das Osmanische Reich auch nach außen sichtbar zu Grabe getragen. Nach dem Urteil des Berichterstatters ist der Abschluß der Konvention nicht nur aus außenpolitischen, sondern auch aus innenpolitischen Gesichtspunkten ein geschickter Schachzug der Doppelmonarchie gewesen.[29]

Unverändert, ja vielleicht noch deutlicher steht nach der Annexion fest, daß nur ein ganz kleiner Teil der Moslems für eine Zusammenarbeit mit den Kroaten des Landes und eine Kooperation mit der Reinen Rechtspartei in Kroatien-Slavonien zu haben ist. Die überwiegende Mehrheit steht ohne Zweifel auf der Seite der Serben, wird sich im kommenden Landtag in Opposition befinden und „. . . speziell gegen jegliche Angliederung stimmen . . .", stellt Auffenberg resignierend fest. Einen aktiven, vor allem aber einen bewaffneten Widerstand kann sich der Feldmar-

---

26 Memorandum 1909.
27 „Alle diese Gründe zusammengenommen ließen es vielleicht wünschenswert erscheinen, daß diesem hochverdienten Kirchenfürsten und Patrioten ein weites Feld der Tätigkeit anderweitig zugewiesen würde. Viele Patrioten und Anhänger von ihm würden ihm das Erzbistum in Agram wünschen, wenn sich daselbst – in voraussichtlich sehr kurzer Zeit – eine Sedisvakanz ergeben sollte." – Memorandum 1909.
28 Memorandum 1908.
29 „Man kann daher mit voller Berechtigung sagen, daß diese, die denen äußeren Verhältnissen der Monarchie so zuträgliche Konvention auch als ein besonders geschickter und glücklicher Schachzug zur Lösung der inneren Verhältnisse anzusehen ist." – Memorandum 1909.

schalleutnant allerdings nicht vorstellen: „Ansonsten sind aber die Türken ein ruhiges Element im Lande. Sie lieben uns ganz gewiß nicht, werden sich aber auch bei Eintritt ernster Verhältnisse kaum gegen uns wenden. Zum mindesten nicht freiwillig und nicht in werktätiger Weise."[30]

Außer jedem Zweifel steht die gegen die *Serben* gerichtete Grundeinstellung *aller* von Auffenberg befragten Auskunftspersonen und natürlich auch des Feldmarschalls selbst. Gleich zur Eröffnung seines Berichtes von 1908 läßt er Landeschef Winzor zu Wort kommen, der für eine eindeutige Änderung des künftigen Kurses eintritt: „Der Landeschef meint, daß die Regierungskunst, welche in den letzten Jahren den Serben gegenüber eine besonders wohlwollende Haltung angenommen hatte, sich nicht bewährt habe."[31]

Insgesamt gesehen, ist bei den Serben die generelle, die pauschale negative Beurteilung am stärksten zu spüren. Sie werden als irreversibel radikaloppositionelles, staatsgefährdendes und bösartig gefährliches Element eingestuft. Die besondere Instabilität und Unverläßlichkeit wird regional eingegrenzt: Besonders kritisch ist demnach die Haltung der serbischen Bevölkerung in Čajnica und Banjaluka einzuordnen, zusätzlich noch in der Krajina. Ganz besonders große Sorgen machen sich die führenden Militärs und auch die verantwortlichen Zivilpersonen um die Verhaltensweise der Serben in der Hercegovina, vor allem in jenen Gegenden, die an Montenegro angrenzen. Allgemein wird auf die Wirksamkeit der von außen kommenden gefährlichen Propaganda im Sinne der serbischen, der großserbischen Agitation hingewiesen. Sie prägt nicht nur die Serben, sie wirkt auch auf die Moslems ein. Den Serben selbst wird allgemein eine unversöhnliche Gegnerschaft zur Monarchie und zu allen der österreichisch-ungarischen Herrschaft loyal dienenden und positiv gegenüberstehenden Elementen attestiert. Auf Sektionschef Hörmann, Erzbischof Stadler und die Kroaten im Lande insgesamt wird besonders hingewiesen. Sie sind gegen jede Art der Eingliederung der beiden Landesteile, ganz besonders gegen die vorgenommene Annexion und werden, so wird prognostiziert, „Verdruß bereiten" und sogar „. . . hie und da auch Ausschreitungen größeren Stils . . ." verursachen. Die Trägerschicht der serbischen Bewegung im Lande wird im Bereich der „Intelligenz" und der „Halbintelligenz" angesiedelt, vor allem innerhalb der Geistlichkeit und der Juristen, sodann bei den Lehrern, Studenten und den Kaufleuten.[32]

Auffenberg faßt im Jänner 1909 noch einmal zusammen: „Bei Eintritt ernster Verhältnisse muß man seitens des serbischen Elementes aller Unzukömmlichkeiten gewärtig sein." Merkwürdig ambivalent in Widerspruch und Konsequenz ist die Einschätzung der Serben und die vorgezeichnete, eigene Verhaltensweise der Ordnungskräfte der Doppelmonarchie. Mut, Tatkraft und Einsatzwille der serbischen Bevölkerung wird als gering eingestuft, zuversichtlich hingegen die Chance beurteilt, bei hartem und energischem Einsatz der Exekutive die Kontrolle im Lande zu behalten.[33]

---

30 Memorandum 1909.
31 Memorandum 1908.
32 „Aber die Intelligenz und Halbintelligenz, dann speziell die Popen und Juristen sind unbedingte Anhänger der großserbischen Idee und Propaganda, die sie im geheimen und offen nach wie vor betreiben." – Memorandum 1908.
33 Der erste Bericht, der sich wesentlich ausführlicher als das zweite Memorandum mit den Serben

3. Plädoyer für die Annexion und Vorstellungen über die künftige staatsrechtliche Stellung

Ähnlich wie die Vertreter der Reinen Rechtspartei in Kroatien-Slavonien, ist Moritz von Auffenberg ein warmer Befürworter der möglichst bald einzuleitenden und mit allen Konsequenzen durchzuführenden vollen Annexion der beiden Landesteile. Er hebt gleich in seinem ersten Bericht an prominenter Stelle hervor, daß in den kroatischen Ländern, aber auch bei den Beamten und Spitzenfunktionären der beiden Provinzen, besonders bei allen „... loyal gesinnten Männern des Okkupationsgebietes ... die Annexion höchst wünschenswert, ja notwendig ist". Nüchtern hält er allerdings fest, daß in Bosnien und der Hercegovina „... nur die Kroaten dafür ..." sind. Vor allem der katholische Erzbischof Stadler und sein Kreis treten ganz vehement dafür ein, streben eine Lösung im Sinne des Trialismus an. Dies war gewiß eine Vorstellung, der auch Moritz von Auffenberg mit Sympathie gegenüberstand.[34]

Die anzustrebende Annexion ist nach Ansicht Auffenbergs aber in dreifacher Hinsicht umfassend vorzubereiten und abzusichern. Sie muß demnach vom Standpunkt Kroatien-Slavoniens erwogen werden. Sie hat aber auch vom Blickwinkel der Gesamtmonarchie und der Frage des Staatsaufbaues gesehen zu werden. Und schließlich sind noch die außenpolitischen Implikationen und Folgewirkungen in Rechnung zu stellen.[35] Soweit die Erwartungshaltung im Memorandum von 1908.

Nach vollzogener Annexion widmet sich Feldmarschalleutnant von Auffenberg in seinem zweiten Memorandum vom 19. Jänner 1909 der künftigen staatsrechtlichen Stellung der annektierten Provinzen, der Einberufung und Zusammensetzung des Landtages und dem Ausmaß der autonomen Landeskompetenzen. Die Meinungen – so schreibt er über die staatsrechtliche Einordnung des Annexionsgebietes – gehen „... sehr weit auseinander". Es bestehe kein Zweifel, daß gerade die Regelung dieses Problems „... eine äußerst gefährliche Klippe – früher oder später – bilden wird ...". Auffenberg selbst hält sich nach außen hin und vordergründig zurück: „Darüber eine bestimmte Meinung auszusprechen, geht über den Rahmen dieser Zeilen." Wenn man aber das von ihm vermittelte Bild einzuordnen versucht, dann ist seine Präferenz – immer noch in Richtung der kroatischen Vorstellungen – unschwer zu erkennen.[36]

Demgemäß rückt er den Standpunkt der Kroaten erneut in den Mittelpunkt seiner Berichterstattung. Die Kroaten in Bosnien und der Hercegovina – so schreibt er –

---

auseinandersetzt, referiert über die Einschätzung Sektionschef Hörmanns: „Er hält übrigens die Serben für wenig mutvoll und meint, daß wenn die Gendarmerie auf vollen Stand gebracht und die Garnisonen etwas verstärkt werden, man – bei energischem Auftreten allen Eventualitäten gewachsen wäre." Auch Kreisvorsteher Mollinary schätzt die serbische Bevölkerung ähnlich negativ ein: „Speziell er hält auch nicht viel von den kriegerischen Instinkten und eventuellen Taten der serbischen Bevölkerung ..." – Memorandum 1908.

34 Memorandum 1908. – In seinen Memoiren von 1921 umreißt Auffenberg seine eigenen Vorstellungen: „Meine Leit- und Richtlinie war die Schaffung eines südslawischen Staates im Rahmen der Monarchie, wobei ich an eine eventuelle weitere Föderalisierung des Staates dachte ... Mein Grundsatz: ‚Durch Vielheit zur Einheit' hätte möglicherweise zu einem Staatswesen geführt, das bei aller föderativer Vielgestaltigkeit doch einen gemeinsamen Kern und – was noch mehr galt – im großen ein einheitliches Ziel gehabt hätte." – AUFFENBERG-KOMARÓW, S. 114 f.
35 Memorandum 1908.
36 Memorandum 1909.

sind verständlicherweise über die erfolgte Inkorporierung am meisten von allen Bevölkerungsgruppen erfreut. Ein wesentlicher Teil unter der Führung von Erzbischof Stadler tritt ganz offen und sehr entschieden für die Vereinigung aller südslavischen Länder der Monarchie in Form des Trialismus ein. Damit nehmen sie den gleichen Standpunkt wie die meisten der führenden Politiker Kroatien-Slavoniens ein, vor allem jene der Reinen Rechtspartei.[37]

Die Kroaten äußern auch den Wunsch, daß die künftige Enquete zur Beratung der staatsrechtlichen Frage unter dem Vorsitz des Finanzministers möglichst bald abgehalten werden solle. Sie plädieren für die Unterstellung des Annexionsgebietes „... als eine Art Reichsland unter die Kompetenz des k. u. k. Ministers des k. u. k. Hauses und des Äußern". Als Begründung führt Auffenberg an: „Sie argumentieren, daß eben die vorläufig exempte Stellung des Annexionsgebietes als eine Art Reichsland dasselbe direkt von der Person des Monarchen dependieren läßt, als dessen nächstes und eigentliches Organ aber der Minister des k. Hauses [sic!] fungiert." – Darin sehen die Kroaten Bosniens ein Mittel, sich aus dem Sog einer direkten bzw. indirekten magyarischen Einflußnahme zu lösen.[38]

Etwas vielschichtiger und komplexer stellt sich die Situation der Moslems dar. Jene kleine Gruppe, die nicht unbedingt mit den Serben kooperieren will, ist gegen eine Vereinigung mit Kroatien-Slavonien und damit gegen den Trialismus eingestellt. Sie ist eher für einen Zusammenschluß mit dem zum österreichischen Reichsteil gehörenden Königreich Dalmatien zu haben. Denn die meisten, die sich mehr oder weniger mit der Annexion als Faktum abgefunden haben, wollen lieber unter der „deutschen", sprich kaiserlich-österreichischen Verwaltung eingeordnet werden: „Viele unter jenen [Moslems, Anm. d. Verf.], die sich mit der Annexion tant bien que mal abgefunden haben, konzentrieren aber ihre Anschauungen in dem Satz: Najbolje nam je ispod Švabe..."[39]

Die Serben des Annexionsgebietes stehen am eindeutigsten auf dem Standpunkt der vollen und unbeschränkten Autonomie und sprechen sich ganz entschieden gegen jede Form der Angliederung aus. Die Mehrheit der Moslems schließt sich diesem Standpunkt an. Sie rechnen mit einer sicheren und fundierten Mehrheit im künftigen Landtag. Auf dieser Grundlage erhoffen sich die Serben für die Zukunft die Möglichkeit eines allfälligen Anschlusses an Serbien bzw. an Montenegro offenzuhalten.[40]

Alle Bevölkerungsgruppen der beiden Länder – Serben, Moslems und Kroaten – sind in seltener Einmütigkeit in einer Grundposition einig: Eine wie immer geartete Eingliederung in den Verband der Länder der Stephanskrone und damit eine Inkorporierung in Ungarn kommt überhaupt nicht in Frage. Die Praxis der ungarischen

---

37 „Die heiße Liebe, mit der man in Kroatien den Zusammenschluß der südslawischen Länder anstrebt, wird hierlands nur von den Kroaten erwidert. Die sind ganz und voll dafür und erblicken in einem anzustrebenden Trialismus das Ziel ihres Stammes und des Reiches. Allen voran der Erzbischof Stadler und sein engerer Anhang." – Memorandum 1909.
38 Memorandum 1909.
39 Auffenberg erläutert auch gleich: „Dabei ist unter ‚Schwab' nicht just der Deutsche gemeint. sondern die Gesamtheit der Funktionäre hoch und niedrig, die bisher das Land in all den verschiedenen Zweigen verwaltet, administriert und vorwärts gebracht haben und die allüberall als Organe der kaiserlichen Regierungsgewalt angesehen wurden und werden." Memorandum 1909.
40 Memorandum 1909.

Nationalitätenpolitik und die Art und Weise, wie das Verhältnis Ungarns zu Kroatien-Slavonien geregelt und gehandhabt wird, steht dabei allen als warnendes Beispiel vor Augen. An dieser Grundhaltung konnten – so vermerkt der Berichterstatter mit Genugtuung – weder die nicht zu übersehenden Avancen der Unabhängigkeitspartei noch die Politik des Kreisvorstehers in Mostar, der den Serben der Hercegovina die ungarische Orientierung nahebringen wollte, etwas ändern.[41] – Die antimagyarische Einstellung Moritz von Auffenbergs ist nicht zu übersehen. Sie kommt in seinen Memoranden in mehreren Passagen zur Geltung. Zu verweisen ist in diesem Zusammenhang u. a. auf die scharfe Kritik an der Unterstützung der serbischen Agitation durch die Unabhängigkeitspartei und an der promagyarischen Haltung des Kreisvorstehers von Mostar, auf das große Mißtrauen gegenüber den wirtschaftlichen und kreditpolitischen Vorstößen von ungarischer Seite und schließlich – es wird noch darauf einzugehen sein – auf das Hervorheben der Nützlichkeit der einheitlichen deutschen Kommandosprache für die gemeinsame Armee.

In unmittelbarem Zusammenhang mit der schwierigen Frage der staatsrechtlichen Einordnung ist auch das Problem des künftigen Landtages, seiner Kompetenz und seiner Zusammensetzung zu sehen. Auffenberg bricht eine Lanze für die Autonomie der beiden Landesteile. Er merkt an, daß man bei der Wahlordnung des Landtages vermeiden solle, „. . . das loyalste Element . . .", er meint die Kroaten, zu majorisieren. Wie man dies allerdings in die Praxis umsetzen soll, ohne einen massiven Eingriff von außen zuzulassen, bleibt offen. Er warnt jedenfalls ganz entschieden vor einem Gewaltakt von außen, vor einem massiven Eingriff, denn das sind „. . . Dinge, die den Keim der Zersetzung vom Anfang an in sich tragen."[42]

Eingehender mit der Landesautonomie und mit der Landtagsfrage setzt sich die anonyme Denkschrift auseinander, die Auffenberg seinem zweiten Memorandum beilegt. Der Verfasser spricht sich vehement für die volle Autonomie der beiden Länder aus, die nicht von der Zentrale in Wien regiert werden sollen. Den Landeseinwohnern wurde bereits am 7. Oktober 1908 eine eigene Verfassung versprochen. Nun hofft man auf eine eigenständige Gesetzgebung im autonomen Bereich und vor allem auf eine selbständige Budgeterstellung. Bei den Landeseinwohnern habe die Tatsache, daß bisher weder etwas von Wahlen noch von Parteiprogrammen zu hören war, bereits einiges Befremden ausgelöst. Wie allgemein bekannt, so mahnt der anonyme Verfasser ein, habe man der Bevölkerung des Osmanischen Reiches am 24. Juli des Vorjahres eine Verfassung konzediert. Und das Parlament in Istanbul sei bereits am 12. Dezember zusammengetreten. Es sei dringend zu empfehlen und würde die Stimmung der Bevölkerung kalmieren, wenn man bereit sei, ihr „. . . mindestens einen Brocken hinzulegen . . .". Damit werde man – so schließt die Denkschrift – die Attraktivität der Vorgänge im Osmanischen Reich vermindern und auch einer Orientierung nach Serbien, nach Belgrad zweifellos einen Riegel vorschieben.[43]

---

41 „Nur in *einer* Richtung denken alle 3 Hauptgruppen ganz gleich und dies ist die unbedingte Verhinderung eines *direkten* Anschlusses an Ungarn. Eine in diesem Sinne etwa geplante Maßnahme würde alle zum Kampf vereinen." – Memorandum 1909.

42 „. . . so müßte man zu einem sehr komplizierten (um nicht zu sagen ungerechten) Kurien-System greifen und außerdem noch eine verwickelte Wahlgeometrie in Anwendung bringen." – Memorandum 1909.

43 „Hier im Reichsland wäre es gut zur Ablenkung der Gemüter der in polit. Beziehung leicht

4. Wirtschaftliche und sozialpolitische Vorstellungen

Gerade bei seinen wirtschafts- und sozialpolitischen Vorschlägen ist Moritz von Auffenberg von seiner prokroatischen Orientierung und seinen antiserbischen Einstellungen geleitet.

Im April 1908 setzt er sich für eine materielle und finanzielle Unterstützung der Katholiken, der Kroaten in Bosnien und der Hercegovina ein. Gleichzeitig spricht er sich gegen jede rechtliche oder administrative Bevorzugung im wirtschaftlichen Bereich aus. Denn eine solche werde nur die Serben und die Moslems „... sofort und mit Recht erbittern...". Durch eine Bereitstellung billiger und günstiger Kredite und den geförderten An- bzw. Rückkauf von „freiwerdenden Grundstücken" sei die vermögensmäßige Lage der Kroaten in den beiden Landesteilen zu verbessern. „Freilich Staat und Gesellschaft müssen dabei mitwirken, sonst gehts nicht...", spricht Auffenberg die öffentliche Mitwirkung bzw. die Unterstützung durch die öffentliche Hand ganz direkt an.[44]

Aber für Kroaten soll nicht nur die materielle Grundlage verbessert werden. Das „loyale", der Monarchie positiv gegenüberstehende Element im Lande soll quantitativ, zahlenmäßig angehoben werden. Wenn mit staatlicher Unterstützung in Bosnien und der Hercegovina tatsächlich Grundbesitz angekauft wird, so ergibt sich nach den Vorstellungen des Feldmarschalleutnants noch die zusätzliche Möglichkeit, längerdienende Unteroffiziere von südslavischen und ukrainisch-ruthenischen Truppenteilen der k. u. k. Armee auf diesen Gütern anzusiedeln. Der mehrfache Nutzeffekt wird deutlich hervorgehoben: „Gäben nun nicht gerade diese ein vortreffliches Kolonisten-Material und würden in dieser Weise für staatliche Güter nicht einerseits sehr gute Pächter, anderseits verläßliche Volkselemente resultieren?" – Und Auffenberg macht gleich einen zahlenmäßigen Überschlag: Es stehen zur Zeit rund 4.000 längerdienende Unteroffiziere zur Verfügung, von denen man gegenwärtig ohnehin nur 1.000 Mann mit viel Mühe mit Zivilposten versorgen kann.[45]

In seinem Memorandum vom 19. Jänner 1909 geht Moritz von Auffenberg etwas detaillierter auf die Frage der Grundentlastung und der Bodenreform ein. Er urgiert die Bereitstellung der dafür nötigen Kreditmittel, eine österreichische, eine cisleithanische Offensive auf dem Bankensektor und ein forciertes Vorantreiben der Regelung der Agrarfrage in den Annexionsgebieten. Die in den beiden annektierten Provinzen vorhandenen Kreditinstitute befinden sich nach Auffassung des Feldmarschalleutnants überwiegend unter serbischer Kontrolle, und dies zum Nachteil der kroatischen und z. T. auch der muslimischen Bevölkerung. Denn die serbischen Finanzkreise haben nach seiner Darstellung „... tatsächlich einen wirtschaftlichen Kampf gegen die Kroaten und auch gegen jene Moslims eröffnet... die mit den Kroaten sympathisieren. Solchen Leuten werden z. B. rücksichtslos die Kapitalien gekündigt, so daß manche schon in die größte Verlegenheit geraten sind".[46]

Deutlich und mit einiger Sorge wird auf die sich konkret abzeichnende ungarische Initiative hingewiesen: Eine „ungarische Agrar- und Hypotekenbank" solle in

---

anzuregenden Bevölkerung ‚mindestens einen Brocken hinzulegen', damit sie nicht so sehr die Vorgänge in Belgrad verfolgt." – Bericht.
44 Memorandum 1909.
45 Memorandum 1908.
46 Memorandum 1909.

Sarajevo errichtet werden, und der Präsident der Ungarischen Handels- und Gewerbekammer und Generaldirektor der Ungarischen Handelsbank Leó Lánczi werde in Bälde in die bosnische Hauptstadt kommen, um die Ausweitung der ungarischen Möglichkeiten auf dem Kredit- und Wirtschaftssektor zu sondieren. Dies müsse nach Auffenberg ein Anstoß sein, daß auch die andere Reichshälfte aktiv werde: „Sowohl im Interesse des Ungarntums als auch der Agrarier im Lande kann ja das nur gutgeheißen werden, sollte aber andrerseits den säumigen Österreichern endlich ein Ansporn sein, in der Richtung doch auch etwas zu tun." Hervorzuheben ist auch Auffenbergs wiederholte Aufforderung, unbeirrt und nachhaltig auf den großen Kapitalbedarf des Landes hinzuweisen: „Das Land verlangt und verträgt noch eine Menge Kapitalkräfte ... Mit diesbezüglichen Anregungen sollte nicht aufgehört werden, bevor sie nicht tatsächlich zu einem greifbaren und mächtigen Erfolg geführt haben."[47]

5. Verstärkung der Bewaffneten Macht und Politik der Härte

Vor der Annexion wird von einigen verantwortlichen Persönlichkeiten – vom Landeschef Feldmarschalleutnant Winzor, vom Sektionschef Hörman, denen sich auch Feldmarschalleutnant Auffenberg selbst anschließt – wiederholt die Unterdotierug der Bewaffneten Macht, von Militär, Gendarmerie und Zollwache, kritisiert. Die dringend benötigte Verstärkung unter Einsatz aller Mittel wird gefordert.

So beklagt z. B. Landeschef Winzor ein Personalmanko bei der Gendarmerie von immerhin 200 Mann, die auf den ohnehin geringen Sollstand fehlen. Diesem Mangel – unterstützt Auffenberg den Landeschef – muß sofort und energisch abgeholfen werden. Winzor und Auffenberg drängen beide auf umgehende Verstärkung der Garnisonen in den okkupierten Landesteilen. Denn in den letzten zehn Jahren seien die Truppenstärken laufend reduziert worden. So sei beispielsweise im Kreis Travnik, der immerhin größer ist als Montenegro, bloß ein Bataillon, also rund 250 Mann stationiert.[48]

Feldmarschalleutnant von Auffenberg warnt vor Saumseligkeit und zu spät erfolgender Truppenzuführung. Für ihn stellt sich die Frage: „Wie soll da eine eventuell nötige Machtentfaltung vor sich gehen? ... um gleich in den Anfangsstadien Herr der Situation zu werden. Gerade darauf käme es aber hier an."[49]

Knapp vor Ablauf des Jahres 1908 wurden die Truppen in Bosnien und der Hercegovina Zug um Zug verstärkt,[50] was Auffenberg im Jänner 1909 mit Genug-

---

47 Memorandum 1909.
48 Memorandum 1908.
49 Memorandum 1908.
50 Vgl. dazu insbesondere: Militärische Maßnahmen zur Unterdrückung politischer Umtriebe in den okkupierten Provinzen – KA, MKSM – 97-2/1 von 1908; Teilweise Mobilisierung der Nichtaktiven – KA, MKSM – 33-2/10 von 1908; Versetzung der festen Plätze in kriegsbereiten Zustand – KA, MKSM 93-1/69 von 1908; Vorbereitung der teilweisen Mobilisierung für das Okkupationsgebiet – KA, MKSM – 69-1/19, 20, 22, 23, 27 von 1908; Verlegung von 15 Infanteriebataillonen und einer Eskadron aus dem Inneren der Monarchie nach Bosnien und Hercegovina – KA, MKSM – 69-1/19-2; Ermächtigung des Herrschers zur selbständigen Einberufung der Nichtaktiven in Bosnien, der Hercegovina und in Dalmatien im Falle einer feindlichen Grenzüberschreitung – KA, MKSM – 82-3/3.4.; GUSTAV V. HUBKA, Wenn Kriegsgefahr droht. Rückblicke auf kritische Jahre

tuung registriert. Er stellt die rhetorische Frage, was passiert wäre, wenn die Verstärkung nicht zeitgerecht in Marsch gesetzt worden wären. Etwas maliziös und süffisant stellt der Feldmarschalleutnant fest, daß entgegen aller in der Monarchie gewohnten Tradition diesmal die Versorgung der Truppen geradezu ausgezeichnet funktioniert habe. Aber dennoch gebe es einige Verbesserungsvorschläge. Der Bau von zusätzlichen Gebirgs-Feldbahnen für Truppentransport und Nachschub und die Bereitstellung von Kraftfahrzeugen für die höheren Kommandostellen werden genauso gefordert wie die unabdingbare Verstärkung der 18. Truppendivision in der Krisenregion Hercegovina.[51]

Von den im Annexionsgebiet eingesetzten Truppenteilen weiß der Feldmarschalleutnant im wesentlichen nur Positives zu berichten. Trotz der Tatsache, daß es sich um bunt zusammengewürfelte Mannschaften – präsente Leute, Urlauber, Rekruten, Ersatzreservisten etc. – handelt, zusammengezogen aus allen Regionen der Monarchie, machen sie gute Figur: „Ein Mikrokosmos der alten k. u. k. Armee."[52]

Mit deutlicher Anspielung auf die kurz zuvor überwundene Wehrkrise mit Ungarn lobt der Feldmarschalleutnant den „verbindenden traditionellen Soldatengeist" und hebt die Tunlichkeit der einheitlichen Kommandosprache hervor.[53]

In seinem Resümee des Memorandums vom Jänner 1909 spricht Auffenberg dann abschließend die Erwartungshaltung der k. u. k. Armee und deren Führung an. Sie sei ganz im Sinne einer aktiven, einer harten und auf Aktion drängenden Position einer Großmacht abgestellt, bereit zum Einsatz im Inneren wie nach außen:
1. Die bewaffnete Macht der k. u. k. Armee rechne nun damit, daß endlich zu einem günstigen Zeitpunkt die ohnehin nötige und unausweichliche Aktion – gemeint ist die bewaffnete Auseinandersetzung mit Serbien – in die Wege geleitet werde.
2. Für diese Aktion sei die Armee gerüstet und bereit.
3. Eine Großmacht könne es sich auf die Dauer nicht leisten, sich demütigen und provozieren zu lassen.[54]

aus: Naučni skup posvećen 80. godišnjici aneksije Bosne i Hercegovine. Akademija nauka i umjetnosti Bosne i Hercegovine. Posebna izdanja. Knjiga XCIX. Odjeljene društvenih nauka, knjiga 29 (Sarajevo 1991), S. 81 – 101.

---

in der Geschichte Österreichs (unveröffentl. Typoskript 1954) – KA – B/61, Nr. 25. S. 23 – 30.
51 „Wenn man die dermalige militärische Situation betrachtet, so wird man sich erst Recht bewußt, wie außerordentlich gefahrdrohend und schwierig dieselbe *vor* dem Eintreffen der Verstärkungen aller Art gewesen sein mag und wie notwendig daher dieselben waren." – „Allseits aber auch auf das wohltuendste überrascht war man über die Munifizenz der Kriegsverwaltung und über die Reichhaltigkeit der mit einemmal zur Verfügung gestellten Mittel. In dieser Richtung versagte diesmal die Tradition völlig, gewiß aber nur zum Wohl der Sache." Beides: Memorandum 1909. Vgl. auch: Bericht, zu den Verbesserungsvorschlägen.
52 Memorandum 1909.
53 „Was wären diese Truppen und Gruppen ohne den sie verbindenden traditionellen Soldatengeist, was ohne einer gemeinsamen, einheitlichen Kommandosprache." – Memorandum 1909.
54 „Sie [die Armee, Anm. d. Verf.] glaubt an die Notwendigkeit einer Aktion, da nur in dieser Weise eine günstige Basis für die Lösung einschneidender Fragen – innerer und äußerer Natur – gefunden werden könne, die dem Staate ganz unausweichlich und in kurzer Zeit bevorsteht.
Sie glaubt auch, daß für eine bewußte und gewollte Aktion, die äußeren Verhältnisse günstig liegen, zum mindesten für alle Fälle Kräfte nicht übersteigen würden. Und schließlich glaubt sie, es sollte und müßte endlich mit der Gewohnheit gebrochen werden, daß ein großer Kulturstaat durch das Stirnrunzeln eines Serdars in Erregung und Bewegung gebracht werden könne." – Memorandum 1909.

Prozeß Banja Luka 1916: Das Militärgutachten

Vom 3. November 1915 bis zum 14. März 1916 dauerte die Hauptverhandlung im Hochverratsprozeß von Banja Luka. Insgesamt 151 Personen waren des Hochverrates angeklagt. Eine wesentliche Rolle für die Entscheidungsfindung des Gerichts – das Urteil erging am 22. April des Jahres 1916[1] – spielte zweifelsohne das Prozeßgutachten des abkommandierten Militärsachverständigen. Der Gutachter hatte eine große, eine bedrückend große Verantwortung zu tragen. Im Hinblick auf den Krieg und den Ausnahmezustand, unter der Belastung der eindeutig antiserbischen Stimmung in der Monarchie wog die Anklage des Hochverrates, der Spionage doppelt schwer. Der Militärgutachter Oberstleutnant Georg Sertić hielt im wahrsten Sinne des Wortes das Leben der Angeklagten in der Hand.

I.

Wer war nun diese *mitentscheidende Person,* wie sahen die Grundlagen ihrer Tätigkeit aus? Georg Sertić wurde am 16. August 1863 in Jezerane in der Lika-Krbava geboren, er war römisch-katholisch, sein Vater diente als Hauptmann in der k. u. k. Armee. Nach dem Besuch von drei Gymnasialklassen in Zengg (Senj) absolvierte Sertić die Infanteriekadettenschule in Karlstadt (Karlovac). Nach Abschluß seiner Ausbildung trat er in den aktiven Militärdienst als Offizier ein und war ausschließlich in südslavischen Regionen der Doppelmonarchie stationiert. 1885 wurde Sertić aus dem Militärstand in den Dienstbereich des königlich-ungarisch-slavonischen Gendarmeriekommandos übernommen. 1899 wurde er in den vorzeitigen Ruhestand versetzt. Gründe dafür sind aus den Akten nicht ersichtlich. Ab 1905 wurde er als Offizier reaktiviert und in verschiedenen Kommandostellen als Verwaltungsoffizier eingesetzt. Ab 1909, seit der Annexionskrise, war er vornehmlich als Nachrichtenoffizier beim 15. Korps-Kommando tätig. Von Ende Juli bis Jahresende 1914 versah er seinen Dienst als Nachrichtenoffizier in der Nachrichtengruppe des Kommandos der Radioabhorchstation beim 3. Armeekommando. Anschließend übernahm er die Hauptnachrichtenstelle beim Kommandierenden General in Bosnien und der Hercegovina und danach die Führung der Radioabhorchstation beim 3. Armeekommando.

---

1 Vgl. das Urteil – neben 53 Freisprüchen wurden immerhin 16 Todesurteile gefällt – Kriegsarchiv Wien (weiterhin KA), Evidenzbüro (weiterhin Ev. B.) v. 1916 – fasc. 5697, K 4.822/1916; zusätzlich: Abschrift Chiffretelegramm Landesregierung Sarajevo an k. u. k. Gemeinsames Finanzministerium, dat. 22. April 1916 – KA, Kriegsüberwachungsamt (welterhin: KÜA), 67.666/1916.

Vom 4. November 1915 bis zum 31. Jänner 1916 war er als Militärsachverständiger im Hochverratsprozeß dem Kreisgericht Banja Luka zugeteilt.

Bei all diesen Diensteinteilungen kamen Sertić seine Sprachkenntnisse zugute. Er beherrschte das Deutsche und das Serbo-Kroatische in Wort und Schrift perfekt und hatte auch Ungarischkenntnisse aufzuweisen. In der Qualifikationsliste wurden seine hervorragenden bis guten Leistungen gewürdigt, vor allem sein ernster, fester und energisch-harter Charakter hervorgehoben und seine Eignung für den Nachrichtendienst in den Vordergrund gerückt. Auch nach dem Prozeß von Banja Luka war er an verschiedene südslavische Standorte (Mostar, Zara/Zadar, Pola/Pula) als Platz- und Stationskommandant abkommandiert und immer auch mit nachrichtendienstlichen Agenden betraut. Ab 1916 überwogen allerdings die negativen Bewertungen in der Qualifikationsliste.[2]

Mit dem zweiundfünfzigjährigen Oberstleutnant Georg Sertić war von den Militärbehörden jedenfalls ein mit der Materie des Nachrichtenwesens vertrauter, aber harter und unbeugsamer Mann zum Gutachter im Prozeß von Banja Luka abkommandiert worden.

Die Basis des von Oberstleutnant Sertić bei der Hauptverhandlung am 21. und 22. Jänner abgegebenen umfangreichen Gutachtens bildeten das in Loznica in Serbien gefundene Kundschaftsmaterial, die bis zur Abgabe des Gutachtens erfolgten Einvernahmen von Beschuldigten und Zeugen, die Einwendung der Rechtsanwälte und auch seine – wie er mehrfach betonte – langjährige Erfahrung im Nachrichtendienst, insbesondere gegenüber dem Königreich Serbien. Von den erbeuteten serbischen Akten stützte sich Sertić hauptsächlich auf das Tagebuch (dnevnik rada) und das Exhibitenprotokoll des königlich-serbischen Kundschaftsoffiziers in Loznica Kosta Todorović, während das Original-Protokollbuch von Todorović nicht aufgefunden werden konnte und der serbische Kundschaftsoffizier – wie der Sachverständige klarlegte – aus einsichtigen Gründen (um die angeworbenen Konfidenten zu schützen) – die Originalmeldungen vernichtet hatte.

Um allen bisherigen und eventuell noch folgenden Einwendungen der Beschuldigten bzw. der Verteidiger vorzubeugen, unterstrich der Gutachter die Authentizität und absolute Echtheit der serbischen Dokumente. Zur Aussage- und Beweiskraft der Aufzeichnungen des serbischen Kundschaftsoffiziers versuchte Sertić der Argumentation der Beschuldigten, sie seien nur einmal bzw. gar nicht namentlich erwähnt, den Boden zu entziehen. Die Tatsache der Nichterwähnung sei kein schlüssiger Entlastungs- und Unschuldsbeweis, da auf Grund des aufgebauten Kundschaftersystems Kosta Todorović nur mit den allerwenigsten der von ihm eingesetzten Agenten in direkten Kontakt getreten sei.[3]

---

2 Beurteilungen vor 1916: „Fester, entschiedener Charakter . . .", „Ernster, fester Charakter, energisch . . .", „. . . sehr gediegener, unbedingt verläßlicher Offizier . . ." „Besitzt als ehemaliger Gendarmerieoffizier besondere Eignung zur Leitung des Nachrichtenwesens bei höheren Kommanden . . ." Wesentlich negativer dann ab 1916: „Selbstbewußter, von eigenartigen Anschauungen durchsetzter Charakter . . ." „Verschlossener, nicht leicht durchschaubarer Charakter, lebt abseits. geht auch im Dienst seine eigenen Wege . . .". – KA – Qual. Fasc. 2715.

3 Gutachten Georg Sertić (Übersetzung aus dem Serbo-Kroatischen), Banjaluka. 21./22. Jänner 1916 (weiterhin: Gutachten Sertić) – KA, Ev. B. v. 1916, fasc. 5664, K 2980/1916. Sertić betont auf Seite 1 des umfangreichen, 35seitigen Gutachtens, „. . . daß alle in Serbien vorgefundenen, auf dieses Delikt bezüglichen Akten unanfechtbar authentisch sind". Auf S. 23 heißt es (ähnlich wie auf S. 27): „Die Originalmeldungen vernichtet er stets nach dem Gebrauch, um einer Kompromit-

II.

Die von Oberstleutnant Sertić skizzierte *generelle Haltung des Königreiches Serbien seit 1903* entsprach der offiziellen Haltung der Doppelmonarchie und bot keine Überraschungen. Demnach sei das Königreich unter den Obrenovići bis 1903 zur Monarchie in gutnachbarlichen Beziehungen gestanden, vor allem sei die Landesverteidigung in erster Linie von defensiven Überlegungen getragen gewesen. Mit der Thronbesteigung König Peters aber habe sich diese Grundhaltung geändert. Zu den politischen Aspirationen, zuerst gegen das Osmanische Reich, dann gegen die Doppelmonarchie, seien nun „aggressive Absichten" getreten. Das Militäretat sei von der Skupština laufend erhöht, Verstärkung und Bewaffnung des Heeres vorangetrieben, und als Folge davon auch der militärische Nachrichtendienst verstärkt ausgebaut worden. Dieser Nachrichtendienst wurde vom Hauptgeneralstab in Belgrad gesteuert, dem die Stäbe der einzelnen Divisionskommanden unterstanden. Für Bosnien und die Hercegovina sei der Divisionsstab in Valjevo zuständig gewesen. Ab 1911 seien dann eigene Kundschaftsoffiziere als „Rayonsinspektoren" an der Grenze postiert worden, die ihre Meldungen an die zuständigen Divisionsstäbe bzw. an den Generalstab in Belgrad zu richten hatten. Für diesen Kundschafterdienst seien Offiziere ausgewählt worden, die militärisch vorzüglich ausgebildet und daher vielseitig einsetzbar, durch einen „ausgesprochenen Charakter" und durch finanzielle Unabhängigkeit ausgezeichnet gewesen seien.[4] Und gerade die bosnisch-hercegovinische Grenze habe ganz vorzügliche Voraussetzungen für eine erfolgreiche Tätigkeit des serbischen Kundschafterdienstes geboten. Dafür waren mehrere Faktoren entscheidend: die z. T. trockene Grenze, die lebhafte Kommunikation der vor allem serbischen Bevölkerung beiderseits der Grenze, die großen Sympathien, die die Serben Bosniens und der Hercegovina für ihre Konationalen im Königreich hegten, und vor allem die umfassende Tätigkeit und das grenzübergreifende Netz der Narodna odbrana und anderer serbischer Organisationen.[5]

III. Tätigkeitsrahmen des königlich serbischen Kundschaftsoffiziers Kosta Todorović

Am 18. Mai des Jahres 1911 wurde der damalige Hauptmann II. Klasse der königlich-serbischen Armee Kosta Todorović als „Rayonsinspektor" nach Loznica an der Drina versetzt. Im Laufe seiner Tätigkeit wurde er zum Hauptmann I. Klasse und schließlich 1913 zum Major befördert. Der geschilderten Befehlsstruktur entsprechend, war Todorović mit Aufgaben des Kundschafterdienstes gegenüber Bos-

---

tierung seiner Konfidenten vorzubeugen. Jetzt werden auch jene Angeklagten, die sich damit verteidigen, daß bei Todorović keine einzige ihrer Meldungen gefunden wurde, begreifen, warum dies nicht möglich ist."
4 Gutachten Sertić, S. 3 – 6. – „Der Dienst des Kundschaftsoffiziers ist vielseitig. Er soll nebst allseitiger vorzüglicher fachlicher Bildung ein ausgesprochener Charakter und finanziell vollkommen geordnet sein". – S. 6.
5 Gutachten Sertić, S. 8 f. – „Ich muß hier ausdrücklich betonen, daß sich selten. wahrscheinlich niemals, einem Kundschaftsoffizier eine so günstige Gelegenheit für seine Tätigkeit geboten hat, wie sie die serbischen Kundschaftsoffiziere an der bosnischen Grenze gehabt haben." S. 8.

nien und der Hercegovina betraut und hatte seine Meldungen an den Divisionsstab in Valjevo bzw. direkt an den Generalstab in Belgrad zu übermitteln. Er war – und dies hob Gutachter Sertić besonders hervor – aktives Mitglied der Narodna odbrana und im Nachrichtendienst der serbischen Armee kein Neuling.

1. Generelle Zielsetzung und erste Maßnahmen

Die Aufgabenstellung Kosta Todorović' war – wie der Gutachter ausführte – eine mehrfache. Im Rahmen des „defensiven Kundschafterdienstes" hatte er die Spionageabwehr in seinem serbischen Hinterland zu organisieren. Er konnte sich dabei auf die serbischen Behörden, eigene serbische Vertrauensleute, aber auch auf seine Konfidenten aus Bosnien und der Hercegovina stützen, die ihm, so Sertić, „. . . die Vertrauensmänner hierseitiger Behörden (im Königreich Serbien, Anm. des Verfassers) namhaft machten". Komplexer und vielschichtiger war der offensive Kundschafterdienst, die Ausspähung des potentiellen Gegners und Feindes. Hier waren Informationen zu sammeln über „Stand und Stärke der Garnison, Aufklärung über militärische Anstalten und Einrichtungen als Kasernen, Munitionsdepots, Magazine, Festungen und alle Arten Kommunikation".[6] Soweit der rein militärische Nachrichtendienst. Zusätzlich hatte Todorović – so die Ausführungen des Gutachters – noch ein breites Feld an „Revolutionärer Tätigkeit" zu bestreiten. Nicht nur die Militäroperationen der Doppelmonarchie samt den Mobilisierungsmaßnahmen sollten durch Sabotageakte gegen Eisenbahnen, Wasserleitungen, Kasernen, Magazine etc. behindert, sondern die Stabilität der österreichisch-ungarischen Herrschaft erschüttert und die Loslösung der beiden Landesteile vorbereitet werden. Hatte nach Sertić der serbische Kundschaftsoffizier schon bei den militärischen Aufgaben des Kundschafterdienstes auf die Narodna odbrana und andere serbische Organisationen und deren Vertrauensmänner zurückgegriffen, so war dies bei seiner „Revolutionären Tätigkeit" in noch viel größerem Ausmaß der Fall.[7]

Kosta Todorović setzte zur Verwirklichung seiner Aufgabenstellung sofort nach Dienstantritt in Loznica erste Schritte. Er unternahm eine ausführliche Inspektion der Grenze in seinem Bereich, rekognoszierte vor allem die möglichen Drina-Übergänge. Er besuchte seine Kameraden, die „Rayonsinspektoren" Dimitrija Pavlović in Šabac und Čedo Popović in Užice, um mit ihnen die Zusammenarbeit zu koordinieren. Er sprach vor allem beim Präsidenten des Zentralausschusses der Narodna odbrana in Šabac, bei Božo Milanović, vor. Milanović war der Herkunft nach Bosnier; in seinem Haus, vermutete der Gutachter, konnte der serbische Kundschaftsoffizier umfassende Informationen aus den beiden Landesteilen sammeln, vor allem konnte ihm Milanović Hinweise auf Persönlichkeiten aus Bosnien und der Hercegovina liefern, die für den serbischen Kundschafterdienst geeignet waren. Zusätzlich studierte Todorović den „Bosnischen Boten", um Namen und Wohnorte angesehener Serben in den beiden Landesteilen zu eruieren. Dies alles bildete dann nach Sertić die Grundlage für die Anwerbung von Konfidenten jenseits der Grenze.[8]

---

6 Gutachten Sertić, S. 9 ff.
7 Gutachten Sertić, S. 19 ff., S. 30 ff.
8 Gutachten Sertić, S. 9 f.

2. Anwerbung von Konfidenten

Für die Informationsbeschaffung aus Bosnien und der Hercegovina war für Major Todorović die Anwerbung von Landeseinwohnern der beiden Landesteile unumgänglich nötig. Hiebei wurde nach Gutachter Sertić der serbische Offizier zunächst nicht selbst direkt tätig, sondern benützte für die Erstanwerbungen seine Vertrauensleute aus dem Königreich Serbien. Die Konfidenten jenseits der Grenze wurden entweder anläßlich eines Besuches in Serbien selbst angeworben oder aber im am linken Ufer der Drina gelegenen Bad Koviljača rekrutiert. Todorović und seine Leute konnten dabei nach den Worten des Gutachters aus dem vollen schöpfen. Denn vor allem die Tätigkeit der Narodna odbrana „trieb dem serbischen Kundschaftsoffizier die Konfidenten in die Arme. Er brauchte sie nicht zu suchen, sie suchten ihn auf".[9]

Für den Prozeßverlauf und die Urteilsfindung nicht unwesentlich, unterschied Oberstleutnant Sertić sechs Kategorien von Konfidenten:
- ausgewählte Hauptkonfidenten, meist von Todorović dann direkt kontaktiert, der sich dabei nach Sertić als „guter Psychologe" bewährte. Sie mußten intelligent, mobil, daher mit dem Recht der Freizügigkeit ausgestattet sein, bedingungslos der serbischen Sache ergeben, verschwiegen und vorsichtig, in ihrem ihnen zugewiesenen Rayon bestens bekannt, der Gegend kundig und für die österreichisch-ungarischen Behörden absolut unverdächtig sein. Sie hatten dann die Verpflichtung, „Hilfskonfidenten" anzuwerben, die Todorović in den allermeisten Fällen weder kannte noch kennen konnte;
- Militärpersonen als Konfidenten, die aus der Natur der Sache für die Doppelmonarchie am gefährlichsten, für den serbischen Kundschafterdienst aber am bedeutungsvollsten waren;
- Konfidenten mit ständigem Wohnsitz wie vornehmlich Lehrer, Geistliche, Unternehmer, Militärlieferanten, angesehene Bauern, Wirte und Kaufleute. Sie konnten am unproblematischesten militärische Veränderungen in Erfahrung bringen;
- Konfidenten mit nicht ständigem Wohnsitz. Hier zählte der Gutachter vor allem die Inspektoren der landwirtschaftlichen Genossenschaften, Funktionäre des Sokol, reisende Kaufleute und Handelsagenten auf. Sie wurden für die Kontaktnahme mit anderen Konfidenten und z. T. auch als Kuriere benützt;
- die Kuriere im engeren Sinn, die meist aus den Kreisen „durchtriebener Bauern", reisender Professionisten und Schmugglern gestellt wurden;
- schließlich die Vermittler. Sie waren mit der Sammlung von Nachrichten betraut, kannten die eingesetzten Kuriere, saßen meist knapp an der jeweiligen Grenze und fungierten als „Briefkästen". Sertić skizzierte in seinem Gutachten eine detaillierte Liste der Verbindungslinien und Kanäle der Nachrichtenübermittlung entlang der Grenze.[10]

---

9 Gutachten Sertić, S. 8 f.
10 Gutachten Sertić, S. 11 – 18. Die Vermittlungslinien verliefen nach der Aufstellung von Sertić (Gutachten, S. 17 f.) von Serbien nach Bosnien wie folgt:
Isaković ada – Janja: Brasina ada – Kozluk; Mali Zvornik – Zvornik; Čitluk – Ćuline – Zelinja; Čitluk – Ćuline – Drinjača; Ljubovija Srpska – Bratunac; Bačevci – Faković.

3. Mitwirkung der Narodna odbrana und anderer serbischer Organisationen

Für Gutachter Sertić ergab sich aus der benützten serbischen Aktenunterlage eindeutig, daß eine deutliche Wechselwirkung zwischen dem (militärischen) Kundschafterdienst und der „revolutionären Tätigkeit" von Major Kosta Todorović bestanden habe. Er hielt es für erwiesen, daß die meisten der bosnisch-hercegovinischen Konfidenten des Majors aktive Mitglieder der Narodna odbrana waren. Sertić zitierte als Zeugen Todorović selbst, der in seinem Tagebuch angemerkt hätte, „. . . daß die Narodna odbrana in Bosnien und der Hercegovina unter der Marke des Sokol und Pobratimstvowesens verbreitet wird".[11]

Somit weist der Gutachter der Narodna odbrana und ihrem – wie er meint – in Bosnien und der Hercegovina engmaschigen und weitverzweigten Netz eine überragende Bedeutung bei der staatsfeindlichen und damit hochverräterischen Tätigkeit zu. Er differenziert bei dieser Zuordnung kaum und subsumiert alle Vereine und Organisationen der Serben in den beiden Landesteilen unter dem Oberbegriff Narodna odbrana. Diese mangelnde Fähigkeit zur Differenzierung geht auch sehr klar aus der von ihm in der „Klassifikation" der Angeklagten vorgelegten Beurteilung der „Schwarzen Hand", der „crna ruka" hervor. Er bezweifelte nach wie vor die Existenz der „Schwarzen Hand", glaubte nachweisen zu können, daß diese Geheimorganisation nur deshalb von serbischer Seite in den Vordergrund zu rücken versucht wurde, um die Narodna odbrana aus ihrem exponierten und für sie kompromittierenden Position zu lösen.[12]

Seine Einordnung der Narodna odbrana faßte Sertić gegen Ende seiner Expertise noch einmal zusammen: „Es ist also eine unwiderlegliche Tatsache, daß sich Hauptmann Todorović für seinen Kundschaftsdienst erfolgreich der Unterstützung eines so streng organisierten revolutionären Vereines in B. u. H. und aller anderen Vereine und Institutionen, die der Narodna odbrana unterstellt waren, bedienen konnte. Daß er hievon den ausgiebigsten Gebrauch gemacht hat, beweisen seine Akten bzw. seine gesamte Tätigkeit."[13]

---

11 Gutachten Sertić, S. 20.
12 Klassifikation der Beschuldigten nach ihrer Tätigkeit als Spione im Sinne der im Gutachten angeführten Kategorien – KA, Ev. B. v. 1916, fasc. 5664, K 2980/1916. In dieser Klassifikation der Angeklagten heißt es bei Dragica Vidaković, geb. Nikolić, aus Zvornik: „Hier ist nun der Umstand interessant, daß Hauptvermittler des Kundschaftsoffiziers, Lehrer Jakovljević, in Mali Zvornik (Serbien) in einem Briefe an Hauptmann Todorović erwähnt, daß er die Beschuldigte aufgefordert habe, unsere Offiziere in Zvornik zu befragen, was sie über die ‚Crna ruka' (die schwarze Hand) denken.
Eben zu jener Zeit wurde in Zvornik die Nachricht verbreitet, daß der serb. Offiziers-Verein ‚Crna ruka' die serb. Regierung, die Skupština und König Peter stürzen und Kronprinz Alexander eine militärische Diktatur proklamieren will.
Später hat sich jedoch herausgestellt, daß dieser Verein gar nicht existiert, und daß die ganze Geschichte, zwecks Irreführung unserer Behörden erfunden war.
Es besteht daher der gründliche Verdacht, daß man durch diese Nachricht die schon damals ziemlich kompromittierte Narodna Odbrana in den Hintergrund versetzen und vergessen machen wollte . . ." Klassifikation, S. 42 f.
13 Gutachten Sertić, S. 32.

IV. Bewertung der Tätigkeit und Beurteilung der Person von Kosta Todorović

Im Laufe der Hauptverhandlung erhoben die Beschuldigten und vor allem deren Anwälte Einwendungen gegen Person und Tätigkeit des serbischen Kundschaftsoffiziers Kosta Todorović.

Seine Aktivitäten von 1911 bis 1914 wurden mehrfach als unverständlich und widersprüchlich klassifiziert. Man wollte damit insinuieren, daß seine Arbeit und damit der Wissensstand des königlich-serbischen Geheimdienstes nicht überbewertet werden dürften. Dem trat der Militärgutachter Oberstleutnant Sertić gleich mehrfach ganz energisch entgegen. Er bezeichnete Todorović wiederholt als agilen und vorzüglichen Kundschaftsoffizier, betonte die Konsequenz und Folgerichtigkeit seiner Tätigkeit, die nirgends Brüche oder Widersprüche aufweise. Er konzedierte, daß auf Grund der besonderen Umstände die Ausgangsvoraussetzungen für Todorović' Arbeit sehr günstig gewesen seien, bezeichnete die Erfolge aber als glänzend, ja mehr noch als vollkommen.[14]

Die zweite Vorhaltung betraf unmittelbar die Person des serbischen Kundschaftsoffiziers. Von der Verteidigung wurde behauptet, Todorović sei „ein gewissenloser Mensch", ein Abenteurer und dem Kartenspiel verfallen. Daher habe er sich ständig in Geldverlegenheiten befunden. Er wäre gezwungen gewesen, in seinem Kassenbuch fingierte Zahlungen vorzutäuschen. Um diese zu rechtfertigen, habe er zahlreiche Serben aus Bosnien und der Hercegovina als Konfidenten und Agenten in seinen Aufzeichnungen geführt, ohne daß dies den Tatsachen entsprochen hätte und ohne deren Wissen.[15]

Diese Vorwürfe versuchte der Gutachter mit breiter Gegenargumentation zu entkräften. Der Hinweis auf das Geständnis eines Beschuldigten und eines Zeugen, von Todorović Geldbeträge erhalten zu haben, mutete dabei recht dünn an. Sertić mußte daher ein umfangreiches, nicht unmittelbar aus den Akten zu belegendes Paket von Gegenindizien präsentieren. Er verwies auf die ständige Kontrolle der Finanzverhältnisse aller Nachrichtenoffiziere durch ihre vorgesetzte Dienstbehörde. Kosta Todorović hätte als Offizier, als Hauptmann II. und dann I. Klasse und schließlich als Major ein gutes Einkommen gehabt. Überdies wäre er unverheiratet gewesen, hätte daher weder für Frau noch für Kinder zu sorgen gehabt. Außerdem brachte er rund zwei Drittel des Jahres auf Dienstreise zu, konnte daher auf die Reisediäten und zusätzlich auf das Pauschale für zwei Pferde zurückgreifen. Zusätzlich hätte er noch einen ansehnlichen Repräsentationsfonds zuerkannt erhalten, über den er frei verfügen konnte und den er nicht verrechnen mußte. Die in den Tagebüchern verzeichne-

---

14 „Die Tätigkeit des Hauptmanns (später Majors) Todorović halte ich für absolut korrekt, die erzielten Resultate für vollkommen. Den Hauptmann Todorović selbst muß man als einen über alle Maßen agilen Arbeiter hinstellen, er ist voller Initiative, vorsichtig, umsichtig und konsequent. Nirgends ist in seiner Arbeit ein Widerspruch zu finden". – Gutachten Sertić, S. 32. „Natürlich sind dementsprechend die erzielten Erfolge glänzend gewesen." – Ebenda, S. 9. „. . . daß dieser (Todorović) einer der agilsten, korrektesten und vorzüglichsten serbischen Kundschaftsoffiziere war, daß seine ganze Tätigkeit, fachmännisch beurteilt, nicht nur vollkommen korrekt war, sondern daß sie mit Rücksicht auf die erzielten Erfolge geradezu als vollkommen angesehen werden kann und muß". – Ebenda, S. 2.
15 Gutachten Sertić, S. 1 f.

ten Wechsel seien mit Sicherheit zugunsten seiner Agenten gezogen gewesen und deuteten daher in keiner Weise auf Schulden des Kundschaftsoffiziers hin. Außerdem sei noch zu berücksichtigen, daß in Serbien, vor allem in der Mačva, die Lebenshaltungskosten um rund die Hälfte niedriger seien als in den beiden Landesteilen. Alles in allem konnte daher, wie Sertić meinte, Kosta Todorović ein sorgenfreies, ja luxuriöses Leben führen.

Der Oberstleutnant versuchte auch eine Reihe von Entlastungszeugen ins Treffen zu führen. Weder den beiden kurzfristigen Vertretern noch dem endgültigen Nachfolger von Todorović, dem Hauptmann Prvanović, seien irgendwelche finanziellen Unregelmäßigkeiten aufgefallen. Bei seinen Vorgesetzten und bei seinen Kameraden, die in Užice und Šabac saßen, genoß er hohes Ansehen. Und Sertić faßte im Gutachten seine Meinung zusammen. „Ich habe den Eindruck gewonnen, daß Todorović hinsichtlich der Gebarung des ihm zur Durchführung seines Dienstes anvertrauten Geldes auf's äußerste korrekt war."[16] Der k. u. k. Offizier argumentierte mit der Vehemenz eines Anwaltes, der seinen Mandanten, den im Oktober 1914 bei Vlasenica gefallenen königlich-serbischen Major Kosta Todorović zu entlasten und ihn als glaubwürdigen Zeugen der Anklage gegen die Beschuldigten auftreten lassen wollte.

V. Schlußfolgerungen des Gutachters

Klar und zwingend für das Gericht, hart und folgenschwer für die Beschuldigten faßte der Militärgutachter Oberstleutnant Georg Sertić seine Erkenntnisse zusammen:

1. In Bosnien und der Hercegovina gab es von 1911 bis 1914 und auch noch während des ersten Kriegsjahres ein weit verzweigtes, gut organisiertes und vorzüglich funktionierendes Spionagenetz, dessen Maschen in der Hand des serbischen Kundschaftsoffiziers und „Rayoninspektors" in Loznica, Hauptmann, später Major Kosta Todorović zusammenliefen.[17]
2. Diese Kundschaftertätigkeit war für Friedens- wie für Kriegszeiten konzipiert. Die schädlichen Folgen für die Operationen des k. u. k. Heeres hätten die Wirksamkeit dieses „bewiesenen Verrates" im ersten Kriegsjahr erwiesen.[18]

---

16 Gutachten Sertić, S. 27 – 30. – „Seine Vorgesetzten anerkennen seine Tätigkeit bzw. seine Kundschaftsmeldungen als die besten . . . Seine abgrenzenden Kundschaftsoffiziere, welche im Range älter sind als er, bestimmen ihn als ihren Abgesandten zum Chef der Generalstabssektion der allgemeinen Militärabteilung im serbischen Kriegsministerium, der in ihrem Namen referierte." Ebenda, S. 33.

17 „Nach gründlicher Durchsicht aller vorliegenden Akten und nach Einvernahme der Beschuldigten und Zeugen habe ich auch jetzt die volle Überzeugung gewonnen, daß in Bosnien und der Hercegovina eine weit verzweigte, auf das vollkommenste organisierte (reichs-)serbische Spionage bestanden hat . . ." – Gutachten Sertić, S. 33 f.

18 „Unermeßlich groß ist infolgedessen auch der Schaden, den die serbische Spionage bzw. die Konfidenten derselben unserem Heere zugeführt haben. Der bewiesene Verrat unserer kriegerischen Absichten und Operationen, dann der Geschützpositionen und Stellungen der Truppen, verursachte nicht nur viel größere und empfindlichere Verluste an Mann und Material als es sonst geschehen wäre, sondern erschwerte auch erheblich die ganze operative Tätigkeit". – Gutachten Sertić, S. 34 f.

3. Die weitverzweigte Agententätigkeit wurde von den Angehörigen der Narodna odbrana und anderer serbischer Organisationen in den beiden Landesteilen unterstützt, ja mehr noch, getragen.
4. Für die Prozeßangeklagten war der letzte Punkt des Gutachtens von entscheidender Bedeutung:
„Mit Rücksicht darauf und auf den Umstand, daß Kundschaftskonfidenten im Frieden speziell für den Kriegsfall engagiert werden, und daß der von Todorović organisierte Kundschaftsdienst während der besonderen militärischen Maßnahmen im Jahre 1912/1913 und während dieses Krieges gegen Serbien funktionierte, muß ich den Schluß ziehen, daß alle jene Konfidenten des Todorović bzw. die hier befindlichen Beschuldigten die Spionage sowohl im Frieden als zur Zeit besonderer militärischen Maßnahmen, diejenigen aber, welche nicht gleich bei Kriegsbeginn interniert, als Geisel ausgehoben, oder zum Militär einrückend gemacht worden sind, auch im Kriege ausgeübt haben."[19]

aus: Veleizdajnički proces u Banjaluci. Zbornik radova s Medjunordnog naučnog skupa „Veleizdajnički proces u Banjaluci 1915 – 1916", održano 25. – 27. septembra 1986. godine u Banjaluci (Banjaluka 1987), S. 145 – 154.

---

19 Gutachten Sertić, S. 35.

Die Serben Ungarns und der österreichisch-ungarische Ausgleich

A. Die Nationalitätenfrage im ungarischen Reichstag

1. Die Gleichrangigkeit bzw. Priorität der Nationalitätenfrage

Am 14. Dezember 1865 wurde der ungarische Reichstag mit der Thronrede des Herrschers eröffnet. Da die Reaktionen der Abgeordneten auf die Grundgedanken der Rede ganz unterschiedlich ausfielen, kam es auf der Sitzung vom 27. Jänner 1866 zur Wahl eines dreißig Mitglieder umfassenden Ausschusses, der den Adreßentwurf vorbereiten sollte. Dieser Ausschuß legte dem Abgeordnetenhaus den Entwurf einer Antwortnote vor, deren Fassung vom 15. bis zum 23. Februar einer Diskussion unterzogen wurde.

Im Verlaufe dieser Adreßdebatte stellte der serbische Abgeordnete Emil Manojlović den Antrag, den Passus des 35. Abschnittes des Adreßentwurfes

„Wir werden bei der Schaffung dieser Gesetze auch den Ideen der Gerechtigkeit und Brüderlichkeit folgen."

in

„Wir werden auch bei der Schaffung der Gesetze, die sich auf die Interessen der verschiedenen Nationalitäten beziehen, den Ideen der Gerechtigkeit und Brüderlichkeit folgen."[1]

abzuändern.

Mit diesem Antrag, der mehrheitlich akzeptiert wurde, wollten die serbischen Abgeordneten die Grundelemente und Ausgangspunkte fixiert wissen, von denen die Mehrheit des Hauses bei der Regelung der staatsrechtlichen Fragen des Ausgleiches und bei der Erledigung der Nationalitätenfrage auszugehen hätte. Die Grundgedanken der Gerechtigkeit und Brüderlichkeit wurden bei allen späteren Debatten und Diskussionen, die sich im Zusammenhang mit der Behandlung und Verabschiedung des Ausgleiches um die prinzipielle legislatorische Gleichberechtigung – später sogar: Priorität des Nationalitätengesetzes rankten, ins Treffen geführt.

Auch der Abgeordnete Paul Trifunac sprach sich in diesem Sinne aus. Er halte die Regelung der staatsrechtlichen Fragen und die Lösung des Nationalitätenpro-

---

1 Az 1865-dik évi december 10-dikére hirdetett országgyűlés képvislőházának naplója, szerkeszti Greguss Agost, első kötet, Pest 1866 (= Protokoll des Abgeordnetenhauses des für 10. Dezember 1865 einberufenen Reichstages; weiterhin: Protokoll), S. 306 f.

blems für die vordringlichsten Angelegenheiten, mit denen sich die Abgeordneten auseinanderzusetzen hätten.[2]

Nach der Vertagung des Reichstages im Juni 1866 und nach den umwälzenden Ereignissen des Sommers trat das Abgeordnetenhaus am 19. November erneut zusammen. Im Verlaufe der Rückadreßdebatte forderte Svetozar Miletić nun im Rahmen einer groß angelegten programmatischen Rede die *Priorität* der Regelung der Nationalitätenangelegenheiten *vor* der Verabschiedung des Ausgleiches. Man müsse, meinte Miletić, die Regelung dieser Frage vor der formellen Wiederherstellung der Verfassung und vor Abschluß des Ausgleiches mit Österreich in der Form regeln, daß diese Regelung später sofort in ein formelles Grundgesetz übergehen könne. Weiters betonte Miletić, daß er sich auf Grund der Erfahrungen der letzten Monate, in denen die Anliegen und Argumente der Nationalitäten bezüglich des Ausgleiches und bezüglich ihrer künftigen Rechtsstellung innerhalb Ungarns ignoriert wurden, nicht einmal mit der Zusicherung zufriedengeben würde, die gerechten Anliegen der Nationalitäten im Zuge von Einzelverhandlungen zu regeln.[3]

2. Staatsrechtlicher Dualismus mit nationalem Pluralismus

In der Adreßdebatte vom 15. bis zum 23. Februar 1866 stellte Georg Stratimirović am 21. Februar den Antrag, die Formulierung der Adresse

„... als selbständige, freie Nation mit einer anderen selbständigen freien Nation ..."

in die Fassung

„... als selbständige freie Nationen mit den anderen selbständigen freien Nationen ..."[4]

zu bringen.

Der Gebrauch der Mehrzahl stelle in diesem Fall eine Konsequenz der Gleichberechtigung dar; die Einzahl könnte zu Mißverständnissen führen, als deutliches Zeichen der magyarisch-deutschen Zentralisierungsbestrebungen aufgefaßt werden und stünde daher in klarem Widerspruch zu den Vorstellungen der Nationalitäten. Das einzige Fundament der gegenwärtigen Politik könne nur „... die staatsrechtliche Gleichberechtigung der Nationalitäten ..."[5] sein, die man als die unausweichliche Voraussetzung eines modernen Staates bezeichnen könne ...

Von ähnlichen Intentionen – im Text des Ausgleiches als völker- und staatsrechtlich existente und relevante Vertragspartner genannt zu werden geleitet – stellte Svetozar Miletić am 23. Februar 1866 den Antrag, im 23. Abschnitt der Antwortadresse die Formulierung:

„... der ungarischen Nation ..."

durch

„... der Nationen des Landes ..."[6]

---

2 Protokoll I, S. 306.
3 Protokoll III, S. 133 – 151.
4 Protokoll I, S. 303.
5 Protokoll I, S. 262.

zu ersetzen. – In der Begründung seines Antrages führte Miletić aus, daß es in Staaten, in denen es mehrere Nationalitäten gebe, nicht vertretbar sei, alle nur nach einer zu benennen. Er sagte wörtlich: „In dieser Heimat aber um so weniger, weil die anderen Nationalitäten Millionen umfassen und den größeren Teil des Staates darstellen."[7] Miletić richtete an die magyarischen Abgeordneten die Frage, ob durch den Gebrauch der Einzahl ausgedrückt werden solle, daß sowohl jenseits als auch diesseits der Leitha jeweils nur ein Volk existiere.

In seiner Rede vor dem Abgeordnetenhaus am 15. Dezember 1866, in der er seine Hauptargumente gegen den staatsrechtlich dualistischen Ausgleich zusammenfaßte, verurteilte Miletić den starren und die anderen Nationalitäten unterdrückenden deutsch-magyarischen Dualismus.[8] – In derselben Sitzung stellte – ähnlich wie anläßlich der ersten Adreßdebatte – Georg Stratimirović den Antrag, die Formulierung „... der ungarischen Nation ..." durch „... die Nationalitäten Ungarns ..."[9] zu ersetzen. Durch die Einzahl werde die Vertretung des Staates nach außen, aber auch die Innensouveränität von den Magyaren usurpiert und komme einem Bestreiten der Gleichberechtigung aller Nationalitäten gleich.

Wie alle ähnlichen Anträge der Nationalitätenvertreter, die einen nationalen Pluralismus innerhalb des staatsrechtlichen Dualismus durchsetzen wollten, scheiterte auch dieser an der Gedankenkonstruktion Franz Deáks, an der Konzeption der „Politischen Ungarischen Nation".

3. Kampf gegen die „Politische Ungarische Nation"

Im Anschluß an den schon bekannten Antrag von Georg Stratimirović vom 21. Februar 1866, bei der Benennung der staatsrechtlichen Vertragspartner des Ausgleiches die Mehrzahl zu gebrauchen und damit auch staatsrechtlich die Existenz mehrerer politisch mündiger Nationen in Ungarn anzuerkennen, ergriff Franz Deák das Wort und legte in einer programmatischen Rede die magyarische Grundkonzeption in dieser Frage vor. Der entscheidende Abschnitt seiner Ausführungen lautet: „Was die Frage selbst betrifft, stelle ich fest, daß es in Ungarn nur eine politische Nation gibt."[10]

Im Verlaufe der parlamentarischen Auseinandersetzungen stellten sich dann die Abgeordneten der Serben, aber auch der anderen Nationalitäten der Länder der Stephanskrone ganz entschieden gegen diese Formulierung und die Auffassungen Deáks, die sich daraus ableiten ließen.

Svetozar Miletić führte am 23. Februar 1866 aus, daß ihm der genaue Sinngehalt des Ausdruckes „Ungarische Nation" nicht ganz klar sei. Wenn er auch nur im politischen Sinn gebraucht würde, so stelle er doch ein Präjudiz den Nationalitäten gegenüber dar. Und ganz deutlich spricht Miletić aus: „Die anderen Nationalitäten fühlen sich auch als Nationalitäten und werden sich nicht damit abfinden – die Serben jedenfalls unter keinen Umständen –, daß sie, wenn auch im politischen Sinn,

---

6 Protokoll I, S. 303.
7 Protokoll I, S. 303.
8 Protokoll III, S. 133–151.
9 Protokoll III, S. 140.
10 Protokoll I, S. 264.

anders benannt werden, als sie Gott, die Natur, die Geschichte und ihre Selbsterkenntnis getauft hatten."[11] Er schließt seine Ausführungen mit der Forderung, daß, wenn schon der Leitsatz „cuius regio, illius religio" nicht mehr gelte, auch die Sentenz „cuius nominis regio, illius nominis natio" fallen müsse.

Zum Begriff der einen ungarischen Nation stellte der rumänische Abgeordnete Josef Hodoșiu am 21. Juni 1866 fest: „Ich betrachte die Nationalitäten nicht als die ergänzenden Teile der politischen Nation, sondern als die ergänzenden Teile des Reiches."[12]

In seiner Rede gegen die zweite Antwortadresse und gegen den Ausgleich kritisierte Miletić, daß durch die vorgesehene staatsrechtliche Lösung den Nationalitäten der Länder der Stephanskrone der Stempel der „Ungarischen Nation" aufgeprägt werde. Er stellt dann an die Mehrheit des Reichstages die Frage, ob die Magyaren bei der Auffassung, innerhalb der Grenzen Ungarns gäbe es nur eine politische Nation – die ungarische –, zu bleiben gedächten, „. . . oder wollen sie, daß sie gemeinsam mit den Slaven und Rumänen als gleichberechtigte, und nur durch den Lauf der Geschichte an erster Stelle sitzende, Geschwister sein?"[13]

Georg Stratimirović bezeichnete in der Sitzung des Abgeordnetenhauses vom 15. Dezember 1866 den Begriff der „Politischen Ungarischen Nation" gar als Fiktion.[14]

B. Staats- und verfassungsrechtliche Erwägungen

1. Verfassung Ungarns und Grundrechte

Von seiten der serbischen Abgeordneten wurde immer wieder betont, daß die Anliegen der Nationalitäten nicht im Widerspruch zur ungarischen Verfassung stünden und ihre starke Basis in den im Jahre 1848 ausgesprochenen Grundrechten hätten.

Paul Trifunac hielt fest, daß es recht und billig sei, wenn die Nationalitäten auf den ihnen zustehenden und weder dem Grundgedanken noch den konkreten Bestimmungen des Gesetzes zuwiderlaufenden Rechten bestünden.[15] – Svetozar Miletić führte am 20. Februar 1866 aus, daß sich die Wünsche und Anliegen der Nationalitäten auf dem Boden der Verfassung bewegten. Ein Nichterfüllen dieser Wünsche würde ein Verkennen der Grundgedanken der Verfassung darstellen. – Er stellte am 21. April 1866 im Rahmen seiner Ausführungen fest, daß die Nationalitäten durch ihre Abgeordneten nicht als bloße Bittsteller, sondern als Berechtigte vertreten seien. Im Sinne des verfassungsrechtlich manifestierten Grundsatzes der Gleichheit wäre es daher tunlich, sie nicht nur anzuhören, sondern auch mitbestimmen zu lassen. – Und Svetozar Miletić ging schließlich in seinen Anschauungen rechtstheoretischer Art so weit, daß er als Ausfluß des naturrechtlichen Prinzips der Selbsterhaltung einer Nation sogar die Nichtunterwerfung einer Gruppe unter ein Gesetz postulierte,

---

11 Protokoll I, S. 303.
12 Protokoll II, S. 49.
13 Protokoll III, S. 136.
14 Protokoll III, S. 141.
15 Protokoll I, S. 306.

wenn dieses Gesetz mit den Lebensinteressen der Nation nicht in Einklang gebracht werden könne. – Dies sind nun bereits Ansätze, im Zuge naturrechtlicher Gedankengänge und Ausflüsse eines modernen Widerstandsrechtes, gegenüber der legislatorischen Gewalt des Staates in beinahe hochverräterische Gedankenkategorien zu verfallen.

2. Föderalismus und Autonomie

Bereits im Dezember 1860 war die Entscheidung zur Auflösung der seit 1849 bestehenden autonomen Serbischen Wojwodschaft und des Temescher Banates gefallen. Die Zentralstellen in Wien erklärten daraufhin die von den Serben und den anderen Nationalitäten Ungarns gewünschte und geforderte Autonomie als mit der gegebenen politischen Konstellation als unvereinbar. So blieb den Serben als kühnste und fortschrittlichste staatsrechtliche Alternative nur noch der Gedanke einer föderativen Gestaltung der Länder der Stephanskrone. In seiner Rede zur Antwortadreßdebatte trat Miletić für die Selbständigkeit und die Unabhängigkeit Ungarns ein. Ebenso deutlich, aber noch vehementer forderte er die föderative Umgestaltung der Monarchie.[16]

Im Verlaufe einer polemischen Auseinandersetzung mit Svetozar Miletić, der behauptet hatte, daß es eine Gefahr für Ungarn bedeute, sich nicht mit seinen Nationalitäten zu arrangieren, ging Franz Deák auch auf die von Miletić angeschnittene Föderalisierung ein. Einleitend stellte er an das Haus die rhetorische Frage, ob die ungarische Verfassung für das ungarische Territorium auf die Basis des Föderalismus oder auf die verfassungsmäßige Einheit Ungarns gebaut sei. Er persönlich schlösse für die Zukunft die Möglichkeit einer Föderalisierung nicht aus. Aber gegenwärtig müsse das Haus bestrebt sein, das anhängige Gesetz buchstabengetreu durchzusetzen. Seiner Meinung nach verbiete es die staatsrechtliche Stellung Ungarns, über so grundlegende Fragen wie die föderative Umgestaltung der ungarischen Verfassung zu beraten und zu beschließen.

3. Persönliche Rechtsgleichheit oder Rechtspersönlichkeit der Nationalitäten

Im Zusammenhang mit der Bestimmung der Grundrechte aus dem Jahre 1848, die die Gleichheit aller Bürger Ungarns festlegte, kam es von seiten der Nationalitäten zu einem interessanten Versuch, dieses der natürlichen Rechtsperson – also dem Individuum – zustehende Recht auch auf die Nationalitäten auszudehnen. Es sollte den einzelnen Nationalitäten die juridische Rechtspersönlichkeit zugestanden werden. Und da sich aus der natürlichen Rechtspersönlichkeit als zwingende Konsequenz die Gleichheit der Einzelmenschen vor dem Gesetz ergab, versuchte man in eleganter Analogie die Ebenen der Rechtsstrukturen zu wechseln und formulierte auch auf verfassungs- bzw. staatsrechtlicher Basis die Gleichberechtigung der Nationalitäten Ungarns, die sich ja zwangsläufig aus der vollen Rechtspersönlichkeit

---

16 Protokoll I, S. 303.

der Nationen ergäbe. – Zur Dokumentation dieser Versuche der Serben seien nur einige Äußerungen aus den Reichstagsdebatten erwähnt.

Svetozar Miletić am 15. Dezember 1866: „Wir leben nicht nur als Bürger, sondern auch als Nation."[17] – Am 20. Februar 1866 stellte Miletić im Anschluß an eine generelle Stellungnahme zum Ausgleich fest, daß die Nationalitätenfrage in der Antwortadresse eher auf die persönliche Rechtsgleichheit reduziert erscheine. – Im Zusammenhang mit einem seiner Zusatzanträge bezüglich des Gebrauches des Plurals bei der Nennung der staatsrechtlich vertragsschließenden Teile des Ausgleiches betonte Georg Stratimirović, daß sein Zusatzantrag nicht nur die bürgerlich-persönliche, sondern auch die politisch-nationale Gleichberechtigung verlange.[18]

4. Die Frage Kroatien

Am Beginn der Adreßdebatte stellte Georg Stratimirović die von Ungarn anerkannte Existenz Kroatiens als staatsrechtliche Nation als ein Fait accompli hin.[19] – Auch Miletić griff in südslavischer Solidarität die Frage Kroatien auf. Wenn man in diesem Hause von Ausgleich spreche, meinte er, verstehe man darunter nur den Ausgleich zwischen Ungarn und dem ungarischen König. Man vergesse aber Faktoren, die Ungarn gegenüber eine bereits fixierte staatsrechtliche Stellung hätten: das „Dreieinige Königreich" und Siebenbürgen. Daher fordere er die Priorität des Ausgleiches mit diesen Ländern und den anderen Nationen vor dem Abschluß des Ausgleiches. Denn ohne die verfassungsmäßig legitimierten Vertreter Siebenbürgens und Kroatiens sei der Reichstag für die Lösung der staatsrechtlichen Fragen inkompetent. Es müsse daher vor der Wiederherstellung der ungarischen Verfassung eine Einigung mit diesen Ländern erfolgen, damit man als ein nach außen und im Inneren gefestigtes Staatsgebilde in die staatsrechtlichen Verhandlungen mit der Krone eintreten könne. Im Anschluß daran bekannte sich Miletić zur serbisch-kroatischen Zusammenarbeit und sagte: „Ich bin nicht berufen, im Interesse Siebenbürgens das Wort zu ergreifen; wohl aber im Interesse des Dreieinigen Königreiches, aus dem bluts- und sprachmäßig die Gesamtheit meiner Nationalität und in bezug auf den Namen beinahe die Hälfte meiner Nation stammt."[20] Dann führte Miletić die Folgen des österreichisch-ungarischen Ausgleiches für Kroatien vor Augen: es würde in allen Angelegenheiten dem ungarischen Ministerium unterstellt sein, und der gesamtungarische Reichstag erließe auch für Kroatien geltende Gesetze. Dies würde das Ende der Integrität Kroatiens bedeuten. –

Deák hielt in seiner Erwiderung fest, daß die Terminologie der ungarischen Verfassungsrechtslehre die Bezeichnung „Dreieiniges Königreich" nicht kenne. Der ungarische Reichstag habe aber in der Frage Kroatien guten Willen bewiesen und aus seinem Kreise Vertreter gewählt, die gemeinsam mit den gewählten Vertretern des kroatischen Sabor in Verhandlungen treten und die bilateralen Fragen einer Lösung zuführen werden.[21]

---

17 Protokoll III, S. 135.
18 Protokoll III, S. 140.
19 Protokoll I, S. 262.
20 Protokoll III, S. 135.
21 Deák verweist hier auf die Verhandlungen der beiden Regnikolardeputationen.

C. Konkrete Argumentation im Abgeordnetenhaus des ungarischen Reichstages

Die serbische Seite wies des öfteren auf die zahlreichen und weitreichenden Privilegien und Vorrechte hin, die die ungarischen Könige den Serben seit ihrer Einwanderung in Ungarn gewährt hatten. Miletić hingegen zog die Durchschlagskraft des (magyarischen) Argumentes vom historischen Recht in Zweifel. Man müsse eindeutig die Bedürfnisse der Gegenwart und die rechtstheoretischen Erwägungen des liberalen Zeitalters berücksichtigen.

Die Nationalitätenabgeordneten waren sich angesichts der Mehrheitsverhältnisse im ungarischen Reichstag darüber im klaren, daß sie mit ihrer Argumentation die Mehrheit zu überzeugen hatten. Sie waren daher gezwungen, massenwirksame und populäre Argumente in vorteilhafter Weise einzusetzen und an die Einsicht und objektive Fairneß zu appellieren. Man stellte die Lösung der Nationalitätenfrage im Einvernehmen mit den Nationalitäten als Garanten für eine glückliche Zukunft eines gemeinsamen Ungarn hin und wähnte diese Zukunft durch das Anwachsen eines Zentrismus – eines deutschen, versteht sich –, der durch die starre Form des Dualismus unbedingt hervorgerufen würde, bedroht.

D. Zusammenfassung der Meinungen

Nach Meinung der magyarischen Mehrheit sollte zunächst die ungarische Verfassung ohne Modifizierung wiederhergestellt, ein dem ungarischen Reichstag verantwortliches Ministerium ernannt und der Abschluß des österreichisch-ungarischen Ausgleiches unter Dach und Fach gebracht werden. Es sollte also möglichst von allen Bewohnern der Länder der Stephanskrone die staatsrechtliche Verankerung und Garantie der Stellung Ungarns innerhalb der Monarchie angestrebt werden. Wer sich – wie einige Nationalitätenpolitiker – dieser Hauptaufgabe zu widersetzen schien, wurde verdächtigt, ein Geschöpf der Bach- und Schmerlingära zu sein und sich von den Zentralisten in Wien zum Nachteil der Integrität Ungarns als Werkzeug einer „divide-et-impera-Politik" mißbrauchen zu lassen. Erst nach der Sicherung Ungarns innerhalb einer dualistischen Monarchie sollte die Frage der Nationalitäten innerhalb Ungarns – sozusagen als innenpolitische Frage ohne staatsrechtliche oder internationale Bedeutung – gelöst werden. In dieser Richtung lassen sich die eindeutigen Stellungnahmen Deáks und Eötvös' und anderer prominenter Vertreter der Ausgleichspartei interpretieren, die die vom magyarischen Standpunkt aus betrachtet einzig akzeptable Realpolitik vertraten.

Die Mehrheit der serbischen Abgeordneten war im Prinzip nicht gegen den Ausgleich. Sie war nur bestrebt – in Abwehr einer alle Nationalitäten erdrückenden magyarischen Hegemonie –, die Frage der Einordnung ihrer Nationalität in den Bereich der Länder der Stephanskrone und nicht nur die persönliche Rechtssicherheit ihrer serbischen Landsleute zu sichern, sondern auch die Rechtsstellung ihrer Nation in pluralistisch-föderalistischer Hinsicht im Rahmen einer dualistischen Monarchie zu garantieren.

Mit dem Ausgleich wollten die Magyaren ihren Staat sichern und stärken und auf eine national und international anerkannte Basis stellen. Von dieser gefestigten

Position aus wollten sie an die Lösung der nationalen Frage im Inneren und an die Bewältigung der für Ungarn relevanten außenpolitischen Vorstellungen gehen. In beiden Problembereichen sollten ihre, auf die staatsrechtlich gesicherte und fundierte Stellung Ungarns fußenden Vorstellungen durchgesetzt werden. Im Inneren sollte sich diese Stärke in einer Vereinheitlichung des Staates in politischer, wirtschaftlicher, kultureller und nationaler Hinsicht dokumentieren.

Für die serbische Seite stellte Svetozar Miletić in seiner allgemeinen Stellungnahme zur ersten Antwortadresse mit Besorgnis fest, daß es für den Großteil der Abgeordneten des ungarischen Reichstages anscheinend ausschließlich eine staatsrechtliche Lösungsmöglichkeit gebe, nämlich das enge Bündnis der Magyaren mit den Deutschen jenseits der Leitha.[22] Bei anderer Gelegenheit befürchtete er, daß dieser Ausgleich das vielzitierte Bündnis der Deutschen und Magyaren gegen die Slaven sein könnte.[23] Es bestehe aber die große Gefahr, daß nicht nur im ungarischen, sondern auch im österreichischen Bereich die Gräben zu den Slaven noch mehr aufgerissen würden. Es wäre dann nicht schwer zu erraten, wem die mächtigen Nachbarn im Falle eines neuen Világos beistehen würden.[24] Auch könne eine deutsch-magyarische Hegemonie die Nährmutter des Panslavismus werden, der momentan nicht existiere, aber durch die Sorge um die nationale Existenz geweckt werden könnte. Um all diesen Gefahren zu begegnen, ist es nach Miletić für Ungarn nicht ratsam, sich ausschließlich auf das enge deutsch-magyarische Bündnis zu verlassen. Es gebe nicht nur die eine staatsrechtliche Alternative, die die Magyaren sehen. Miletić zeigt eine zweite auf: Man müsse vor Klärung der staatsrechtlichen Fragen im großen Rahmen für den Bereich Ungarn zu einer Verständigung und zu einem Ausgleich mit den Nationalitäten und Ländern kommen. Dadurch könne man die Verhandlungsposition Ungarns der Krone bzw. den anderen Ländern des Herrschers gegenüber stärken und auch in außenpolitischen Fragen und im Bestreben, der sogenannten „panslavistischen Gefahr" und der Bedrohung, die aus dem Westen käme, zu begegnen, die Offensive ergreifen. Dies ist nach Miletić die einzig mögliche Alternative. Zur anderen Lösungsmöglichkeit, die von den Magyaren als die ausschließliche angesehen wurde, meinte er: „Meiner Auffassung nach ist jene Nation und jenes Reich unglücklich, welches im Interesse der Aufrechterhaltung seiner Selbständigkeit auf die Dauer auf Hilfe und Unterstützung von außen angewiesen ist."[25]

Wie die Mehrheit der magyarischen Abgeordneten auf dieses sicher eindeutige Angebot der Serben reagierte, macht ein Ausspruch des Abgeordneten Károly Szász deutlich: „Jetzt lauert im Osten ein Riese als Gespenst, und wenn es ihm gelingt, mit seiner Bärentatze über Halics herzufallen, würde er unser unmittelbarer lieber Nachbar werden auf der einen Seite; auf der anderen Seite massiert sich ein großes Deutschland vor unseren Augen; auf der dritten Seite erheben sich aus dem Staubrauch der verwitterten Ruinen der hinfälligen Hohen Pforte die drohenden Schattenbilder des südslavischen Reiches: Und wir sind infolge unserer geographischen Lage

---

22 Protokoll I, S. 249.
23 Protokoll I, S. 303.
24 Protokoll III, S. 133 – 151.
25 Protokoll I, S. 249.

zwischen diese einander gegenüberstehenden Mächte so eingezwängt, wie die Nüsse zwischen die beiden Seiten und die Schraube des Nußknackers."[26]

Miletić stellte in seinen Ausführungen hingegen fest, daß das Schicksal Ungarns und der Dynastie mit dem der Slaven eng verknüpft sei.[27] Ebenso sollten sich in Zukunft die Worte Riegers, daß Österreich und Ungarn nur so lange bestehen können, wie es die Slaven wollen,[28] bewahrheiten.

aus: Veröffentlichungen des Verbandes Österreichischer Geschichtsvereine 18 (1970), S. 232 – 241.

---

26 Protokoll IV, S. 40.
27 Protokoll I, S. 303.
28 Protokoll III, S. 136.

Zur südslavischen Problematik des österreichisch-ungarischen Ausgleiches

Eine der Fragen, die in den Jahren 1967 und 1968 bei internationalen Kongressen und in zahlreichen Publikationen anläßlich des Zentenariums die Historiker bewegt hat, war die, ob der Ausgleich gut oder schlecht war. Die Beantwortung dieser Frage fiel dabei eher zuungunsten des Dualismus aus.[1] Uns interessiert hier in diesem Zusammenhang ein Teilaspekt: Wie haben sich beim Zustandekommen des Ausgleiches die Serben, wie haben sich die Kroaten verhalten? Wie und mit welchem Erfolg oder Mißerfolg haben sie versucht, ihre Stellung in der Monarchie, im sich etablierenden Dualismus zu sichern? In welchem Maße konnte für sie die dualistische Lösung mit ihren Folgeerscheinungen befriedigend sein?

Nach den militärischen Niederlagen von 1859, nach den Gebietsverlusten in Oberitalien, nach dem außenpolitischen Prestigeverlust wurde allgemein mit einer Neukonstituierung der Monarchie im Inneren gerechnet. Der Neoabsolutismus schien endgültig ausgespielt zu haben. Die Suche nach einer neuen, tragfähigen Basis hatte begonnen.[2] Oktoberdiplom und Einberufung des kroatischen Sabor schienen zunächst bei der Wahl einer der beiden möglichen Alternativen eher auf eine föderalistisch-gesamtstaatliche Lösung hinzudeuten. Anderseits zeigte die Wiederherstellung der ungarischen Komitatsverwaltung und die Einberufung des ungarischen Parlaments doch deutlich den Wunsch Franz Josephs, verstärkt die Anliegen der Magyaren zu berücksichtigen.

---

1 Vgl. dazu vor allem die Beiträge von Josef Polišenský (S. 14 – 23), Robert A. Kann (S. 24 – 44), Martin Vietor (S. 299 – 314), Péter Hanák (S. 323 – 352), Peter Sugar (S. 683 – 726), Vasilije Krestić (S. 783 – 829) und den Diskussionsbeitrag von Nikola Petrović zu dem Referat von Krestić (S. 915 – 918) in dem Sammelband: Der österreichisch-ungarische Ausgleich 1867, Materialien (Referate und Diskussionen) der internationalen Konferenz in Bratislava 28. 8. – 1.9.1967, bearbeitet v. Anton Vantuch, hg. v. L'udovít Holotík (Bratislava 1971); ferner: Ferdo Hauptmann, Der kroatisch-ungarische Ausgleich von 1867. Seine Grundlagen und Auswirkungen (Buchreihe der Südostdeutschen Historischen Kommission 20, München 1968), S. 36 – 47; C. A. Macartney, Das ungarische Nationalitätengesetz vom Jahre 1868, In: Der österreichisch-ungarische Ausgleich von 1867, Vorgeschichte und Wirkungen, hg. vom Forschungsinstitut für den Donauraum, Gesamtredaktion Peter Berger (Wien/München 1967), S. 219 – 230.

2 Péter Hanák, Die bürgerliche Umgestaltung der Habsburger Monarchie und der Ausgleich. In: Der österreichisch-ungarische Ausgleich 1867, hg. v. Holotík, S. 335; Horst Haselsteiner, Die Serben und der Ausgleich. Zur politischen und staatsrechtlichen Stellung der Serben Südungarns in den Jahren 1860 – 1867 (Wiener Archiv für Geschichte des Slawentums und Osteuropas. Veröffentlichungen des Instituts für osteuropäische Geschichte und Südostforschung der Universität Wien, hg. v. Thorvi Eckhardt, Walter Leitsch und Richard G. Plaschka, 9, Wien 1976) S. 11, 27.

1. Die Auflösung der Vojvodina

Die Serben Ungarns sollten die wiederholten, wenn auch zunächst vergeblichen Versuche des Herrschers, seine Ungarnpolitik zugunsten der Magyaren zu revidieren, bald zu spüren bekommen. Die Krone hatte den Serben als Lohn für deren militärische Unterstützung gegen die Magyaren in den Jahren 1848 und 1849 eine „Serbische Wojwodschaft und das Temescher Banat" als politische Verwaltungseinheit in Südungarn herausgelöst und war damit dem wiederholt geäußerten Wunsch nach einem eigenen Territorium für die Serben nachgekommen. Die Vojvodina unterstand direkt den Wiener Zentralstellen. Ihr Organisationsstatut wurde mehrfach geändert, ein deutliches Indiz für die Schwäche und Unzulänglichkeit dieser Verwaltungseinheit. So waren denn auch die Serben mit ihrem „autonomen" Gebiet keineswegs zufrieden. Dennoch verurteilten sie den folgenden, für sie folgenschweren Schritt des Herrschers: Franz Joseph ordnete nämlich am 27. Dezember 1860 – und dies ohne adäquate Mitbestimmung der Serben – die Wiedervereinigung dieses Gebietes mit Ungarn an. Die Integrität der Länder der Stephanskrone war wiederhergestellt. Für die Serben aber ergab sich eine grundlegend neue Situation: Ihre direkte Verbindung zu Wien war – und wie sich noch herausstellen sollte, für immer abgeschnitten. Sie mußten sich nun bemühen, ihre nationalpolitischen Anliegen verfassungsrechtlich im Verband der Länder der ungarischen Krone durchzusetzen. Dabei versuchten sie, sich auf die vermeintlich feste Position ihrer alten historischen Privilegien zurückzuziehen. Vor allem wollten sie sich das Attribut einer politisch entscheidungsfähigen Nation erhalten. Daher ihr Verlangen nach Einberufung des Serbenkongresses, wo sie im Rahmen der ungarischen Verfassung ihre Forderungen zu formulieren wünschten.[3]

2. Der Serbenkongreß 1861

Die Festlegung der nationalpolitischen Vorstellungen der Serben für die sechziger Jahre des 19. Jahrhunderts bis zum Ausgleich und zum Nationalitätengesetz erfolgte dann auf dem Serbenkongreß von 1861. Kernpunkt der Forderungen war die Errichtung einer neuen, aus den überwiegend von Serben bewohnten Gebieten Ungarns und Kroatien-Slavoniens zu bildenden Vojvodina. Dieses Verwaltungsgebiet sollte innerhalb der Länder Ungarns autonom sein, ein eigenes Regionalstatut erhalten und kollektiv im ungarischen Parlament vertreten sein. Den modus procedendi stellten sich die Serben folgendermaßen vor: Der Herrscher approbiert die Beschlüsse ihrer Kongresse, welche dann als königliche Propositionen dem ungarischen Parlament und dem kroatischen Sabor zur Beschlußfassung vorgelegt, dort verabschiedet und als einseitig nicht kündbares Grundgesetz promulgiert werden. In diesen Erwartungen mußten sie sich aber bitter enttäuscht sehen, denn der Ministerrat, der zunächst über die Beschlüsse des Kongresses weiter zu entscheiden hatte, schob die Erledigung des serbischen Problems bis zur Klärung der staatsrechtlichen Frage Gesamtungarns hinaus. Durchgesetzt hatte diesen Beschluß des Ministerrates die magyarische altkonservative Minorität, und der Herrscher hatte ihm vorbehaltlos

---

3 HASELSTEINER, Serben und Ausgleich, S. 22–35.

stattgegeben. Die Bemühungen der Serben um eine Sonderstellung in Ungarn mußten auch später ergebnislos bleiben, da die ungarischen Liberalen dem Hof gegenüber als einheitliche politische Kraft aufzutreten beabsichtigten. Jede politische Aufweichung im Sinne einer Sonderstellung mußte Pests Verhandlungsposition schwächen. Außerdem befürchtete man Dammbrucheffekte: Gleichartige Forderungen der anderen Nationalitäten der Länder der Stephanskrone waren zu befürchten. An dieser Doppelfront nach außen und nach innen mußten daher die wiederholten Urgenzen der Serben, die Beschlüsse ihres Kongresses bis zur Verabschiedung von Ausgleich und Nationalitätengesetz parlamentarisch zu behandeln, zerbrechen.[4]

Als drittes soll nun ein Blick auf das Motivationsspektrum dieser magyarischen Intransigenz folgen.

3. Nationalitätenproblem und Ausgleich

Das theoretische Konzept und die legislatorische Formulierung des ungarischen Nationalitätenrechts und seiner Rückwirkungen auf den Ausgleich gehen auf Joseph Eötvös zurück. Wenn die Nationalitäten Ungarns, darunter auch die Südslaven, ihre zum Teil grundlegend anderen Anschauungen in dieser Frage durchsetzen wollten, mußten sie sich mit den Grundprinzipien dieser Konzeption auseinandersetzen, ihre Auffassung zumindest in dieses System argumentativ einzuordnen versuchen. Es lohnt daher, einen kurzen Blick auf das Eötvössche Gedankengebäude zu werfen.

Eötvös hat seine diesbezüglichen Grundsätze in seinem philosophischen Hauptwerk „Der Einfluß der herrschenden Ideen des neunzehnten Jahrhunderts auf den Staat", erschienen 1854, niedergelegt. *Freiheit, Gleichheit, Nationalität* – diesen drei Ideen billigt er gestaltende Kraft für den modernen Staat zu. Für diesen Staat aber reklamiert er ein unabdingbares a-priori: seine Sicherheit und Solidität. Daher erkennt er das Recht der nationalen Selbstbestimmung, da es zu einer Zerreißung der Grenzen des vorgegebenen Vielvölkerstaates führen würde, nicht an. Tragendes Element für diesen Ordnungsfaktor Staat sei die sogenannte „politische Nation". Bei multinationalen Staaten müsse man aber den kategorischen Imperativ stellen, daß sich deren „politische Nation" vor jeder Identifikation mit der Nationalität einer ihrer Teilnationen zu hüten habe. Denn dies würde die Harmonie der oben angesprochenen drei Hauptideen stören und vor allem dem Prinzip der Gleichheit widersprechen. In der praktischen Konsequenz nähert sich dann Eötvös durchaus josephinischen Auffassungen: Die Dominanz einer oder mehrerer Sprachen in multinationalen Imperien entspringe bloß der praktischen Notwendigkeit, der Staatsräson. Daraus dürfe man aber keineswegs eine Gleichsetzung der diese Sprache sprechenden Bevölkerungsgruppe mit der „politischen Nation" ableiten.[5]

Hier lassen sich nun jene beiden Hauptthesen ablesen, die dem Eötvösschen Nationalitätengesetzentwurf von 1861 vorangestellt sind und dann auch im Jahre 1868 in das ungarische Nationalitätengesetz Eingang gefunden haben:

---

4 Ebenda, S. 39 – 49, 106 f.
5 MACARTNEY, Nationalitätengesetz, S. 222 f.; HASELSTEINER, Serben und Ausgleich 38 f., 56 f.; vgl. auch JOHANN WEBER, Eötvös und die ungarische Nationalitätenfrage (Südosteuropäische Arbeiten 64, München 1966).

1. die Unteilbarkeit der ungarischen politischen Nation
   und
2. die Gleichberechtigung aller im einheitlichen Königreich Ungarn lebenden Nationalitäten.

Speziell auf Ungarn bezogen verteidigte Eötvös in den Adreß- und Nationalitätendebatten des ungarischen Parlaments sein Konzept gegen die anders gelagerten Vorstellungen der Nationalitäten, besonders der Serben. Er betonte die Notwendigkeit einer stabilen Ordnungsmacht im Donauraum im Sinne des Schutzes der kleinen Völker gegenüber den Expansionsgelüsten der mächtigen Nachbarn. Er lehnte daher die angesprochene nationalterritoriale Föderalisierung Ungarns, die Pluralisierung der einen „politischen Nation" und konsequenterweise auch die Artikulierung der Serbenkongreßbeschlüsse von 1861 ab. Denn dies alles würde den Zusammenhalt, die Ordnungsfunktion und die Schlagkraft des ungarischen Staates gefährden. – Soweit der magyarische Standpunkt.[6]

4. Politische Parteienrichtungen bei den Serben

Die beiden dominierenden politischen Gruppierungen waren einerseits die Konservativen und anderseits die Nationalliberalen. Djordje Stratimirović, Hofrat Stojaković und der jeweilige Erzbischof von Karlowitz standen an der Spitze der Konservativen serbischen Partei. Obwohl durch die Reinkorporation der Vojvodina in den Bereich der Länder der Stephanskrone gedrängt, standen die Konservativen in traditioneller Dynastietreue Wien und dem Herrscherhaus näher als den ungarischen Liberalen. Den Koservativen als der Mehrheitspartei des Serbenkongresses von 1861 sollten aber die Nationalliberalen unter Führung von Svetozar Miletić bald den Rang ablaufen. Auch nach dem ungarischen Landtag von 1861 verharrte diese Gruppe zunächst bei ihrer Orientierung: eher mit dem liberalen Pest, das man zu Konzessionen den Serben und den anderen Nationalitäten Ungarns gegenüber zu gewinnen hoffte, als mit dem konservativen, zentralistisch eingestellten Wien, auf dessen Sündenkonto man die Auflösung der serbischen Vojvodina geschrieben hatte. Bei der Durchsetzung der eigenen Anliegen, nämlich

– Inartikulierung der Beschlüsse des Serbenkongresses von 1861,
– Regelung der Nationalitätenfrage vor Abschluß des staatsrechtlichen Ausgleiches mit der Dynastie
– Anerkennung aller ungarländischen Nationen als gleichberechtigte juristische Personen

mußten aber auch die Nationalliberalen zur Kenntnis nehmen, daß das liberale magyarische Lager ihre diesbezüglichen Erwartungen enttäuscht hatte. In der Endphase der Ausgleichsverhandlungen und in der Auseinandersetzung um das Nationalitätengesetz 1868 segelten auch die serbischen Nationalliberalen schon auf verschärftem Kollisionskurs gegenüber den Magyaren. Die magyaronische Orientierung schließlich hatte bei den Serben nur sehr wenig Sympathisanten. Ihr Hauptvertreter Petar Crnojević war sogar bereit, auf die Garantie der serbischen Privilegien durch die ungarische Legislative zu verzichten.[7]

---

6 HASELSTEINER, Serben und Ausgleich S. 56 f., 79 ff., 101, 104, 107 ff.
7 Ebenda, S. 42, 60 ff., 67 ff., 71 – 78.

Nach einigen Jahren verfassungsrechtlicher Stagnation unter Schmerling geriet die innenpolitische Szene wieder in Bewegung. Nach Deáks Osterartikel wurde Ende 1865 vom Herrscher das ungarische Parlament wieder einberufen.

5. Vergebliche Pluralisierungsversuche

In zwei zum Teil recht heftig geführten Adreßdebatten – jeweils im Dezember der Jahre 1865 und 1866 – versuchten die Serben, im Abgeordnetenhaus des ungarischen Parlaments ihren Vorstellungen zum Durchbruch zu verhelfen. Die Abgeordneten der übrigen Nationalitäten gingen in diesem Bemühen mit den Serben konform.

Zunächst ging es um die Pluralisierung des in den Antwortadressen vorgesehenen Wortes „Nation". Mit dem Abänderungsantrag auf die Mehrzahlbezeichnung „Nationen" wollte man zum Ausdruck bringen, daß es in Ungarn mehrere staatsrechtlich entscheidende Rechtspersönlichkeiten gebe und damit die Nationalitätenfrage nicht auf die bloße persönliche Rechtsgleichheit aller Bürger reduziert werden könne. Deshalb setzten sich die Serben auch dafür ein, die Nationalitätenfrage gleichrangig mit den staatsrechtlichen Fragen, gleichzeitig und auf der gleichen Ebene mit dem Verfassungs- und Staatsrecht zu regeln. Sie vertraten das Konzept des *föderativen Staatsdualismus* und verurteilten den deutsch-magyarisch dominierten und gegen die Nationalitäten-, besonders gegen die Slaven, gerichteten *Staatsnationen-Dualismus*.[8]

Deák hingegen verteidigte den Begriff der „einen politischen ungarischen Nation". Er sprach sich gegen die Zuerkennung der politischen Rechtspersönlichkeit für die Nationalitäten im korporativen Sinn aus und betonte, „... daß unter der Bezeichnung ‚selbständige freie Nation' die Gesamtheit der Einwohner Ungarns, gleich welcher Zunge sie seien, ... verstanden werden kann ...".[9]

Angesichts der Mehrheitsverhältnisse im Abgeordnetenhaus war es kein Wunder, daß die Adressen in der Deákschen Fassung verabschiedet, die Abänderungsanträge der Serben aber abgelehnt wurden.

6. Identität von Nation und Nationalität

Flankenschutz erhielten die serbischen Abgeordneten in weitem Maße von der serbischen Presse. Auch sie rückte die Bedeutung der Lösung der Nationalitätenfrage weit in den Vordergrund und forderte ihre vordringliche Regelung, noch vor den staatsrechtlichen Fragen der Stellung Ungarns zu Österreich. Die Gleichberechtigung aller Nationalitäten Ungarns im Sinne von korporativen, staatsrechtlich anerkannten juristischen Personen sollte – so die serbischen Zeitungen – kein Gegenstand der Diskussion sein. Wurzel und Motive der ungarischen „politischen Nation" legte man recht schonungslos frei: „Die ‚politische Nation' ist eine Fiktion einzelner

---

8 Ebenda, S. 79 ff., 99 – 104.
9 Az 1865-dik évi december 10-dikére hirdetett országgyűlés képviselőházának naplója. Szerkeszti Greguss Ágost [Protokoll des Abgeordnetenhauses des für 10. Dezember 1865 einberufenen Parlaments. Zusammengestellt von Ágost Greguss] 3, S. 137.

Nationen, die nach einer Hegemonie über die übrigen Nationen trachten und bestrebt sind, die übrigen Nationen in ihre eigene Nationalität umzuwandeln."[10]

Im Zusammenhang mit dieser Erkenntnis versuchte nun die „Zastava" (das Organ Svetozar Miletić' und der Nationalliberalen) im Sinne der Abwehr jener Gefahr, die von der Deák-Eötvösschen politischen Nation drohte, zu Definitionen zu gelangen: „Die Nation" – so wurde dort umrissen – „ist eine moralische Einheit von Menschen eines Stammes und einer Zunge."[11]

In dieser Definition dominiert die Sprach- und Abstammungsnation. – Komplementär dazu folgt sogleich die Umschreibung der Nationalität: „Die Nationalität ist die Gesamtheit seelischer, moralischer und psychischer Eigenschaften, die die einzelnen Nationen im wesentlichen charakterisieren."[12]

Wir sehen hier den bemerkenswerten Versuch, zwischen Nation und Nationalität keinen wesenhaften Unterschied zuzulassen. Denn Nationalität ist demnach nur ein Attribut der Kategorie Nation. Somit kommt die Zastava abschließend zu dem scheinbar zwingend logischen Satz: „Denn eine Nation ohne Nationalität gibt es ebensowenig wie eine Nationalität ohne Nation."[13]

Soweit die versuchte theoretische Abwehrfront der Serben gegen die einheitliche „politische Nation".

7. Die Serben zwischen Wien und Pest

Es fehlte nicht an wohlmeinenden Ratgebern für die Serben Ungarns. Ihr Konationaler von jenseits der Grenze, der Schriftsteller Matija Ban, riet zu vorsichtiger Äquidistanz. Denn, wie er sagte, „wir stehen zwischen zwei Feuern: Wien und Pest. Wenn es auch notwendig ist, daß wir dem ersten entkommen, so müssen wir uns doch nicht in das zweite stürzen. Nähern wir uns ihm nur so weit, daß es uns sanft erwärmt, aber nicht verbrennt".[14]

An Miletić' Adresse war wohl die zweite Mahnung Bans zu ausgewogener Politik gerichtet: Die Serben sollten sich nicht um jeden Preis mit den Magyaren einigen, bloß um ihre Position gegenüber Wien zu stärken. Denn auch auf Vorteil und Notwendigkeit eines Übereinkommens mit Rumänen und Kroaten dürfe nicht vergessen werden.

Der Rat war gut. Ihn zu befolgen, schien kein Problem. Doch am Wandel der Orientierung in der Politik der Nationalliberalen, an der Gesinnungsänderung von Mihajlo Polit-Desančić von pro- zu antimagyarisch nach Bekanntwerden des Nationalitätengesetzentwurfes des ungarischen Parlaments 1861[15] ist das Dilemma der

---

10 Zastava 89/1866; HASELSTEINER, Serben und Ausgleich, S. 88.
11 Ebenda.
12 Ebenda.
13 Ebenda.
14 NIKOLA PETROVIĆ, Svetozar Miletić i narodna stranka [Svetozar Miletić und die Nationalpartei] 1 (Sremski Karlovci 1968), S. 68; HASELSTEINER, Serben und Ausgleich, S. 42 f.
15 Vgl. zu den Ansichten von Polit seine Beiträge in: Ost und West, 72 – 73 (1861), 93 – 94 (1861) und 165 (1861); VASO BOGDANOV, Razvoj nacionalnog pitanja u Ugarskoj [Die Entwicklung der nationalen Frage in Ungarn]. In: Rad jugoslavenske akademije znanosti i umjetnosti. Odjel za društvene nauke 16 (1971), S. 39.

Serben zwischen Wien und Pest deutlich zu erkennen: „Wenn immer sie versuchten, sich für eine Seite zu entscheiden, folgte die Enttäuschung und dieser wieder das Bemühen, bei der anderen Seite Hilfe zu finden. Sie waren zum ‚Matchball' der Auseinandersetzungen um die grundlegende staatsrechtliche Gestaltung der Monarchie geworden, einem Matchball, der zwar – solange er noch im Spiel war – die Entscheidung zugunsten Wiens oder Pests herbeiführen konnte, den man aber nach Beendigung des Matches wieder achtlos beiseite legte."[16]

8. Vergleich der Entwicklung bei den Serben mit jener in Kroatien-Slavonien

Da im vorgegebenen Rahmen dieses Beitrags für eine eingehendere Analyse auch nur der wesentlichsten Probleme der kroatischen Frage kein Raum bleibt, darf in diesem Zusammenhang auf die grundlegende und umfassende Monographie von Vasilije Krestić[17] hingewiesen werden. Es seien aber dennoch demonstrativ einige Punkte angeführt, in denen sich ein Vergleich der Entwicklung bei den Serben Südungarns mit jener in Kroatien-Slavonien anbieten würde.

1. Sowohl bei den Serben als auch bei den Kroaten war die Wirtschafts- und Sozialstruktur weitgehend mit dem politischen Durchsetzungsvermögen gekoppelt. Für die Kroaten hat Vasilije Krestić dieses Grundproblem detailliert untersucht und ist zu folgendem Ergebnis gekommen: In der wirtschaftlich zurückgebliebenen Situation, in der sich Kroatien-Slavonien befand, bei weitgehendem Fehlen eines voll entwickelten, selbständigen und politisch handlungsfähigen Bürgertums waren die Basis und der Rückhalt für den um die Neuordnung der Monarchie zu führenden Kampf zu schwach, um die eigenen Vorstellungen verwirklichen zu können. Abgesehen von Abweichungen im sozialstrukturellen Bereich zwischen Serben und Kroaten seien hier zwei Punkte herausgegriffen: der im Vergleich zu Kroatien schwächer ausgeprägte serbische Adel in Südungarn und der recht beachtliche wirtschaftliche Aufschwung der serbischen Kaufleute in Südungarn. Diese Unterschiede ausgenommen, darf festgehalten werden, daß Krestić' Aussage auch für die Serben in vollem Umfang gilt. Eine eingehendere vergleichende Analyse böte sich an und würde vermutlich diese These erhärten.

2. Bei der Bewertung der juridisch-historischen Basis sowohl bei den Serben als auch bei den Kroaten wird wohl ein erheblicher Unterschied festzustellen sein: Bei den Kroaten sehen wir das in den fünfziger und sechziger Jahren wissenschaftlich fundierte Gebäude des historischen kroatischen Staatsrechtes, das sicher nicht unwesentlich zu der im Vergleich mit den Serben günstigeren staatsrechtlichen Verhandlungsposition der Kroaten beigetragen hat. Bei den Serben hingegen findet sich der Versuch, ihre historischen Privilegien kompiliert dem Herrscher und dem ungarischen Parlament zur Annahme vorzulegen. Als sich das Scheitern dieser Bemühungen abzuzeichnen begann, folgte dann der

---
16 HASELSTEINER, Serben und Ausgleich, S. 59.
17 VASILIJE KRESTIĆ, Hrvatsko-ugarska nagodba 1868. godine [Der kroatisch-ungarische Ausgleich des Jahres 1868] (Beograd 1969).

Hinweis auf die historischen und natürlichen Rechte der Serben. Die Kroaten zeichneten sich ferner durch Konsequenz im formalen Bereich aus: Ihr Sprachrohr blieb bis zum Abschluß des Subdualismus der Sabor. Bei den Serben war es zwar anfänglich der vom Herrscher 1861 konzedierte Serbenkongreß, später aber in immer stärkerem Maße und dann ausschließlich das Plenum des Abgeordnetenhauses des ungarischen Parlaments.
3. Damit hängt auch eine stark unterschiedliche Stellung der Serben bzw. der Kroaten zwischen Wien und Pest zusammen: ein anscheinend, vielleicht sogar nur scheinbar größerer Spielraum für die Kroaten.
4. Beiden gemeinsam war die beabsichtigte Durchsetzung und Sicherung der eigenen Sonderstellung. Bei den Kroaten – auf Grund zugestandenen historischen Rechtes und erreichten Subdualismus – dem Ergebnis nach zum Teil realisiert, ein doppelter Mißerfolg hingegen bei den Serben: Hier sehen wir die Verweigerung der Autonomie und die Reduktion der angestrebten staatsrechtlichen Rechtspersönlichkeit für die serbische Nation auf die bloße formale Gleichberechtigung aller Bürger Ungarns.
5. Schließlich bieten sich die jeweiligen Parteienstrukturen zum Vergleich an: die Konservativen auf der einen Seite und die Selbständige Nationalpartei auf der anderen, Nationalliberale und Nationalpartei, Magyaronen und Unionisten.

Diese knappe komparative Analyse darf wohl nur als Versuch aufgefaßt werden und sollte, was insbesondere die Parteiengruppierungen anbelangt, noch auf deren Zusammensetzung und Bedeutung, auf Ideologie, Zielsetzung und Taktik ausgedehnt werden.

9. Schlußbemerkungen

Die Gründe, warum Ausgleich und auch Nationalitätengesetz das nationale Problem der Monarchie bzw. Ungarns nicht lösen konnten, sind äußerst vielfältig. Versuchen wir eine Aufzählung:
1. Zunächst wäre die komplexe ethnographische Lage zu erwähnen, die eine klare, überschaubare und alle befriedigende Lösung ausschloß.
2. Sodann die verschiedenen Ausgangspositionen der einzelnen Kronländer: Die Vielfalt und Vielschichtigkeit des habsburgischen Imperiums konnte, ohne Partikularinteressen zu verletzen, zu keinem stabilen Ergebnis führen.
3. Der Vorrang der Außenpolitik verhinderte sicher zu einem gewissen Teil eine bessere, ausgewogene und nicht unter Zeitdruck oder Zugzwang zu erreichende Lösung.
4. Hier ist auch die Grundhaltung Franz Josephs zu berücksichtigen: Er wollte den ererbten Besitz des Hauses Habsburg erhalten, der „historischen Mission" des Hauses Österreich trotz aller unausweichlichen – in seinen Augen erzwungenen – Konzessionen an die Bewegungen der modernen Zeit gerecht werden.
5. Schließlich ist festzuhalten, daß die Sozialstruktur der Monarchie keine föderative Reform auf ethnischer Basis erlaubte, da diese vorgegebene dominante politische und ökonomische Interessen zerschnitten hätte.

Für Ungarn und die Südslaven im Rahmen der Länder der Stephanskrone seien vielleicht noch zwei weitere Ursachen angeführt:

6. Die Prinzipien der Integrität Ungarns auf der einen, die der Autonomie auf der anderen Seite; der damit verbundene Gegensatz zwischen magyarischer Hegemonie und nationaler Gleichberechtigung war unüberwindlich.
7. Weder die führenden Schichten der Magyaren noch die Nationalitäten Ungarns waren bereit, die grundlegende theoretische Doktrin von Nationalitätengesetz und Ausgleich zu akzeptieren bzw. durchzuführen.

Wohl springt die zwingende spekulative Logik dieser Doktrin ins Auge. Auch am ursprünglich guten Willen des Schöpfers der Doktrin, Joseph Eötvös, und seiner politischen Gesinnungsgenossen wird kaum zu zweifeln sein. Trotzdem aber ging sie an der politischen Wirklichkeit mit ihren nationalen, politischen, wirtschaftlichen und sozialen Imponderabilien vorbei.

Nun der Versuch einer *Anamnese:*

In der politischen Praxis hatte sich die Kluft zwischen Autonomiebestrebungen und unitaristischer Staatsauffassung unübersehbar und endgültig aufgetan, damit auch der Gegensatz zwischen Deutschen und Magyaren auf der einen und den übrigen Nationen der Monarchie – also auch Serben und Kroaten – auf der anderen Seite.

Die Identifizierung mit einem Staat hängt auch für seine nationalen Gruppierungen von der Möglichkeit der eigenen Selbstentfaltung, von der als annähernd befriedigend empfundenen Selbstverwirklichung ab. Ist diese nicht oder nicht ausreichend vorhanden, beginnen die Kräfte der Desintegration zu überwiegen. Von diesem Gesichtspunkt aus waren Ausgleich, Subdualismus und Nationalitätengesetze für Kroaten und Serben unbefriedigend. Ihre Reaktion als Konsequenz: Sie begannen nach anderen Alternativen Ausschau zu halten.

Bezüglich anderer Lösungsmöglichkeiten, bezüglich der Frage, ob der Ausgleich gut oder schlecht war, ob die Monarchie mit dem Ausgleich den richtigen Kurs gesteuert habe, bezüglich der vermutlich unmöglich befriedigenden und dadurch wirksamen *Therapie,* darf auf Robert A. Kann verwiesen werden, der in seinem Beitrag bei dem Kongreß in Preßburg im Jahr 1967 festgehalten hat: „Yet, taking the complexity of the empire's social structure, there generally was no right course but only a choice between greater and lesser evils."[18]

aus: *Die Donaumonarchie und die südslawische Frage von 1848 bis 1918. Texte des ersten österreichisch-jugoslawischen Historikertreffens Gösing 1976,* ed. ADAM WANDRUSZKA, RICHARD GEORG PLASCHKA, ANNA M. DRABEK, HORST HASELSTEINER, WALTER LUKAN, ARNOLD SUPPAN *(Wien 1978), S. 47 – 63.*

---

18 ROBERT A. KANN, The Austro Hungarian Compromise of 1867 in Retrospect. Causes and Effect. In: Der österreichisch-ungarische Ausgleich 1867, hg. v. HOLOTÍK, S. 42.

Schulstruktur und nationale Identität der Serben Ungarns am Beginn des 20. Jahrhunderts

I. Vorbemerkung

An den Beginn seien einige allgemeine Bemerkungen gestellt. Hauptgrundlage des Beitrages ist das seit dem Jahre 1912 Zug um Zug veröffentlichte Material der Volkszählung in den Ländern der Stephanskrone von 1910. Vor allem der sechste Band wurde herangezogen.[1]

Nun heißt es in einem häufig zitierten Wort, mit der Statistik könne man alles beweisen. Dieses Mißtrauen gegen die Statistik mag in vielerlei Hinsicht berechtigt sein. Auch in diesem besonderen Fall ist durchaus Vorsicht geboten. Hat man doch die Zeitumstände und die Zielsetzungen dieser Erhebung nicht aus den Augen zu verlieren. Aber auch bei kritischer Benützung des publizierten Materials kann es zu teilweise problematischen Ergebnissen und als Folge davon zu nicht fundierten Schlüssen kommen. Trotz dieses Risikos aber sollte man das Zahlenmaterial zunächst einmal durchgehen und mir aller Reserviertheit zu analysieren versuchen. Ungeachtet der in einigen Belangen sehr detaillierten Angaben in der Edition wird es sicher als *makroanalytisches* Material einzustufen sein – als eine zwar in mancher Hinsicht brauchbare und in vielen Aspekten aufschlußreiche Grundlage, die aber in zahlreichen Punkten unbedingt der regionalen *mikroanalytischen*, auf anderen Quellengruppen fußenden, ergänzenden und damit als Korrektiv fungierenden Forschung bedarf, um ein der Realität entsprechendes Bild zu liefern.

II. Die Bevölkerungszahlen in Ungarn 1900 bis 1910

Nach den Ergebnissen der Volkszählung des Jahres 1910 hatte das Königreich Ungarn eine Gesamtbevölkerungszahl von 20,886.487 Einwohnern. Auf Kroatien-Slavonien entfielen 2,621.954 und auf das kernungarische Gebiet 18,264.533 Bewohner. Für die Vergleichbarkeit der Zuwachs- und Abnahmetendenzen bei den Serben in Ungarn – gegebenenfalls auch bei den Magyaren und den anderen Nationalitäten, die wir aus Gründen der Erhöhung der Aussagekraft des bloßen Verhältniszahlenmaterials in einigen wesentlichen Strukturelementen präsentieren wollen –

---

[1] Volkszählung in den Ländern der Ungarischen Heil. Krone im Jahre 1910. Sechster Teil. Zusammenfassung der Ergebnisse. Mit 15 graphischen Karten. Im Auftrage des Kgl. Ungarischen Handelsministers verfaßt und herausgegeben vom Kgl. Ungarischen Statistischen Zentralamt. Budapest 1924. = Ungarische Statistische Mitteilungen, Neue Serie 64. (Weiterhin: Volkszählung 1910.)

sei hier auch der prozentuelle Anteil zumindest bei Serben und Magyaren an den Anfang gestellt. Demnach entfielen auf die Magyaren im Königreich Ungarn der Anteil von 48,1%, auf die Serben von 5,3%. In Kernungarn sahen die Verhältniszahlen folgendermaßen aus: 54,5% Magyaren, 2,5% Serben.[2] Was die Zunahme des serbischen und des magyarischen Bevölkerungsteiles anbelangt, so wäre festzuhalten, daß die Magyaren im erwähnten Zeitraum ihren Bevölkerungsanteil in absoluten Zahlen im gesamten Königreich um 15%, die Serben ihren aber nur um 5,5% steigern konnten.[3] Dies spiegelt sich selbstverständlich auch im entsprechenden Vergleich der Verhältniszahlveränderungen von 1900 zu 1910 wider: Hier haben die Magyaren einen Zuwachs von 2,7% zu verzeichnen, während die Serben um 2 Zehntelprozent abgenommen haben.[4] Die Ursachen dafür werden wohl vielschichtig und auch regional verschieden zu beurteilen sein. Nativität, Auswanderung und sicher auch zu einem Teil Assimilation werden zu berücksichtigen sein.

[2] Volkszählung 1910, S. 59*. Die absoluten Zahlen und die Verhältniszahlen sahen für die Jahre 1910 folgendermaßen aus:

Muttersprache	Kernungarn	Kroatien-Slavonien	Königreich Ungarn
Ungarisch	9,944.627	105.948	10,050.575
Deutsch	1,903.357	134.613	2,037.435
Slovakisch	1.946.357	21.613	1,967.970
Rumänisch	2,948.186	846	2,949.032
Ruthenisch	464.270	8.317	472.587
Kroatisch	194.808	1,638.354	1,833.162
Serbisch	461.516	644.953	1,106.471
Sonstige und Unbekannte	401.412	67.843	469.255
Ungarisch	54,5%	4,1%	48,1%
Deutsch	10,4%	5,1%	9,8%
Slovakisch	10,7%	0,8%	9,4%
Rumänisch	16,1%	0,0%	14,1%
Ruthenisch	2,5%	0,3%	2,3%
Kroatisch	1,1%	62,5%	8,8%
Serbisch	2,5%	24,6%	5,3%
Sonstige und Unbekannte	2,2%	2,6%	2,2%

[3] Volkszählung 1910, S. 61*. Der Zuwachs der serbischen Bevölkerung betrug in absoluten Zahlen (Vergleich 1900 – 1910): in Kernungarn 23.799, in Kroatien-Slavonien 34.047 und im Königreich Ungarn 57.826.

[4] Volkszählung 1910, S. 62* f. Für alle Nationalitäten sah der Zu- bzw. Abnahmeschlüssel 1900 – 1910 für das Königreich Ungarn wie folgt aus:

Muttersprache	Veränderung der Verhältniszahl
Ungarisch	+ 2,7
Deutsch	– 1,3
Slovakisch	– 1,1
Rumänisch	– 0,4
Ruthenisch	+ 0,1
Kroatisch	+ 0,1
Serbisch	– 0,2
Sonstige	+ 0,1

Nun vielleicht – weil für die Bildungsstruktur nicht unwesentlich – auch noch eine kurze Bemerkung zur Verteilung der Serben auf Stadt und Land. Während die Magyaren ihren prozentuellen Anteil in den Städten mit Munizipalrecht, in den Städten mit geordnetem Magistrat, schließlich im Bereich aller Städte (Städte mit Munizipalrecht plus Städte mit geordnetem Magistrat), aber auch in den Landgemeinden zwischen zwei und vier Prozent erhöhen konnten, blieben die Serben mit ihrem Prozentanteil bei den beiden ersten Kategorien gleich und nahmen bei der Summe sämtlicher Städte und bei den Landgemeinden jeweils um ein Zehntelprozent ab, dies jeweils in Gesamtrelation zu den Prozentanteilen der anderen Nationalitäten des Königreichs Ungarn, Diesem Phänomen widerspricht nur scheinbar die Tatsache, daß – wenn man die Stadt-Land-Verteilung der Serben allein von 1900 mit jener im Jahre 1910 vergleicht – eine prozentuelle Verschiebung von 0,6% zugunsten der serbischen Stadtbevölkerung eintritt, sozusagen eine in Ansätzen sich abzeichnende Landflucht.[5]

III. Unterrichtswesen

Zur Entwicklung des Schulwesens in Ungarn vom Reformzeitalter bis an die Schwelle des Ersten Weltkrieges wäre zunächst festzuhalten, daß zweifelsohne eine beachtliche *quantitative* und auch eine dadurch z. T. bedingte *qualitative Entfaltung* festzustellen ist. So sind, wenn dies als Beispiel herangezogen werden darf, die Zahlen der Volksschulen vom Reformzeitalter über die siebziger Jahre bis zum Jahre 1913 von 8.000 auf 13.700 und schließlich auf 16.929, jene der Lehrer in denselben Zeitperioden von 9.000 auf 16.800 und schließlich auf 38.000 sowie jene der Schüler von 670.000 auf 1,2 Millionen und, im Jahre 1913, auf rund 2 Millionen gestiegen.[6] Ein knappes Indiz für die bereits angesprochene Niveausteigerung vermittelt das aus diesen Zahlen abzuleitende Lehrer-Schüler-Verhältnis, dessen reale Verbesserung aber erst im Vergleich zwischen den siebziger Jahren des 19. Jahrhunderts und dem Jahre 1913 klar zutage tritt.[7] In diesem Zusammenhang muß allerdings daran erinnert werden, daß sich dieser positive ungarische Entwicklungstrend im Elementarschulwesen im gesamtwest- bzw. mitteleuropäischen Vergleich eher bescheiden ausnimmt. Zwei weitere Momente stehen auf der Debet-Seite: In 80% dieser Schulen war die Unterrichtssprache Ungarisch, und noch im 20. Jahrhundert betrug der Anteil

---

Zu den regionalen Unterschieden bei der Zunahme der Serben läßt sich zusammenfassend kurz folgendes sagen: Sie haben nur in einigen Komitaten ihre Position verbessern können (Krossó-Szörény, Temes, Torantál und Modruš-Rijeka), in allen anderen abgenommen. Hervorzuheben bleibt aber ihre Zunahme in einer ganzen Reihe von Städten (wie Újvidék/Novi Sad/Neusatz, Arad, Temesvár/Timişoara, Pancsova/Pančevo, Eszék/Osijek/Esseg und Zagreb). Volkszählung 1910, S. 64*.

5 Volkszählung 1910, S. 65*. Dieser Trend bei den Serben zeigt sich in folgenden Prozentzahlen: Im Jahre 1900 wohnten 9,5% der serbischen Bevölkerung in der Stadt und 90,5% auf dem Lande. 1910 sah die entsprechende Stadt-Land-Verteilung etwas anders aus: 10,1% zu 89,9%.

6 Magyarország története 1849 – 1918. Az abszolutizmus és a dualizmus kora [Geschichte Ungarns 1849 – 1918. Das Zeitalter des Absolutismus und des Dualismus]. Ed. PÉTER HANÁK, Budapest 1975, S. 362 f. (Weiterhin: HANÁK.)

7 Das Lehrer-Schüler-Verhältnis betrug im Reformzeitalter (Vormärz) 1 : 74,5, im Jahre 1870 1 : 71,56 und im Jahre 1913 1 : 52,63.

jener Schulpflichtigen, die nicht zur Schule gingen, weit mehr als 10%.[8] Wir wollen uns nun zunächst mit der Schülerstruktur beschäftigen und im Anschluß daran das Lehrpersonal durchleuchten.

Im Jahre 1910 waren in Gesamtungarn 56,4% der Gesamtbevölkerung des Lesens und des Schreibens kundig. 2,1% konnten nur lesen, womit sich ein Prozentanteil von 41,5% Analphabeten ergab.[9] Während zwischen 1880 und 1890 noch eine Zunahme der Analphabeten zu beobachten ist, nimmt deren Zahl ab 1890 ständig ab. 1900 bis 1910 verringert sie sich um 6,6%. Läßt man entsprechend dem zunehmenden Trend zur Schulbildung die Gruppe der unter sechs Jahre alten, also noch nicht schulpflichtigen, Einwohner weg, zeigt sich, daß im Jahre 1910 zwei Drittel der Bevölkerung (66,7%) Gesamtungarns zu den Vollalphabeten zu zählen waren.[10]

Stark ausgeprägt ist – wie erwartet – das Bildungsgefälle zwischen Stadt und Land, das sich auch an den Vergleichszahlen der Ackerbaustädte, jener Städte mir großräumiger ländlicher Eingemeindung, ablesen läßt. Während Sopron/Ödenburg z. B. 95,0%, Budapest 92,5% *Alphabeten* aufweisen, verzeichnen Zombor/Sombor mit 64,7% und Szabadka/Subotica/Maria-Theresiopel mit 61,1% den geringsten Prozentsatz.[11]

Betrachtet man den Anteil der einzelnen Nationalitäten an der Gesamtzahl der Alphabeten, so sind die Deutschen, knapp gefolgt von den Magyaren, in der günstigsten Position (70,4 bzw. 67,0%). Die Vergleichszahl der Serben, die mit 40,4% im Mittelfeld rangieren,[12] ergibt sich aus der vergleichsweise schlechten Position der Serben in Kroatien-Slavonien. Während der Prozentanteil der serbischen Alphabeten im Mutterland 51,3% beträgt, sinkt die entsprechende Verhältniszahl in Kroatien-Slavonien auf 32,5%, Vor allem die Küstenkomitate Lika-Krbava und Modruš-Rijeka mit 16,8 bzw. 19,2% trugen wesentlich zu dieser Erscheinung bei, während in Kernungarn das Komitat Krassó-Szörény mit nur 39% den niedrigsten Prozentsatz aufzuweisen hat.[13] Entscheidenden Anteil an der relativ bescheide-

---

8 HANÁK, S. 363.
9 Volkszählung 1910, S. 81*. In absoluten Zahlen nahmen die Analphabeten im Zeitraum 1900–1910 um 469.000 ab.
10 Ebenda.
11 Das Stadt-Land-Gefälle drückt sich auch in den Globalprozentzahlen aus: während der Prozentanteil an Alphabeten bei Städten mit Munizipalrecht 85,4% betrug, erreichte er in den Komitaten nur einen Schnitt von 64,2%. Volkszählung 1910, S. 82*.
12 Im Jahre 1910 betrug der Prozentanteil an Vollalphabeten bei den einzelnen Nationalitäten:

Muttersprache	Prozentzahl an Alphabeten
Ungarisch	67,0
Deutsch	70,4
Slovakisch	58,0
Rumänisch	28,2
Ruthenisch	22,7
Kroatisch	47,0
Serbisch	40,4
Sonstige	46,3

Volkszählung 1910, S. 84*.
13 Volkszählung 1910, S. 86*. Den höchsten Prozentanteil in Kroatien hatten die Serben im Komitat Szerém/Srijem mit 51,6%, den höchsten in Kernungarn im Komitat Fejér mit 64,5%.

nen Verhältniszahl der Serben hat aber auch die starke Diskrepanz im Bildungsstand zwischen weiblichem und männlichem Geschlecht. Während 1910 57,8% der Männer über sechs Jahre Schulbildung besaßen, konnten nur 38,1% der serbischen Frauen auf diese verweisen. Ein derart deutlich ausgeprägtes Gefälle hatte keine der ungarländischen Nationalitäten aufzuweisen. Diese Tatsache fand dann in der Verhältniszahl von 48% ihren Niederschlag.[14] Die Frauen weisen allerdings bei den Alphabeten eine höhere Zuwachsrate für den Zeitraum von 1900 bis 1910 auf als die Männer, bei denen eine Verflachung gegenüber dem Zeitabschnitt von 1890 bis 1900 zu vermerken ist. Diese Erscheinung ist bei den anderen Nationalitäten mit Ausnahme der Magyaren ebenfalls zu konstatieren.[15] Aber auch die Alterspyramide der Serben wäre zur Verdeutlichung noch zu berücksichtigen. Die höchste Steigerung, und zwar bei beiden Geschlechtern, ist bei der Altersgruppe der 12- bis 14jährigen zu verzeichnen, obgleich auch bei den anderen Altersgruppen eine, wenngleich bedeutend geringere, Zunahme konstatiert werden kann. Diese ist nicht bloß mit der Tatsache zu erklären, daß ein Teil der Personen erst im Erwachsenenalter lesen und schreiben lernten, wie z. B. die Männer beim Militär. In diesem Zusammenhang ist noch die forcierte Erwachsenenbildung durch konfessionelle und nationalkulturelle Organisationen und Vereine zu erwähnen. Diese sich abschwächende Zuwachsquote ist unter anderem auf die höhere Sterblichkeitsrate bei der ärmeren, hart arbeitenden Bevölkerung zurückzuführen. Dies trug sicherlich dazu bei, daß die Verhältniszahl der Schreib- und Lesekundigen, in ein und derselben Altersgruppe anwuchs, da die Analphabeten in größerer Zahl wegstarben.[16] Eine Ausnahme bilden dabei die Magyaren und die Deutschen. Die übrigen ungarländischen Nationalitäten folgen dem Erscheinungsbild der Serben. Während aber bei den Magyaren nur bei den Geburtsjahrgängen 1841 bis 1860 (d. h. der Fünfzig- bis Siebzigjährigen) ein geringfügiges Sinken der Alphabetenrate um 0,1% im Zeitraum von 1900 bis 1910 zu verzeichnen ist, kann bei den Deutschen in allen Altersstufen ein Abgang von 1 bis 2% beobachtet werden.[17] Es muß demnach insbesondere bei den Deutschen fast von einem Abwandern der Alphabeten zum Magyarentum gesprochen werden, wofür als weiteres Indiz die unterdurchschnittlich geringe Zuwachsrate von 2,9% bei den deutschsprachigen Alphabeten im Zeitraum von 1900 bis 1910 gelten kann, wenn man einige Vergleichszahlen heranzieht: Die korrespondierenden Zuwachsraten betrugen bei den Magyaren 6,1%, bei den Serben 7,7%, bei den Ruthenen 7,9% und bei den Slovaken gar 8%.[18] Diese Differenz kann keineswegs nur mit dem relativ höheren Prozentanteil von Alphabeten bei den Deutschen und dem damit verbundenen, verminderten Zuwachstrend des Verhältniszahlenanteils sogar im Falle einer absoluten Steigerung erklärt werden. Auch die geringere Nativität bei den Deutschen scheint als verursachender Faktor nicht auszureichen. Bleiben als Erklärung nur noch Assimilierungsbereitschaft und Magyarisierung.

In die gleiche Richtung zielt das starke Absinken der Zahl der Mittelschulvollabsolventen im Vergleich der Siebzigjährigen zu den Zwanzig- bis Neunundzwan-

---

14 Volkszählung 1910, S. 87*.
15 Volkszählung 1910, S. 178 f.
16 Volkszählung 1910, S. 87*.
17 Volkszählung 1910, S. 86*.
18 Die prozentuelle Zuwachsrate beim Alphabetenstand betrug bei den einzelnen ungarländischen Nationen im Königreich Ungarn:

zigjährigen: Hier ist der Unterschied am krassesten, Nur die Kroaten mit 0,8% und die Magyaren mit beachtlichen 9,2% können eine Zunahme aufweisen. Während unter den anderen Nationalitäten die Slovaken mit 1,1% den höchsten Verlust aufweisen, verzeichnen die Deutschen einen Abgang von sogar 7,0%! Am besten schneiden von den anderen Nationalitäten noch die Serben mit einer Abnahme von nur 0,1% ab, was sicher auf ihre bildungspolitische Aktivität, eine im eigenen nationalen Geiste nachhaltig erzogene Intelligenz heranzubilden, zurückzuführen ist.[19]

Nun zurück zur allgemeinen Entwicklung. Auch hier konnte die jüngere Generation einen bedeutend höheren Anteil aufweisen als die ältere. Beim Stadt-Land-Gefälle ergibt sich das gewohnte und erwartete Bild: Die Mittelschulabsolventen sind in der Stadt viel zahlreicher vertreten als in ländlichen Gebieten (etwa das Sechsfache, bei Frauen gar das Sieben- bis Zehnfache). Städte mit agrarischem Charakter – wie Szabadka/Maria-Theresiopel, Kecskemét, Hódmezővásárhely etc. – fallen deutlich ab, Interessant ist vielleicht eine kurze Reihung jener Städte, die den höchsten Prozentanteil an Vollmaturanten aufzuweisen hatten: an der Spitze überraschenderweise nicht Budapest, das Zagreb/Agram den ersten Platz überlassen mußte. Auf den Plätzen drei und vier folgen dann Kolozsvár/Cluj/Klausenburg und Kassa/Košice/Kaschau.[20]

In Prozentzahlen ausgedrückt, gab es 1910 im Königreich Ungarn
3,5% der Bevölkerung, die vier Klassen der Mittelschule,
1,8% die sechs Klassen und
1,3% der Bevölkerung schließlich, die alle acht Klassen der Mittelschule absolviert haben.[21]

In allen drei Kategorien dominieren die Magyaren mit großem Abstand vor den Deutschen, und zwar mit einer außerordentlichen Majorität von vier Fünftel aller Mittelschulabsolventen bei einem Gesamtbevölkerungsanteil der Magyaren von nur 48,1%! Der Anteil der Serben beträgt bei den Vollmaturanten 2,2%, sie sind demnach unterrepräsentiert. Aus dem Kreise der Nationalitäten werden sie nur von den Kroaten (mit 5,6%) und den Rumänen (mit 3,7%) übertroffen.[22]

Muttersprache	Steigerung des Alphabetenstandes von 1900 auf 1910 in Prozenten
Ungarisch	6,1
Deutsch	2,9
Slovakisch	8,0
Rumänisch	7,8
Ruthenisch	7,9
Kroatisch	7,6
Serbisch	7,7
Sonstige	2,5

Volkszählung 1910, S. 84*.
19 Volkszählung 1910, S. 91*.
20 Volkszählung 1910, S. 88* f.
21 Volkszählung 1910, S. 88* und 180 f.
22 Die Vollmaturanten teilten sich auf die einzelnen Nationalitäten im Königreich Ungarn wie folgt auf:

Zieht man den prozentuellen Anteil der Mittelschulabsolventen der einzelnen Nationalitäten von der Gesamtbevölkerung zum Vergleich heran, ergibt sich natürlich eine klare Führung der Magyaren vor den Deutschen (2,1 bzw, 1,1%). Auffallend ist in diesem Bereich das schlechte Abschneiden der Slovaken (sie sind mit nur 0,1% an letzter Stelle). Diese Schlußlichtposition überrascht zunächst umso mehr, als die Slovaken sich beim Zurückdrängen des Analphabetentums in einer wesentlich günstigeren Position befunden haben, Assimilierungsbereitschaft und Magyarisierung setzten bei ihnen – ähnlich wie bei den Deutschen – bewußt und gesteuert verstärkt bei der Intelligenz ein. Die Serben finden wir mit 0,6% knapp hinter den Kroaten (die ihrerseits 0,8% aufzuweisen haben) im Mittelfeld, wobei hier wieder der geringe Anteil der Frauen bei den Serben hervorzuheben bleibt, der bei den Kroaten mehr als das Doppelte des serbischen ausmacht. Während die Rumänen beim Verhältnis der nationalen Zugehörigkeit der Maturanten die Serben übertreffen (3,7 zu 2,2%), ergibt sich für die Serben bei Berücksichtigung der Gesamtbevölkerungsrelation eine günstigere Situation.[23] In diesem Konnex wird wohl anzumerken sein, daß es im Königreich Ungarn fast dreimal soviele Rumänen wie Serben gab, sie aber im Vergleich dazu nur knapp über 50% mehr Maturanten als die Serben stellten. Wenn man nun die Abiturientenzahl zum Bevölkerungsanteil in Relation setzt, zeigt sich konsequenterweise ein umgekehrtes Bild: Die Serben schnitten in dieser Beziehung mit 0,6% gegenüber nur 0,3% der Rumänen doppelt so gut ab.

Wie sieht nun die Situation beim Lehrpersonal aus? Im gesamten Unterrichtswesen waren in Kernungarn im Jahre 1910 insgesamt über 56.000 Personen tätig. Eine Analyse des prozentuellen Anteils der einzelnen Nationalitäten an den Berufstätigen im Unterrichtswesen ergibt eine überproportionale Dominanz der Magyaren, die

Muttersprache	Prozentanteil an Vollmaturanten
Ungarisch	78,0
Deutsch	8,0
Slovakisch	0,9
Rumänisch	3,7
Ruthenisch	0,1
Kroatisch	5,6
Serbisch	2,2
Sonstige	1,5

Volkszählung 1910, S. 91*.

23 Die entsprechende Prozentverteilung schlüsselt sich folgendermaßen auf:

Muttersprache	Unter 100 Einwohnern haben die Vollmatura abgelegt
Ungarisch	2,1
Deutsch	1,1
Slovakisch	0,1
Rumänisch	0,3
Ruthenisch	0,1
Kroatisch	0,8
Serbisch	0,6
Sonstige	0,9

Volkszählung 1910, S. 89* und 181.

allein beinahe 80% des Lehrpersonals stellen. Demgegenüber nimmt sich der Prozentanteil der Serben von 1,7% bescheiden aus. Wenn wir uns allerdings die prozentuellen Veränderungen aufgefächert nach Nationalitäten im Vergleich 1900 zu 1910 ansehen, können wir feststellen, daß außer den Magyaren, die ihren Anteil erhöhen konnten, die Serben die einzigen waren, die ihren zugegeben niedrigen Prozentsatz zumindest halten konnten. Bei allen anderen Nationalitäten läßt sich ein empfindlicher Rückgang der Verhältniszahlen konstatieren.[24] Im gleichen Betrachtungszeitraum hatten die Elementarschullehrer den stärksten Zuwachs in absoluten, die höheren Volksschullehrer und die Bürgerschullehrer in Prozentzahlen zu verzeichnen.[25]

Bei den Elementarschullehrern ergibt sich das erwartete Bild: stark dominant sind die Magyaren, und zwar absolut und relativ. Die Serben sind zwar mit nur 2,3% vertreten, können aber im Gegensatz zu den anderen nichtmagyarischen Nationalitäten ihren Verhältnisanteil aus dem Jahre 1900 beinahe halten. Trotz eines Verlustes von 3,3 Prozentpunkten kommen die Rumänen immer noch auf respektable 9,6%, Ganz allgemein läßt sich wohl daraus – vereinfachend ausgedrückt – ein „Nordwest-Südost-Gefälle" ableiten: Während sich Slovaken, Deutsche und Ruthenen als assimilierungsanfällig erwiesen, waren – und dies, wie wir noch sehen werden, nicht nur in diesem Bereich – Serben und Rumänen der Magyarisierung gegenüber ziemlich resistent. Eine ähnliche Situation ergibt sich bei den höheren Volks- und Bürgerschullehrern; allerdings mit einigen nicht uninteressanten Abweichungen: auch hier eine erdrückende Majorität der Magyaren, die mit 94% noch stärker vertreten sind als bei den Elementarschullehrern. In Kauf nehmen mußten sie aber immerhin einen Abgang von 0,5% gegenüber ihrem Anteil aus dem Jahre 1900. Angestiegen ist der Prozentanteil bei Serben und Rumänen, wobei die Serben ihren gar verdreifachen konnten, aber damit trotzdem weit unterrepräsentiert blieben. Dies zeigt auch die Tatsache, daß bei den Serben auf einen Lehrer an höheren Volks- und

---

24 Die Gesamtzahl der Erwerbstätigen im Unterrichtswesen in Kernungarn wies folgende Entwicklung auf:
1900: 43.252 Erwerbstätige;
1910: 56.399 Erwerbstätige

Davon waren	1900	1910
Magyaren	73,0%	79,1%
Deutsche	11,4%	9,3%
Slovaken	2,4%	1,0%
Rumänen	8,0%	6,2%
Ruthenen	0,6%	0,2%
Serben	1,7%	1,7%

Volkszählung 1910, S. 314 f.

25 Reihung der Verhältniszahlzunahmen bei den Lehrern (1900 – 1910):

Höhere Volks- und Bürgerschullehrer	95,4%
Fachschullehrer	49,9%
Lehrer an Höheren Töchterschulen	46,5%
Hochschullehrer	43,7%
Mittelschullehrer	40,4%
Volksschullehrer	23,6%

Die Volksschullehrer nahmen absolut um 6.915 Personen zu. Volkszählung 1910, S. 159*.

Bürgerschulen acht Elementarschullehrer kommen – eine signifikante Relation und eine bedenkliche zugleich.[26]

Aber zurück zu den Elementarschullehrern und ihrer Verteilung in den hauptsächlich von Serben bewohnten Landesteilen: Im Vergleich zum Bevölkerungsverhältnis sind die serbischen Volksschullehrer nur in den Komitaten Baranya und Bács-Bodrog überrepräsentiert, in Kroatien-Slavonien verfehlen sie ihr Verhältnislimit nur knapp. In allen anderen Komitaten sind sie untervertreten, besonders in den Komitaten Torontál und Krassó-Szörény.[27]

Parallelen und Abweichungen lassen sich auch bei Mittel- und Fachschulen feststellen: Der magyarische Anteil am Lehrpersonal ist nicht ganz so exorbitant hoch wie bei den Bürgerschullehrern, liegt jedoch deutlich über 90%. Geringfügig stärker sind die Magyaren im Bereich der Fachschulen, weisen hier auch die größte Zuwachsrate seit 1900 auf. Bei den Mittelschullehrern sind Deutsche und Rumänen relativ passabel vertreten. Die Serben sind eindeutig unterrepräsentiert, haben allerdings von allen Nichtmagyaren die schwächste Abnahme zu verzeichnen. Die Entwicklung beim Fachschulpersonal stellt sich anders dar: Die Slovaken, stark untervertreten, haben ihre Zahl vervierfacht. Die Rumänen können immerhin noch auf eine Steigerung um ein Viertel hinweisen. Stark zurückgegangen ist der prozentuelle Anteil der Deutschen. Ganz eklatant benachteiligt sind die Serben, die nur

---

26 Volkszählung 1910, S. 203*, 205*, 314 f., 322. Vgl. zur Veränderung der Verhältniszahlen in Kernungarn die Tabelle:

Muttersprache	Elementarschullehrer in Prozenten		Höhere Volks- bzw. Bürgerschullehrer in Prozenten	
	1900	1910	1900	1910
Magyaren	73,6%	81,9%	94,5%	94,0%
Deutsche	6,3%	3,9%	3,8%	3,3%
Slovaken	3,6%	1,5%	0,2%	0,1%
Rumänen	12,2%	9,6%	0,8%	1,2%
Ruthenen	0,8%	0,3%	—	0,0%
Serben	2,4%	2,3%	0,1%	0,3%

Volkszählung 1910, S. 314 f.

27 Vgl. zum Anteil der serbischen Elementarschullehrer an der Gesamtlehrerzahl:

Komitat	1900	1910	Prozentueller Anteil der Serben an der Bevölkerung 1910
Baranya	4,6%	5,2%	4,3%
Bács-Bodrog	20,5%	20,7%	18,6%
Csanád	1,9%	2,5%	2,7%
Krassó-Szörény	1,8%	2,2%	3,1%
Temes	14,2%	13,9%	14,5%
Torontál	27,0%	27,3%	32,3%
Kernungarn	2,4%	2,3%	2,5%
Kroatien-Slavonien	24,0%	24,0%	24,6%
Königreich Ungarn	4,3%	4,2%	5,3%

Volkszählung 1910, S. 332 – 325.

0,2% der Fachschullehrer stellen, diesen niedrigen Prozentsatz allerdings schon im Jahre 1900 innehatten.[28]

Zum Abschluß noch ein kurzer Blick auf das Lehrpersonal der Hochschulen, das das gewohnte Strukturschema aufweist. Die Magyaren sind stark übervertreten, demgemäß ist die Zuwachsrate seit 1900 nur sehr gering. Bemerkenswert ist die Zunahme bei Slovaken und Rumänen, auch wenn sie prozentuell nicht adäquat vertreten sind. Die Serben sind auch schwach repräsentiert und sie weisen eine erschreckend hohe Abnahmerate auf. Ihr Verhältnisanteil hat sich beinahe auf die Hälfte, auf bloße 0,3% reduziert. Verbunden mit dem zwischen 1900 und 1910 erfolgten Ansteigen der absoluten Zahl der Hochschullehrer konnten sie gerade noch den Status quo von 3 Lehrpersonen halten.[29]

IV. Zusammenfassung

Zur *Bevölkerungsbewegung* der Serben läßt sich sagen, daß zwar eine Zuwachsrate für den Zeitraum von 1900 bis 1910 festzustellen ist, daß sie aber weitaus geringer ausfiel als jene bei den Magyaren. Im Vergleich zu den übrigen Nationalitäten Ungarns bewiesen die Serben allerdings eine weit überdurchschnittliche Resistenz gegen die Magyarisierung, ihre Assimilierungsbereitschaft war demgemäß vergleichsweise sehr gering ausgeprägt. Hervorzuheben bleibt die zwar nur in Ansätzen, aber dennoch vorhandene Tendenz zur latenten „Landflucht".

---

28 Zur Verteilung der Lehrer an Mittelschulen und Fachschulen in Kernungarn beachte die Aufstellung:

Muttersprache	Mittelschullehrer		Fachschullehrer	
	1900	1910	1900	1910
	2.749	3.859	917	1.372
Magyaren	89,0%	91,5%	87,6%	91,8%
Deutsche	5,9%	4,4%	7,3%	5,3%
Slovaken	0,4%	0,3%	0,1%	0,4%
Rumänen	3,2%	2,6%	0,8%	1,0%
Ruthenen	—	—	—	—
Serben	0,7%	0,6%	0,2%	0,2%

Volkszählung 1910, S. 314 f.

29 Prozentverteilung sowie Ab- bzw. Zunahme sind der folgenden Tabelle zu entnehmen:

Muttersprache	Lehrer an Hochschulen	
	1900	1910
	652	937
Magyaren	93,2%	93,4%
Deutsche	2,2%	1,7%
Slovaken	—	0,3%
Rumänen	3,2%	3,4%
Ruthenen	0,3%	0,1%
Serben	0,5%	0,3%

Volkszählung 1910, S. 314 f.

Was die Schulbildung betrifft, so lagen die ungarischen Serben bei der Alphabetenrate im Mittelfeld, was teilweise auf die eher ungünstige *Situation* in Kroatien-Slavonien, teilweise auf das starke Bildungsgefälle zwischen Männern und Frauen zurückzuführen ist. Die Tendenz ging stetig in Richtung verstärkter Alphabetisierung, die nicht nur einer bewußten und vor allen Störungsversuchen bewahrten nationalen Schulpolitik, sondern auch einer vorangetriebenen zielgerichteten Erwachsenenbildung zu verdanken war. Im Bereiche der Mittelschulabsolventen waren die Serben zwar – im Hinblick auf ihren Prozentanteil an der Gesamtbevölkerung – unterrepräsentiert, einem Vergleich mit den anderen ungarländischen Nationalitäten hielten sie sehr gut stand.

Beim Lehrpersonal ist eine überproportional ausgebildete, starke Dominanz der Magyaren in allen Schulbereichen zu konstatieren. Die Serben waren in allen Schultypen unterrepräsentiert, besonders beim Lehrpersonal der Fach- und Hochschulen. Unter Mitberücksichtigung der Entwicklung bei den anderen Nationalitäten konnten sie aber ihren Prozentanteil fast überall halten, einzig im Hochschulbereich mußten sie empfindliche Einbußen in Kauf nehmen. Überrepräsentiert waren sie aber nur bei den Volksschullehrern, und dies auch nur in den beiden Komitaten Baranya und Bács-Bodrog. Auch aus der Entwicklung der Lehrer- und Schülerstruktur läßt sich deutlich das für die Serben (und auch die Rumänen) günstige „Nordwest-Südost-Gefälle" im Hinblick auf die starke Immunität gegenüber der Magyarisierung herauslesen.

aus: Österreichische Osthefte 26 (1984), S. 301 – 312.

Ungarn und das Attentat von Sarajevo
Die Stellungnahme der Abgeordneten des ungarischen Reichstages im Juli 1914

I. Vorbemerkung

Die Nachricht vom Attentat auf das Thronfolgerpaar erreichte Budapest noch am frühen Nachmittag des 28. Juni 1914. Die ungarische Bevölkerung nahm kühl, ja mit einer gewissen Erleichterung die Kunde von der Ermordung Franz Ferdinands zur Kenntnis, der in Ungarn äußerst unbeliebt, sogar verhaßt war.[1] Der ungarische Ministerpräsident István Graf Tisza wurde noch am selben Tag auf seinem Gut in Geszt vom ungarischen Justizminister telefonisch über die Vorfälle in Sarajevo unterrichtet. Am folgenden Tag begab er sich nach Budapest und traf am 30. Juni in Wien ein.[2]

Vor allem im Verlaufe seiner Gespräche mit Außenminister Leopold Graf Berchtold mußte Tisza feststellen, daß man sich in Wien offensichtlich für ein energisches Vorgehen gegen Serbien entschlossen habe, daß man auch schon an die *ultima ratio* – an den Krieg dachte.

Diesem auch von der Mehrheit der Minister auf der gemeinsamen Ministerratssitzung vom 7. Juli eingenommenen Standpunkt stellte der ungarische Ministerpräsident seine Anschauungen entgegen. Er sprach sich entschieden gegen eine sofortige kriegerische Aktion aus. Tisza verwies auf die ungünstige außenpolitische Lage der Donaumonarchie auf dem Balkan, auf die Schwächung Bulgariens, des einzigen potentiellen Verbündeten nach dem Zweiten Balkankrieg, warnte vor der bedrohlichen Haltung Rußlands und hatte sichtlich größte Sorge, Rumänien könnte sich Siebenbürgens bemächtigen. Er trat für ein vorheriges diplomatisches Vorgehen gegenüber Serbien ein. Man solle zwar harte, aber keine unerfüllbaren Forderungen stellen. Nehme Serbien diese Forderungen an, so habe die Donaumonarchie einen unzweifelhaft diplomatischen Erfolg errungen. Würden aber die Forderungen abgelehnt, so sei auch er für einen Krieg gegen Serbien, allerdings nur unter der Voraussetzung, daß Österreich-Ungarn von vornherein dezidiert auf eine Annexion Serbiens verzichten würde.[3]

---

1 P. HANÁK, Die ungarische Regierung und der Ausbruch des ersten Weltkrieges. Unveröffentlichtes Manuskript. Budapest 1964, S. 13; J. GALÁNTAI, Magyarország az első világháborúban 1914–1918 (Ungarn im ersten Weltkrieg 1914–1918). Budapest 1974, S. 98.
2 P. HANÁK, op. cit., S. 13; GALÁNTAI, op. cit., S. 100.
3 Zur Haltung Tiszas bei der Ministerratssitzung vom 7. Juli vgl. insbesondere: GILBERT IN DER MAUR, Die Jugoslawen einst und jetzt. 3 Bände. Leipzig und Wien 1936. 1. Bd., S. 179 f.; J. GALÁNTAI,

Graf Tisza vertrat diesen Standpunkt auch noch in den folgenden Julitagen. Erst ab 10. Juli begann sich ein Sinneswandel abzuzeichnen. Und auf der Sitzung des Ministerrates am 14. Juli schloß sich auch der ungarische Ministerpräsident jener Mehrheit an, die am 19. Juli das scharf gefaßte Ultimatum an Serbien beschließen sollte.

Dieser Meinungsumschwung Tiszas wurde von der historischen Forschung bereits gründlich untersucht. Vor allem beschäftigten sich namhafte Historiker mit der Frage, was wohl den ungarischen Ministerpräsidenten veranlaßt haben mochte, seine Meinung zu ändern. Ein Bündel von Motivationen wird angeboten, meist der eine oder der andere Beweggrund als der dominante in den Vordergrund gestellt. Im wesentlichen wird angeführt, Tisza habe auf Druck Deutschlands diese Kehrtwendung vollzogen, aus Loyalität dem Herrscher gegenüber seinen Standpunkt revidiert, aus Sorge um ein allfälliges Vorgehen Rumäniens gegen Siebenbürgen zum Frieden geraten. Es wurde aber auch darauf hingewiesen, Tisza habe sich dem Druck der vereinigten Opposition in Ungarn gebeugt und sich zu einem radikaleren Vorgehen gegen Serbien drängen lassen.[4]

Die Opposition hatte in Ungarn zwei Möglichkeiten, ihre Anschauungen der Öffentlichkeit zu präsentieren und dadurch eventuell Einfluß auf die Entscheidungen der Regierung bzw. des Ministerpräsidenten zu nehmen. Zur Kritik an der Regierungspolitik stand zunächst das Medium der oppositionellen Presse zur Verfügung. Nicht zu übersehen wird aber auch das Forum des ungarischen Reichstages sein. In ihren Interpellationen im Abgeordnetenhaus haben die führenden Repräsentanten der vereinigten Opposition das Attentat von Sarajevo zur Sprache gebracht, die Versäumnisse der Behörden – auch jene der ungarischen Regierung und des Ministerpräsidenten – aufs Tapet gebracht und vor allem jene Maßnahmen erörtert, die die Donaumonarchie ihrer Meinung nach nun gegenüber Serbien ergreifen sollte. Nach der Analyse dieser Interpellationen und der Anfragebeantwortungen durch Graf Tisza wird man wohl in der Lage sein, der Rolle der vereinigten Opposition beim Meinungsumschwung Tiszas zumindest zum Teil jenen Stellenwert einzuräumen, der ihr in der Tat zukommt. Bemerkenswert ist, daß das gedruckte Quellenmaterial der Protokolle vom Juli 1914 des Abgeordnetenhauses des ungarischen Reichstages von der historischen Forschung bisher fast unberücksichtigt blieb. Für die Beleuchtung der Vorgänge in Ungarn in diesem kritischen Monat, an der Schwelle zum Kriegsausbruch, ist es aber sicher nicht unwesentlich, die Stellungnahmen des Ministerpräsidenten und der führenden Abgeordneten der Opposition zum Attentat, zu den inneren Problemen Bosniens und der Hercegovina, zur südslavischen Frage und zur großserbischen Propaganda, zur Mitverantwortlichkeit Serbiens am Attentat und an dieser Propaganda zur Frage des Vorgehens der Doppelmonarchie gegen Serbien zu analysieren.

---

op. cit., S. 104 – 109; HANÁK, op. cit., S. 15 ff.; Protokolle des Gemeinsamen Ministerrates der Österreichisch-Ungarischen Monarchie (1914 – 1918). Eingeleitet und zusammengestellt von M. KOMJÁTHY. Publikationen des ungarischen Staatsarchivs II. Quellenpublikationen 10. Budapest 1966. (weiterhin: M. KOMJÁTHY), S. 141 – 150.

4 Vgl. zur Meinungsänderung von Tisza und zu den Interpretationsversuchen: W. FRAKNÓI, Die ungarische Regierung und die Entstehung des Weltkrieges, Wien 1919, S. 60 f.; den Aufsatz von HANÁK; H. HANTSCH, Leopold Graf Berchtold, 2 Bände, Graz 1963, 2. Bd., S. 570 – 585; M. KOMJÁTHY, op. cit., S. 48 – 51; I. GALÁNTAI, op. cit., S. 104 – 108.

II. Das Attentat von Sarajevo – Die politische Lage in Bosnien und der Hercegovina – Mitverantwortung der Behörden

Die Sitzung des Abgeordnetenhauses vom 8. Juli 1914 war für die Vertreter der vereinigten Opposition die erste Gelegenheit, in ihren Interpellationen an den Ministerpräsidenten die Ereignisse, Handlungen und Unterlassungen vom 28. Juni zur Sprache zu bringen.

Gyula Graf Andrássy jun.[5] kritisierte die Wahl des Zeitpunktes für die Thronfolgerreise und lastete diese Terminfestsetzung ganz global den Behörden an. Es sei ein Fehler gewesen, „daß Seine Hoheit gerade am Festtag von Kosovo nach Sarajevo fuhr. Gerade an jenem Tag, an dem Serbien das Fest der großserbischen Idee beging, weil dies die Serben – nicht richtig und nicht zu Recht – aus der Natur der Sache als direkte Herausforderung betrachteten, da sie meinten, daß eine Gegendemonstration sich vorbereite: gegen ihre nationale Idee werde die Idee des habsburgischen Imperialismus ausgespielt".[6] Den Verantwortlichen, so meinte Graf Andrássy, hätten die Gefahren bekannt sein müssen, die dem Thronfolger in Sarajevo gerade in der damaligen Situation gedroht hätten.

Noch am 22. Juli sollte der Abgeordnete Béla Mezőssy[7] in dieselbe Kerbe schlagen. Er richtete seine Vorwürfe an den Außenminister, der „den seligen Erzherzog auf jenen Lavaboden gelangen ließ, auf welchem er das Opfer einer schrecklichen Katastrophe geworden ist".[8]

Ministerpräsident Tisza versuchte auf Andrássys Vorwürfe zu replizieren. Er stellte Andrássy die Frage: „Hat vielleicht der geschätzte Herr Abgeordnete vergessen, daß der in seliger Erinnerung verbliebene Thronfolger unter keinerlei Vormundschaft und Aufsicht gestanden ist?"[9] Tisza wollte damit zum Ausdruck bringen, daß

---

5 Gyula Graf Andrássy jun. (1860 – 1929). Sohn des ungarischen Ministerpräsidenten und k. u. k. Außenministers. Seit 1885 Abgeordneter des ungarischen Reichstages, Mitglied der liberalen Partei, aus der er allerdings in den Jahren 1898 und 1904 wieder austrat. Im Jahre 1905 Führer der Verfassungspartei (alkotmánypárt). Von 1906 – 1910 Innenminister in der Koalitionsregierung. Eine der führenden Persönlichkeiten der vereinigten Opposition. – Magyar eletrajzi lexikon. Főszerkesztő Kenyeres Ágnes (weiterhin: MÉL). 1. Bd. Budapest 1967, S. 34; Das geistige Ungarn. Biographisches Lexikon. Herausgegeben von Oskar von Krücken und Imre Parlagi (weiterhin Krücken – Parlagi). Wien und Leipzig 1918, S. 20 f.

6 „... hogy őfensége oda menjen Szerajevóba épen a kossovai ünnep napján, épen azon a napon, amikor Szerbia a nagy szerb eszmének ünnepét ülte, amikor ezt a szerbek, nem helyesen és nem jogosan, de természetszerűleg direkt kihívásnak tartották, amikor azt tartották a szerbek, hogy ellendemonstráczió készül: az ő nemzeti eszméjük ellen kijátszák a habsburgi imperiálizmus eszméjét." – Interpellation von Gyula Graf Andrássy vom 8. Juli 1914. – Az. 1910. évi junius hó 21-ére hirdetett országgyűlés képviselőházának naplója (Das Protokoll des für 21. Juni 1910 einberufenen Abgeordnetenhauses des Reichstages) – (weiterhin: Napló). 25. Bd., Budapest 1915, S. 114.

7 Béla Mezőssy (1870 – 1939). Ab 1896 Abgeordneter der Unabhängigkeitspartei. Von 1906 bis 1910 Staatssekretär im Landwirtschaftsministerium. Ab 1910 Abgeordneter der Kossuth-Partei. MÉL, 2. Bd., S. 201; Krücken – Parlagi, 2. Bd., S. 249.

8 „... ha engedte a megboldogult főherczeget arra a lávatalajra jutni, amely lávatalajon egy rettenetes katasztrófának áldozata lett." – Interpellation von Béla Mezőssy vom 22. Juli 1914. Napló, Bd. 26, S. 63.

9 „Hát a t. képviselő úr elfelejti azt, hogy a boldog emlékű trónörökös nem álott semmiféle gyámság és felügyelett alatt" – Anfragebeantwortung Ministerpräsident István Graf Tisza an Gyula Graf Andrássy jun. vom 8. Juli 1914. Napló, Bd. 25, S. 116.

selbst die für die Reise Franz Ferdinands Mitverantwortlichen kaum Möglichkeiten gehabt hätten, am Grundkonzept der Reise etwas zu ändern. Aber der Ministerpräsident hob noch ein weiteres Moment hervor. Der Thronfolger hätte einen hohen militärischen Rang bekleidet. Und insbesondere in seiner Funktion als Generalinspekteur des k. u. k. Heeres hätte er sich nach Bosnien begeben. Daher sei ein Einspruch gegen die beabsichtigte Reise von den politischen Behörden gar nicht denkbar gewesen.[10]

Mit dem letzten Hinweis wollte sich allerdings Andrássy nicht abfinden. Er hob neuerlich hervor, daß er die Verantwortlichkeit der ungarischen Regierung in dieser Angelegenheit nie zur Sprache gebracht hätte, wenn der Thronfolger bloß zu den Manövern nach Bosnien gekommen wäre. Aber hinter dieser Reise sei viel mehr gestanden. Denn: „Der Einzug in Sarajevo war eindeutig eine Angelegenheit von politischer Bedeutung . . . er ist mit der Absicht erfolgt, daß dort die Treue gegenüber Dynastie und Staat gefestigt werde."[11] Diesem Einwurf Andrássys konnte Tisza wohl nichts entgegensetzen.

In der Einordnung des Attentates waren sich Regierung und Opposition einig. Schon bei den ersten Erklärungen im Abgeordnetenhaus wurde einvernehmlich der Verschwörungscharakter des Attentates hervorgehoben und Vermutungen über die Hintermänner angestellt.[12]

Neben den summarischen Anschuldigungen gegen die Behörden gingen die Abgeordneten auch auf Detailfragen der Sicherheitsvorkehrungen in Bosnien ein. Es wurde bemängelt. daß anläßlich des Thronfolgerbesuches weder aus Wien noch aus Budapest Polizeisondereinheiten in die bosnische Hauptstadt kommandiert, keine strengeren Sicherheitsvorkehrungen getroffen und daß vor allem nach dem ersten gescheiterten Attentatsversuch die Straßen Sarajevos nicht geräumt worden waren.[13] Tisza hob in seinen diesbezüglichen Fragebeantwortungen hervor, daß er persönlich weder für die Vorkehrungen noch für allfällige Unterlassungen in Sarajevo primär zuständig und verantwortlich sei. Er gebe aber zu bedenken, daß, als das erste Attentat fehlgeschlagen sei, die Menge daraufhin Franz Ferdinand und seiner Gemahlin in den Straßen der Stadt enthusiastisch zugejubelt habe. „Was für eine

---

10 Ebenda.
11 „A szerajevói bevonulás határozottan politikai jellegű dolog volt . . . azzal a czélzattal történt, hogy ott megerősítse a dinasztia és állam iránti hűséget." – Wortmeldung von Gyula Graf Andrássy jun. vom 8. Juli 1914. Napló, Bd. 25, S. 119.
12 Vgl. Andrássy-Interpellation vom 8. Juli. Napló, Bd. 25, S. 114; Anfragebeantwortung Tiszas vom 8. Juli. Napló, Bd. 25, S. 116; Interpellation von István Rakovsky am 8. Juli. Napló, Bd. 25, S. 124 f.; Interpellation von György Szmrecsányi am 15. Juli. Napló, Bd. 25, S. 332. – István Rakovsky (1858 – 1931) schlug zunächst die militärische Laufbahn ein, die er aber wegen Krankheit aufgeben mußte. 1895 war er an der Gründung der Katholischen Volkspartei (katolikus néppárt) beteiligt, die er auch als Abgeordneter im Reichstag vertrat. Von 1906 bis 1909 war er Vizepräsident des Reichstages. MÉL, 2. Bd., S. 480; KRÜCKEN – PARLAGI, 2. Bd., S. 413. – György Szmrecsányi (1876 – 1932) war nach seinen juridischen Studien zunächst im Statistischen Zentralamt, später im Handelsministerium tätig, 1905 trat er der Liberalen Partei bei, wechselte später zur Katholischen Volkspartei. MÉL, 2. Bd., S. 790.
13 Andrássy-Interpellation am 8. Juli. Napló, Bd. 25, S. 114, 119 f.; Szmrecsányi-Interpellation am 15. Juli. Napló, Bd. 25, S. 325; Mezőssy überzeichnete in seiner Anfrage vom 22. Juli die mangelnden Vorkehrungen der Behörden besonders drastisch: „Bei uns ermordet man den Thronfolger unter wahrhaftiger Assistenz der Behörden . . ." (Minálunk megölik a tronörököst valóságos hatósági aszszisztenczia melett . . ."). Napló, Bd. 26, S. 67.

Entrüstung hätte es in Bosnien, ja ich glaube in der – ganzen Monarchie gegeben", fügte der Ministerpräsident geschickt hinzu, „wenn man hätte sagen können, seht diesem loyalen bosnischen Volk, welches dort in seinen loyalen Gefühlen in der begeisterten Stimmung demonstrieren wollte, hat man die Möglichkeit genommen, seinen künftigen Herrscher zu begrüßen".[14] Aber auch diese geschickte, sicherlich begründete Argumentation wollte Graf Andrássy nicht gelten lassen. Wenn die Bevölkerung von Sarajevo, so warf er ein, wirklich dem Thronfolger gegenüber so loyal gewesen wäre, dann hätten sie nach dem ersten Attentat die Säuberung der Straßen verstanden und begrüßt.[15]

Die Opposition wollte das Attentat aber keineswegs isoliert sehen. Es sei kein vereinzeltes Elementarereignis gewesen, sondern prononcierter Schlußpunkt und Symptom für die verfahrene Lage in Bosnien und der Hercegovina und für die monarchiefeindliche Stimmung der Bevölkerung. Für Lage und Stimmung wollte die vereinigte Opposition die ungarische Regierung mitverantwortlich machen.

Das Versagen der Behörden könne man, so ließ sich der Abgeordnete Szmrecsányi vernehmen, am deutlichsten in jenem Bereich ablesen, welcher an und für sich am leichtesten zu kontrollieren sei: bei den Schulen. Viele Lehrer seien Angehörige der Narodna odbrana, daher vom großserbischen Gedankengut erfüllt. Sie hielten politische Jugendversammlungen ab und veranstalteten sogar mit ihren Schülern regelrechte Wallfahrten nach Belgrad. Die Folgen ließen nicht lange auf sich warten: In den Schulen werde politisiert und agitiert. Serbische Schüler – von ihren Lehrern im großserbischen Sinne beeinflußt seien gegen ihre kroatischen Lehrer aufgetreten. Dadurch sei es der Narodna Odbrana gelungen, im besonderen in den Mittelschulen Bosniens und der Hercegovina anarchistische Zustände herbeizufüren.[16]

Ministerpräsident Graf Tisza mußte in seiner Interpellationsbeantwortung eingestehen, daß in den Schulen die von Szmrecsányi skizzierte großserbische Agitation tatsächlich Platz gegriffen habe. Er versprach aber energische und gezielte Gegenmaßnahmen: „. . . jawohl, in den Schulen muß jedweder illoyaler Geist ausgerottet werden."[17] Daraufhin konnte sich der Abgeordnete Mezőssy nicht enthalten zu bemerken: „Es bedurfte vierzigjähriger Pazifikation, damit wir nun die Schule kontrollieren werden."[18]

In den Schulen seien die Grundlagen für die aufrührerische Stimmung in gewissen Kreisen der Bevölkerung gelegt worden. Daher sei auch die politische Landschaft in Bosnien und der Hercegovina, so meinte der Abgeordnete Andrássy, schon vor dem Attentat völlig untergraben gewesen. Man wußte allenthalben, daß dort „in jeder Minute eine Revolution ausbrechen könnte".[19] Er pflichtete zwar dem

---

14 „Micsoda felháborodás lett volna Boszniában, de, azt hiszem, az egész monarchiában, ha azt lehetett volna mondani, hogy: ime, azt a loyális bosnyák népet, amely ott töntetni akart a maga loyális érzelmeivel a leglelkesültebb hangulatban, elzárták attól, hogy leendő uralkodóját üdvözölje." Anfragebeantwortung von Tisza am 8. Juli. Napló, Bd. 25, S. 117.
15 Andrássy-Interpellation vom 8. Juli. Napló, Bd. 25, S. 119.
16 Szmrecsányi-Interpellation vom 15. Juli. Napló, Bd. 25, S. 321, 327.
17 „. . . igenis, az iskolákból ki kell irtani minden illoyális szellemet." – Interpellationsbeantwortung Tiszas vom 15. Juli. Napló, Bd. 25, S. 334.
18 „40 esztendei paczifikáczió kellet ahoz, hogy eljussunk oda, hogy ellenőrizni fogjuk az iskolát." – Mezőssv-Interpellation vom 22. Juli. Napló, Bd. 26, S. 67.
19 „. . . bármely perczben forradalom üthet ki." – Andrássy-Interpellation vom 8. Juli. Napló, Bd. 25, S. 114. – Zwischenruf Tiszas: *Aber nein! (Dehogy!).*

Ministerpräsidenten bei, daß man Ruhe und Ordnung mit Waffengewalt wiederherstellen und aufrecht erhalten könne; „aber es ist eine äußerst schwache Politik, die sich bloß auf das Heer, auf die ultima ratio, stützt; die nicht jene Situation schaffen kann, in der es nicht nötig ist, die Waffen gegen die Bürger zu erheben".[20] Abgeordneter Szmrecsányi wies noch ergänzend auf die Agitation der Narodna odbrana hin, der es gelungen sei, mit ihrer erfolgreichen großserbischen Propaganda die Ruhe der Bevölkerung zu untergraben.[21]

Graf Tisza bestritt in seinen Äußerungen die kritische Situation der beiden Länder. Es habe zwar eine gefährliche Verschwörung gegen die Person des Thronfolgers existiert, aber keinesfalls eine derart weitverzweigte Verschwörung, daß man daraus auf die bosnischen Verhältnisse im allgemeinen schließen könnte.[22] Am 15. Juli betonte er nochmals, daß es in Bosnien keinerlei Revolutionsgefahr gäbe. Jene Sicherheitskräfte – Militär und Polizei – die sich im Lande befänden, seien für die Aufrechterhaltung der Ruhe und Ordnung im Lande ausreichend. Er sah sich aber genötigt, neben verstärkter Kontrolle in den Schulen auch anzukündigen, die existierenden Agitationszentren aufzulösen.[23]

Die Bevölkerung der beiden Länder, so führte der Abgeordnete Szmrecsányi am 15. Juli aus, sei auch durch die staatsrechtlichen Unklarheiten verunsichert und der serbischen Bevölkerungsteil der großserbischen Propaganda zugänglich gemacht worden. Das Volk von Bosnien wisse nicht, wohin es gehöre. Annektiert worden sei das Land auf der Grundlage des Rechtes der Krone des Heiligen Stephan. so wollte es zumindest Szmrecsányi interpretiert wissen. Verwaltet worden sei es aber keineswegs im Sinne der ungarischen Verfassung. Die Annexion habe die staatsrechtliche Situation noch unheilvoller verwirrt: durch ein aus der Machtvollkommenheit des ungarischen Königs erflossenes kaiserliches Patent seien Bosnien und die Hercegovina annektiert worden.[24]

Trotz dieser staatsrechtlichen Ungereimtheiten sei, betonten die Abgeordneten Szmrecsányi und Mezőssy, die ungarische Regierung und der ungarische Reichstag berechtigt, entscheidend auf die Verwaltung Bosniens und der Hercegovina einzuwirken. Dies gehe aus § 1 des Gesetzesartikels (GA) VI aus dem Jahre 1880 und § 8 des österreichisch-ungarischen Ausgleiches hervor.[25] Daher habe auch die ungarische Regierung und im besonderen der Ministerpräsident die Pflicht, auf grundlegende Änderungen in Bosnien zu drängen. Sie seien in dieser Frage auch dem Reichstag verantwortlich. Von dieser Position aus erhoben dann die Oppositionsabgeordneten Andrássy, Szmrecsányi und Mezőssy die Forderung, die Regierung

---

20 „. . . de nagyon gyenge politika az, amely épen csak a hadseregre, az ultima rátióra támaszkodik, amely nem tudja előidézni azt a helyzetet, hogy ne kelljen a fegyvereket a polgárok ellen fordítani . . ." – 2. Wortmeldung Andrássys am 8. Juli. Napló, Bd. 25, S. 120.
21 Szmrecsányi-Interpellation vom 15. April. Napló, Bd. 25, S. 327.
22 „. . . de semmiesetre nem elég nagy összeesküvés arra. hogy ebből a Boszniai állapotokra általánosságban következtetést lehessen vonni." – Antwort Tiszas auf Andrássy-Interpellation vom 8. Juli. Napló, Bd. 25, S. 116.
23 Antwort Tiszas auf Szmrecsányi-Interpellation vom 15. Juli. Napló, Bd. 25, S. 334.
24 Szmrecsányi-Interpellation vom 15. Juli. Napló, Bd. 25, S. 324.
25 Szmrecsányi-Interpellation vom 15. Juli. Napló, Bd. 25, S. 320; Mezőssy-Interpellation vom 22. Juli. Napló, Bd. 26, S. 67 f. – § 1 von GA VI/1880 legte fest, daß die Verwaltung Bosniens und der Hercegovina einvernehmlich mit der ungarischen Regierung erfolgen solle. Durch § 8 von GA XII/1867 wurde die Außenpolitik zur gemeinsamen Angelegenheit.

möge eine grundlegende Reform in Bosnien und der Hercegovina in die Wege leiten.[26]

Wie beurteilte nun Ministerpräsident Graf Tisza die Verwaltung in den beiden Ländern, und wie reagierte er auf die diesbezüglichen Änderungswünsche der Opposition? Seine prinzipielle Stellungnahme präzisierte Tisza auf der gemeinsamen Ministerratssitzung vom 7. Juli in Wien. Dort meinte er: „. . . was die Zivilverwaltung anbelange, so könne man aber nicht leugnen, daß sie vollständig versagt habe und daß da eine Reform unbedingt durchgeführt werden müßte . . . Er sehe nicht ein, warum die Verhältnisse in Bosnien nicht durch eine gründliche Reform der Verwaltung wesentlich gebessert werden könnten."[27]

Aus dieser Meinungsäußerung könnte man nun entnehmen, daß Tisza auch den auf System- und Personalwechsel in den beiden Ländern zielenden Forderungen der Oppositionspolitiker stattgegeben hätte. Aber nicht zuletzt durch seine Frontstellung zur vereinigten Opposition motiviert, reagierte Tisza im ungarischen Abgeordnetenhaus ein wenig anders. Er gab zwar zu, daß in der Vergangenheit Fehler passiert seien, von einem vollständigen Versagen der Zivilverwaltung war aber bei seinen Ausführungen im ungarischen Reichstag nicht die Rede. Er konzedierte auch die Notwendigkeit von Reformen in Bosnien und der Hercegovina. Aber diese Verwaltungsreformen waren bei weitem nicht so *gründlich* konzipiert, wie er sie in Wien verlangt hatte. Vor allem aber plädierte Tisza für wohlerwogene und keineswegs überhastete Maßnahmen. Er sagte dazu wörtlich: „Aber wir müssen das so machen, daß wir unsere nüchterne Beurteilungskraft, unsere Kaltblütigkeit nicht verlieren; wir müssen es so machen, daß wir nicht vor der ganzen Welt jenen grundlosen Eindruck erwecken, als ob wir Bosnien schon halb verloren hätten und es nur durch, ich weiß nicht welche, außerordentlichen Maßnahmen zurückgewinnen könnten."[28] Er trete daher für energische Maßnahmen ein, aber für Maßnahmen ohne Panik, Furcht und Überhastung. Von einem Personalwechsel an der Spitze der Verwaltung schließlich wollte der Ministerpräsident nichts wissen. Denn auch dies könnte in kritischen Zeiten als Zeichen der inneren Schwäche und Unsicherheit ausgelegt werden.

III. Das Attentat von Sarajevo – Mitverantwortlichkeit der serbischen Regierung – Das Vorgehen gegen Serbien

Im Anschluß an das Attentat ist es in Bosnien und der Hercegovina, aber auch in anderen Teilen der Donaumonarchie zu Übergriffen gegen die serbische Bevölkerung gekommen.[29] Dies nahm der Abgeordnete Graf Andrássy zum Anlaß, in der

---

26 Andrássy-Interpellation vom 8. Juli. Napló, Bd. 25, S. 119 ff.: Szmrecsányi-Interpellation vom 15. Juli. Napló, Bd. 25, S. 325; Mezőssy-Interpellation vom 22. Juli. Napló, Bd. 26, S. 67 ff.
27 M. KOMJÁTHY, op. cit., S. 146.
28 „De meg kell tenni ezt ugy, hogy józan itélőképességünket, hidegvé rünket el ne veszitsük; meg kell temnnük ugy, hogy ne ébresszük fel azt a teljesen alaptalan hitet az egész világon, mintha Bosziát már félig elvesztettük volna, és nem tudom micsoda rendkivüli intézkedésekkel tudnánk csak visszaszerezni." Anfragebeantwortung vom Tisza am 15. Juli. Napló, Bd. 25, S. 336. Vgl. auch ähnliche Stellungnahme Tiszas auf die Mezőssy-Interpellation vom 22. Juli. Napló, Bd. 26, S. 71.
29 Vor allem in Kroatien-Slavonien kam es zu Exzessen. Zur Stimmung in der Steiermark vgl. H. HASELSTEINER, Die Affaire Putnik. Artikel in: Österreichische Osthefte. Heft 3, Wien 1974, S. 238 f.

Sitzung des Abgeordnetenhauses vom 8. Juli an den Ministerpräsidenten die Frage zu richten, welchen Umfang diese Übergriffe angenommen haben und welcher Schaden den Serben dadurch erwachsen sei. Andrássy urgierte Sicherheitsmaßnahmen zum Schutze der serbischen Bevölkerung. Auch solle eine Untersuchung eingeleitet, die Schuldigen bestraft und das Ergebnis der Nachforschungen umgehend veröffentlicht werden, um eine weltweite Stimmungsmache gegen die Donaumonarchie hintanzuhalten, „weil es sehr schädlich ist, wenn die offizielle Welt sich in dieser Stimmung befindet". Denn die serbische Presse – so führte Andrássy noch an – habe schon mit gewisser Genugtuung begonnen, die Ausschreitungen gegen die Serben in der Donaumonarchie auszuschlachten. Aber abgesehen vom Propagandistischen stand der oppositionelle Abgeordnete auf dem Standpunkt, daß „man Unschuldige wegen ihrer Nationalität unter keinen Umständen verfolgen ... daß man das gesamte Serbentum nicht leiden lassen darf".[30]

Ministerpräsident Tisza hob in seiner Anfragebeantwortung hervor, die Presse habe diese Übergriffe stark übertrieben. Er wolle aber keineswegs ableugnen, daß es zu Ausschreitungen gekommen wäre, daß die Serben auch materiellen Schaden erlitten hätten. Im ersten Augenblick seien die Sicherheitsorgane von den Vorgängen zwar überrascht worden, aber schon nach einigen Stunden sei es gelungen, die Übergriffe zu unterbinden. Grundsätzlich sei er der Meinung, „in Bosnien muß man vor allem davon ausgehen, alle jene Bewegung und Nervosität nach Möglichkeit hintanzuhalten, welche die berechtigte Empörung verallgemeinern würde. Welche sie ausdehnen würde auf den friedlichen und loyalen Teil der serbischen Bevölkerung und Unschuldige für die Taten der Schuldigen träfe".[31]

In einigen Wortmeldungen wurde die Frage der Loyalität der serbischen Einwohner Ungarns zur Sprache gebracht. Andrássy und Szmrecsányi betonten, daß auch sie die Loyalität des Großteils der Serben in Ungarn, in Kroatien und Slavonien und auch in Bosnien und der Hercegovina nicht in Zweifel ziehen wollen. Man solle sich vor Pauschalverdächtigungen hüten.[32] Auch Mezőssy beteuerte, er habe nicht die Absicht, das Verhältnis zwischen Magyaren und Serben in Ungarn zu vergiften. Denn in dieser kritischen Zeit wäre es äußerst unklug, Dinge „zu sagen, die jene serbischen Untertanen, die treue Verfechter der Unverletzlichkeit der österreichisch-ungarischen Monarchie sind, in diesen Gefühlen erschüttern oder beeinflussen können".[33] Ministerpräsident Tisza hob gleichfalls in mehreren Erklärungen hervor, er sei von der Loyalität der Mehrheit der Serben gegenüber der Doppelmonarchie überzeugt. Und was die Magyaren unter dieser Loyalität verstanden, versuchte

---

30 „mert igen nagy kárt okoz, ha abban a hangulatban van a hivatalos világ" – „... az összes szerbséget szenvedtetni nem szabad." – Andrássy-Interpellation vom 8. Juli. Napló, Bd. 25, S. 115 f.
31 „... Boszniában is mindenekelőtt abból kell kiindulni, hogy minden olyan mozgalmat, minden olyan izgalmat lehetőleg meg kell akadályozni, amelyik a jogos felháborodást általánosítaná, átvinné a szerb lakosságnak békés részére is és ártatlanokat lakoltatna bűnösök cselekedetéért." – Anfragebeantwortung Tiszas auf Andrássy-Interpellation vom 8. Juli. Napló, Bd. 25, S. 118.
32 Andrássy-Interpellation vom 8. Juli. Napló, Bd. 25, S. 120; Szmrecsányi-Interpellation vom 15. Juli. Napló, Bd. 25, S. 327 f.
33 „... mondani, ami azokat a szerb alattvalókat, akik az osztrák-magyar monarchia sérthetetlenségének hűséges követői, az érzelmekben megingathatná vagy befolyásolhatná." – Mezőssy-Interpellation vom 22. Juli. Napló, Bd. 26, S. 67.

Abgeordneter Mezőssy zu erklären: „Wir verstehen unter Loyalität . . . daß vor ihren geistigen Augen die politischen Grenzlinien nicht verschwimmen . . ."[34]

Aber nicht nur über die Sicherheit und über die Loyalität der Serben Ungarns machte man sich im Abgeordnetenhaus Gedanken. Auch die Sicherheit der sich in Serbien, speziell in Belgrad aufhaltenden österreichischen und ungarischen Staatsangehörigen behielt man im Auge. Am 15. Juli interpellierte der Abgeordnete Albert Graf Apponyi.[35] Gestützt auf Pressemeldungen und auf eine Demarche des österreichisch-ungarischen Gesandten in Belgrad, Wladimir Baron Giesl, schnitt er die vermeintlich bedrohenden Vorfälle in der serbischen Hauptstadt vom 12. Juli an. Baron Giesl sei durch eine Konfidentenmeldung vor Ausschreitungen und Überfällen gegen österreichische und ungarische Staatsangehörige gewarnt worden. Daraufhin habe er „Herrn Pašić verständigt und für Leben und Eigentum . . . (der österreichischen und ungarischen) . . . Staatsbürger verantwortlich gemacht".[36] Giesl habe auch die Evakuierung von Frauen und Kindern nach Semlin veranlaßt. Graf Apponyi forderte von Tisza eine Erklärung, ob für die Staatsangehörigen Österreichs und Ungarns eine reale Gefahr bestanden habe oder nicht, „ob sich die Beziehungen so sehr verschlechtert hätten . . ., daß auf dem Hoheitsgebiet Serbiens die Sicherheit österreichischer und ungarischer Staatsbürger gefährdet sei".[37]

Graf Tisza hob in seiner Beantwortung hervor, die serbischen Behörden hätten für ausreichende Sicherheitsvorkehrungen gesorgt, vor allem auch die Bewachung der Gesandtschaft verstärkt. In Belgrad selbst sei es am 12. Juli zu keinerlei Zwischenfällen gekommen.[38]

Mit dieser Antwort war aber Graf Apponyi nicht ganz zufrieden. Er bemängelte, Tisza habe nicht zum Ausdruck gebracht, ob es nur deshalb nicht zu Ausschreitungen gekommen sei, weil die serbischen Behörden auf Giesls Intervention hin außerordentliche Sicherheitsmaßnahmen ergriffen hätten oder ob tatsächlich keinerlei Aktionen gegen Österreicher und Ungarn geplant seien. Abschließend versuchte der oppositionelle Abgeordnete seine Anfrage zu motivieren: Er wollte die *Vergiftung*

---

34 Erklärung Tiszas über die Serben Kroatien-Slawoniens: Napló, Bd. 25, S. 118; über die in Ungarn im engeren Sinn lebenden Serben: Napló, Bd. 25, S. 119. – „Mi lojalitas alatt azt értjük . . . hogy az ő lelki szemeik előtt ne mosódjanak el a politikai határvonalak . . ." – Mezőssy-Interpellation vom 22. Juli. Napló, Bd. 26, S. 67.

35 Albert Graf Apponyi (1846–1933). Sohn des Hofkanzlers György Graf Apponyi. Gehörte ab 1872 der Deák-Partei an, schloß sich dann der konservativen Gruppe um Baron Sennyey an. 1899 trat er der Liberalen Partei bei (Szabadelvű párt), aus der er 1903 austrat und daraufhin die oppositionelle National-Partei (Nemzeti párt) neuorganisierte. Ab 1904 einer der führenden Köpfe der Unabhängigkeitspartei. Von 1906 bis 1910 Kultusminister der Koalitionsregierung. Ab 1910 Mitglied der Kossuth-Partei, ab 1914 deren Präsident. – MÉL, 1. Bd., S. 27; KRÜCKEN – PARLAGI, 1. Bd., S. 25.

36 Telegramm Giesl an Berchtold. Beograd 12. Juli 1914. In: Österreich-Ungarns Außenpolitik von der bosnischen Krise 1908 bis zum Kriegsausbruch 1914. Diplomatische Aktenstücke des österreichisch-ungarischen Ministeriums des Äußern. Ausgewählt von LUDWIG BITTNER, ALFRED FRANCIS PRIBRAM, HEINRICH SRBIK und HANS ÜBERSBERGER. Bearbeitet von LUDWIG BITTNER und HANS ÜBERSBERGER. 8. Band. Wien 1930 (weiterhin: ÖUA). Nr. 10213, S. 406. Vgl. dazu auch Nr. 10230 und 10231 auf S. 428.

37 „. . . hogy elfajultak-e vagy sem a viszonyok odáig, hogy Szerbia területén osztrák és magyar állampolgárok biztonsága fenyegetve van." – Apponyi-Interpellation vom 15. Juli. Napló, Bd. 25, S. 340.

38 Antwort Tiszas auf Apponyi-Interpellation vom 15. Juli. Napló, Bd. 25, S. 340 f. Tisza hob noch hervor, daß man auch aus der Haltung der Bevölkerung Belgrads keineswegs hätte auf derartige Ausschreitungen schließen können.

der ohnehin schon ernsten Situation zwischen der Monarchie und den Serben verhindern.[39]

Auch der Abgeordnete Dezső Polónyi[40] intervenierte bei Tisza zugunsten der Sicherheit der Staatsangehörigen der Donaumonarchie. Er hob hervor, daß es diesmal wahrscheinlich nur dem energischen Vorgehen des Gesandten Giesl zu verdanken sei, daß es zu keinen Übergriffen gekommen sei. Die Gefahr bleibe aber nach wie vor bestehen, und in Zukunft könne unter Umständen auch ein energisches verbales Vorgehen nichts mehr nützen.[41]

Im Zusammenhang mit den Pressemeldungen über die Giesl-Aktion vom 12. Juli richtete Ministerpräsident Tisza in der Sitzung des Abgeordnetenhauses vom 15. Juli ein ernstes Wort an die ungarische Presse. Er warnte die Zeitungen davor, um billiger Schlagzeilen willen die Bevölkerung falsch zu informieren. Er erinnerte sie an ihre große Verantwortung und forderte von ihnen die Überprüfung jeder Nachricht auf ihre Stichhaltigkeit.[42] Da Graf Apponyi in seiner neuerlichen Wortmeldung die Presse zu verteidigen suchte,[43] präzisierte Tisza seinen Standpunkt und erklärte, er habe sich nur gegen überzeichnete Zeitungsberichte ausgesprochen.[44]

Fast alle profilierten Redner der vereinigten Opposition nahmen im Juli 1914 auch eingehend zur großserbischen Propaganda und zur südslavischen Frage Stellung. Die Abgeordneten Andrássy, Rakovszky, Szmrecsányi, Apponyi und Polónyi hoben hervor, daß diese Propaganda in den letzten Jahren, ganz besonders aber nach den Balkankriegen, auch auf dem Gebiet der Doppelmonarchie stark an Boden gewonnen habe, daß es ihr insbesondere im Rahmen von Kultur- und Jugendvereinen gelungen sei, den Haß gegen Österreich-Ungarn wachzuhalten und zu schüren. Diese großserbische Idee sei auch die ideologische Basis der Attentäter von Sarajevo gewesen. Und diese Agitation sei mit stillschweigender Duldung, ja wohlwollender Förderung offizieller serbischer Stellen in der Donaumonarchie vorangetrieben worden. In ihren Interpellationen forderten die Oppositionspolitiker die Regierung auf bekanntzugeben, was sie in Hinkunft gegen die sich immer mehr verbreitende großserbische Propaganda zu unternehmen gedächte.[45]

Man schritt aber nicht nur zur Bestandsaufnahme der Propaganda. Man wollte auch ihre Grenzen abstecken, einen sauberen Trennungsstrich zwischen der staatsgefährdenden Wühlarbeit und der geduldeten, ja sogar begrüßten kulturellen Tätigkeit ziehen. Der Abgeordnete Szmrecsányi gestand zwar jeder Nation das Recht auf nationale Propaganda zu. Diese nationalen Bestrebungen würden bei selbstbewußten Nationen sogar über die eigenen nationalen Grenzen hinausgehen. Dies sei völlig in Ordnung, falls sich diese Bestrebungen auf die Verbreitung und Hervorhebung der eigenen nationalen kulturellen Leistungen bezöge. Wenn aber diese Propaganda die gesetzten Grenzen überschreite

---

39 Neuerliche Wortmeldung Apponyis vom 15. Juli. Napló, Bd. 25, S. 341.
40 Dezső Polónyi (1875 – 1935). Nach Erlangung des juridischen Doktorates an der Universität Budapest übernahm er die Rechtsanwaltskanzlei seines Vaters. Von 1906 bis 1918 Abgeordneter der Unabhängigkeits- und der 48er-Partei. MÉL, 2. Bd., S. 430; KRÜCKEN – PARLAGI, 2. Bd., S. 385.
41 Polónyi-Interpellation vom 15. Juli. Napló, Bd. 25, S. 343 f.
42 Antwort Tiszas auf Apponyi-Interpellation vom 15. Juli. Napló, Bd. 25, S. 341.
43 Neuerliche Wortmeldung Apponyis vom 15. Juli. Napló, Bd. 25, S. 341.
44 Erklärung Tiszas vom 15. Juli. Napló, Bd. 25, S. 341 f.
45 Interpellationen der Abgeordneten Andrássy vom 8. Juli. Napló, Bd. 25, S. 114 f.: Szmrecsányi vom 15. Juli. Napló, Bd. 25, S. 320, 326 f. 329 ff.; Apponyi vom 15. Juli. Napló, Bd. 25, S. 338 f. und Polónyi vom 15. Juli. Napló, Bd. 25, S. 344.

und wenn sie insbesondere die Grenzen und die Integrität eines benachbarten Landes gefährde, dann „ist es auf Grund der elementarsten internationalen Rechtsnormen, aber auch auf Grund des Selbsterhaltungsprinzipes nicht nur das Recht, sondern auch die Pflicht des betreffenden Staates, sich dagegen zu wehren".[46] Wenn es – so fuhr Szmrecsányi fort – das Ziel einer solchen Propaganda sei, einen anarchistischen Zustand im Nachbarland hervorzurufen, wenn ihr Werkzeug die Bombe, der Revolver und Gift seien, wenn sogar der Thronfolger des benachbarten Landes ermordet werde, „dann hat jede Rücksicht und Schonung aufzuhören, dann ist die Anwendung der energischesten Mittel nötig".[47] Mit dieser Äußerung hatte der oppositionelle Abgeordnete schon die nachhaltigste Maßnahme, – den Krieg angesprochen. Auch der Abgeordnete Mezőssy beschäftigte sich in seiner Interpellation mit der Abgrenzung der kulturellen Propaganda. Er hatte nichts dagegen einzuwenden, „daß in der Dichtung, in der Malerei und in der Kunst das Serbentum vom Gefühl der Solidarität durchdrungen ist. Aber jawohl, wir kritisieren und kritisieren wohl zu Recht, damit sie nicht das Schlagwort der Kultur als Mäntelchen für staatsfeindliche Umtriebe verwenden".[48]

Die Abgeordneten der Opposition unterbreiteten ihrerseits Vorschläge, was die ungarische Regierung zur Hintanhaltung der großserbischen Propaganda zu tun hätte. Warnend wies der Abgeordnete Szmrecsányi darauf hin, daß diese Propaganda gegenüber der Türkei ihre Ziele erreicht habe. Der zur Zeit der Balkankriege in Wien akkreditierte Hilmi Paşa habe sehr treffend bemerkt: „Mit uns hat die serbische Aufruhrbewegung abgeschlossen, und wenn sie aus unserem Beispiel nicht lernen, wird sie ähnliches Schicksal treffen."[49] Auf eine solche Entwicklung dürfe die Donaumonarchie nicht warten, sie dürfe dem Verfallsprozeß nicht tatenlos zusehen, müsse schnelle und energische Maßnahmen setzen. Auch Graf Apponyi rief zu aktiver Politik auf, denn, „in diesem Fall würde selbstverständlich jedes Anzeichen der Schwäche, des Zögerns jenen (Bestrebungen) neue Nahrung geben".[50] Man dürfe keinen Zweifel lassen, daß auf Grund einer starken und konsequenten Politik der Monarchie jene Propaganda unter keinen Umständen Aussichten habe, ihre Ziele zu verwirklichen.

Der Ministerpräsident suchte auch in dieser Frage vorwegnehmend zu beruhigen. Er habe nicht die Absicht, die südslavische Frage und die großserbische Propaganda zu verniedlichen. Er werde sich auch in Zukunft für die Lösung der südslavischen Frage einsetzen. Es sei aber gefährlich, diese Gefahr überzubewerten. Er halte nichts von einer überhasteten Politik und trete für eine „konsequente, ruhige und erfolgreiche Arbeit" ein.[51]

---

46 „. . . a legelemibb nemzetközi jogszabály alapján, de a létfentartási ösztön alapján is nemcsak joga, de kötelessége az illető államnak ez ellen védekezni." – Szmrecsányi-Interpellation vom 15. Juli. Napló, Bd. 25, S. 326.

47 „. . . akkor vége kell hogy legyen minden tekintetnek és kiméletnek, akkor a legerélyesebb eszközök alkalmazására van szükség." – Ebenda.

48 „. . . hogy költészetben, festészetben, művészetben a szerbséget áthathja a szolidaritás érzete, de igenis, kifogásoljuk és joggal kifogásoljuk, hogy ne használják a kultura jelszavát köpönyegnek államellenes üzelmekre." – Mezőssy-Interpellation vom 22. Juli. Napló, Bd. 26, S. 66.

49 „Velünk végzett a szerb izgatás és ha önök nem fognak okulni a mi példánkon, önöket is hasonló sors éri." – Szmrecsányi-Interpellation vom 15. Juli. Napló, Bd. 25, S. 331.

50 „Ebben az esetben természetesen a gyengeségnek, a habozásnak minden tünete új táplálékot adna azoknak." – Apponyi-Interpellation vom 15. Juli. Napló, Bd. 25, S. 339.

51 „. . . következetes, zajtalan, csendes, eredményes munka. . ." – Erklärung Tiszas vom 8. Juli. Napló, Bd. 25, S. 121.

Aber nicht nur im inneren Bereich der Donaumonarchie wurden von den Abgeordneten energische Maßnahmen urgiert. Zwangsweise lenkte man die Aufmerksamkeit der Regierung auch auf den südlichen Nachbarn. Schon Graf Andrássy ersuchte den Ministerpräsidenten um Auskunft, ob sich auf Grund der bisherigen Untersuchungen über das Attentat auch Querverbindungen der Attentäter zu Belgrad ergeben hätten.[52] Rakovszky stützte sich bei seiner Anfrage auf eine – wenig später allerdings wieder zurückgezogene – Meldung der ungarischen Presseagentur (Magyar távirati iroda – MTI), wonach die Erhebungen zum eindeutigen Nachweis der Mitwirkung der Narodna odbrana geführt hätten.[53] Und Szmrecsányi wies auf die Finanzierung der Narodna odbrana durch die serbische Regierung hin.[54] Er kritisierte die nur schleppend durchgeführten Untersuchungen. Für ihn sei die Sache sonnenklar: „Was für eine Untersuchung braucht man denn hier, um das Zusammenspiel der serbischen Behörde mit den Bombenattentätern nachzuweisen?" Denn die eigenhändige Verteilung von Bomben und Revolvern durch Pašić oder durch andere Mitglieder der Regierung werde wohl kaum nachzuweisen sein. Aber schließlich habe doch Serbien – so präzisierte Szmrecsányi noch einmal – durch die Duldung und Unterstützung der Propaganda- und Terrortätigkeit die vom Wiener Botschafter Simić nach der Annexionskrise abgegebene Erklärung gebrochen, nach der sich Serbien um gutnachbarliche Beziehungen zur Donaumonarchie bemühen und jede gegen Österreich-Ungarn gerichtete Propaganda unterbinden werde.[55]

Den unüberwindbaren Gegensatz zwischen Serbien und der Doppelmonarchie und den sich ständig steigernden serbischen Haß gegen den großen Nachbarn hoben Andrássy und Polónyi hervor.[56] Polónyi führte diese Frontstellung auf die großserbische Idee zurück, von der in Serbien jeder durchdrungen sei. Diese Idee sei so weit verbreitet, daß man der Meinung wäre, „Serbien hätte nur einen natürlichen Feind auf dieser Welt, der es bei der Verwirklichung seines großserbischen Traumes behindern könnte. und dies sei Österreich-Ungarn". Serbischerseits bestehe nach Polónyi Klarheit darüber, daß man diese Frage zwangsweise nur mit Gewalt werde lösen können.[57] Die eindeutig feindselige Haltung der offiziellen serbischen Stellen wollte schließlich der Abgeordnete Szmrecsányi aus der seiner Meinung nach zweideutigen Haltung der serbischen Behörden gegenüber den monarchiefeindlichen Demonstrationen in Belgrad herauslesen.[58]

In Anbetracht der für die Abgeordneten der Opposition außer Frage stehenden Mitverantwortung Serbiens für die großserbische Agitation und für das Attentat wurde nun die Frage erhoben, was die Regierung angesichts dieser Sachlage zu tun

---

52 Andrássy-Interpellation vom 8. Juli. Napló, Bd. 25, S. 115 f.
53 Rakovszky-Interpellation vom 8. Juli. Napló, Bd. 25, S. 124 ff.
54 Szmrecsányi-Interpellation vom 15. Juli. Napló, Bd. 25, S. 326 f.
55 „Hát micsoda vizsgálatra van itt szükség, hogy kimutassák a szerb hatóság összejátszását a bombamerénylőkel?" – Szmrecsányi-Interpellation vom 15. Juli. Napló, Bd. 25, S. 330. – Zur Simićerklärung vgl.: ÖUA, 2. Bd., Nr. 1425, S. 225; MAUR, 1. Bd., S. 96 f.; D. LONCAREVIC, Jugoslaviens Entstehung. Zürich – Leipzig – Wien 1929, S. 295 – 298.
56 Andrássy-Interpellation vom 8. Juli. Napló, Bd. 25, S. 115; Polónyi-Interpellation vom 15. Juli. Napló, Bd. 25, S. 343.
57 „... Szerbiának egyetlen természetes ellensége van ezen a világon, amely azt Nagyszerbia álmának megvalósításában gátolhatja és az Ausztria-Magyarország." – Polónyi-Interpellation vom 15. Juli. Napló, Bd. 25, S. 343.
58 Szmrecsányi-Interpellation vom 15. Juli. Napló, Bd. 25, S. 330.

gedenke. Schon am 8. Juli interpellierten in diesem Sinne die Abgeordneten Andrássy und Rakovszky.[59] Rakovszky präzisierte gleich die einzuschlagende formale Vorgangsweise: man müsse Belgrad eine Demarche, eine energische Note überreichen. In dieser Demarche werde man zwei wesentliche Punkte zu fordern haben. Zunächst hätte sich Serbien zu verpflichten, ,,sofort die nötigen weitestgehenden und allerstrengsten Vorkehrungen zu treffen, auf daß solche, die Sicherheit, das Ansehen und den Frieden des Nachbarstaates gefährdenden Handlungen nicht fortgesetzt werden können".[60] Sodann müsse sich Serbien bereiterklären, jene serbischen Staatsangehörigen, die sich nachweislich in dieser Beziehung Verfehlungen zuschulden kommen ließen, auf das strengste zu bestrafen.[61] Graf Apponyi schloß sich diesen beiden Forderungen an, verwies noch auf das diesbezügliche Entgegenkommen der ungarischen Regierungsbehörden Serbien gegenüber anläßlich der Untersuchungen der Fürsten- und Königsmorde im 19. und am Beginn des 20. Jahrhunderts.[62] Beide Abgeordnete hoben die aus dem internationalen Recht entspringende Verpflichtung Serbiens hervor, in dieser Angelegenheit die Doppelmonarchie weitestgehend zu unterstützen. Graf Apponyi verlangte energisch, ,,daß Serbien in dieser Beziehung die unter zivilisierten Staaten bestehenden internationalen Verpflichtungen in ihrer Gesamtheit erfüllen solle".[63]

Mit der Aufforderung an die ungarische Regierung, an den gemeinsamen Außenminister, doch endlich etwas gegen Serbien zu unternehmen, war die Mißbilligung verknüpft, daß bisher offensichtlich noch nichts geschehen sei. Zunächst war es der Abgeordnete Rakovszky, der bereits am 8. Juli sich in diesem Sinne zu Wort meldete.[64] Szmrecsányi warf der Regierung Schwäche vor, erinnerte an die wirtschaftlich nachteiligen Folgen für die Donaumonarchie, die nur durch die Unentschlossenheit der Regierung verursacht worden seien.[65] Jede verantwortungsbewußte Regierung, so hob der Abgeordnete Mezőssy hervor, hätte diese ,,günstige Gelegenheit" beim Schopfe gepackt und im Interesse der Festigung des Staatsansehens gehandelt. Wenn der gemeinsame Außenminister sofort energisch aktiv geworden wäre, ,,hätten wir im ersten Augenblick der schrecklichen Katastrophe, unter dem Druck der gesamten gebildeten Welt, auch von Seiten Serbiens mit viel größerem Entgegenkommen rechnen können als jetzt".[66] Den Bogen der Anklagen sollte schließlich der Abgeordnete Rakovszky am 22. Juli schließen. Seine Interpellation gipfelte in der Feststellung: ,, . . . und es muß sich jeder Bürger der Monarchie

---

59 Andrássy-Interpellation vom 8. Juli. Napló, Bd. 25, S. 115; Rakovszky-Interpellation vom 8. Juli. Napló, Bd. 25, S. 125.
60 ,, . . . azonnal tegyék meg a szükséges és legmesszebbmenőbb és legszigorúbb intézkedéseket, hogy ilyen, a szomszéd állam biztonságát, tekintélyét és békéjét veszélyeztető tevékenység ne folytattathassék." – Rakovszky-Interpellation vom 8. Juli. Napló, Bd. 25, S. 126.
61 Ebenda.
62 Apponyi-Interpellation vom 15. Juli. Napló, Bd. 25, S. 339.
63 ,, . . . hogy Szerbia teljesitse e tekintetben a czivilizált államok közt fennálló nemzetközi kötelezettségeket a maguk teljességében." – Ebenda.
64 Rakovszky-Interpellation vom 8. Juli. Napló, Bd. 25, S. 125.
65 Szmrecsányi-Interpellation vom 15. Juli. Napló, Bd. 25, S. 331.
66 ,, . . . akkor a rettenetes tragédiának első pillanataiban, az egesz művelt világ nyomásának sulya alatt, Szerbia részéről is sokkal nagyobb előzékenységgel találkoztunk volna, mint most . . ." – Mezőssy-Interpellation vom 22. Juli. Napló, Bd. 26, S. 63.

schämen, wenn er sieht, wie ein winziger, Meuchelmörder protegierender Staat, welcher uns auch noch ignoriert, mit uns umspringt."[67]

Der mangelnden Bereitschaft des Ministerpräsidenten, auf die Interpellationen der Oppositionsabgeordneten konkret zu antworten, brachte man zwar bis zu einem gewissen Grade Verständnis entgegen, wies aber auch auf die nachteiligen Folgen einer eventuell zu spät erfolgenden Information im Abgeordnetenhaus hin.[68] Graf Tisza aber ließ sich von diesen Urgenzen keineswegs beeindrucken. Er betonte wiederholt, die Ermittlungen über die Hintergründe des Attentates seien noch nicht abgeschlossen, mit einer vorzeitigen Aufklärung der Öffentlichkeit würde er nur jenen Schleier lüften. „welchen man im Interesse der Untersuchungen erhalten sollte".[69] Die Regierung kenne schon ihre Pflicht, und im übrigen „sei die Frage mit Serbien auf alle Fälle zu klären".[70] Zu weiterreichenden Erklärungen ließ sich der Ministerpräsident bis zum 24. Juli nicht bewegen.

Schicksalhaft nahmen die Dinge nun ihren Lauf. Die weichenstellenden Entscheidungen fielen aber nicht in Budapest, sondern in Berlin und Wien. In den Sitzungen des gemeinsamen Ministerrates am 14. und 19. Juli waren die Würfel zugunsten eines harten und energischen Vorgehens gegen Serbien gefallen. Auch der ungarische Ministerpräsident hatte seine Meinung modifiziert. Jener Graf Tisza, von dem in Budapest die dringlichen, auf rasche und scharfe Aktionen drängenden Interpellationen der Oppositionsabgeordneten beinahe wirkungslos abprallten, war in Wien mit dem Ultimatum an Serbien einverstanden.

Am 15. Juli noch erörterte man im Reichstag in Budapest die möglichen Konsequenzen eines allfälligen Vorgehens gegen den Nachbarn im Süden. In ihren Wortmeldungen unterstrichen die Abgeordneten Szmrecsányi, Apponyi und Polónyi ihre prinzipielle Hoffnung, der Konflikt könne ohne Krieg bereinigt werden.[71] Grundvoraussetzung dafür sei aber eine klare Haltung der Monarchie. Denn – wie Apponyi es ausdrückte – „das entschiedene, ruhige, energische Auftreten innerhalb berechtigter Grenzen, innerhalb dieser aber dann umso entschiedener, ist die beste, die allerplausibelste und allerwahrscheinlichste Art, daß diese unsere Lebensinteressen ohne kriegerische Verwicklungen bewahrt werden können".[72] Bei einigen Abgeordneten aber – so vor allem bei Szmrecsányi und Polónyi – hörte man nun schon deutlicher auch die andere Alternative heraus. „Auch wenn es uns gar nicht

---

67 „... és szégyelnie kell magát a monarchia bármelyik polgárának, ha azt látja, hogyan bánik velünk egy kicsinyi orgyilkosokat protegáló állam, amely minket semmibe sem vesz." – Rakovszky-Interpellation vom 22. Juli. Napló, Bd. 26, S. 89.
68 Andrássy-Interpellation vom 8. Juli. Napló, Bd. 25, S. 115; Szmrecsányi-Wortmeldung vom 15. Juli. Napló, Bd. 25, S. 337; Apponyi-Interpellation vom 15. Juli. Napló, Bd. 25, S. 340; Rakovszky-Interpellation vom 22. Juli. Napló, Bd. 26, S. 88 ff.
69 „... amelyet a vizsgálat érdekében fenn kell tartani." – Anfragebeantwortung Tiszas vom 8. Juli. Napló, Bd. 25, S. 126.
70 „A kédrés Szerbiával mindenesetre tisztázandó." – Anfragebeantwortung Tiszas vom 15. Juli. Napló, Bd. 25, S. 332. Vgl. auch Äußerungen Tiszas vom 8. und 21. Juli. Napló, Bd. 25, S. 117 f. und Bd. 26, S. 26.
71 Szmrecsányi-Interpellation vom 15. Juli. Napló, Bd. 25, S. 331; Apponyi-Interpellation vom 15. Juli. Napló, Bd. 25, S. 339; Polónyi-Interpellation vom 15. Juli. Napló, Bd. 25, S. 342.
72 „... a határozott. nyugodt, erélyes fellépes a jogos határok közt, de ezek közt azután annál határozottabban, legjobb módja legplauzibilisebb, legvalószinübb módja annak, hogy ezek a mi életérdekeink háborús bonyodalmak nélkül megóvhatók lesznek." – Apponyi-Interpellation vom 15. Juli. Napló, Bd. 25, S. 339.

gefällt", – so sollte es Polónyi formulieren – „wir werden uns mit dem Gedanken anfreunden müssen, gezwungenermaßen mit bewaffneter Intervention den Schutz unserer Interessen zu sichern".[73]

Bemerkenswert ist die Stellungnahme Tiszas. Am 15. Juli erklärte er, die Regierung sei sich der Tragweite ihrer Verantwortung zur Aufrechterhaltung des Friedens bewußt. Sodann konkretisierte er die Meinung der Regierung: Sie halte es nicht für wahrscheinlich, „daß diese Klärung zwangsläufig zu kriegerischen Verwicklungen führen muß".[74] An den Krieg dürfe man nicht denken, solange noch andere Möglichkeiten zur Konfliktlösung offenstünden. Erst dann, wenn alle Bemühungen vergeblich gewesen seien – was er aber nicht geneigt sei anzunehmen –, dann erst müsse man auch den Krieg in Rechnung stellen, müsse man ihn akzeptieren.

Zwischen den Meinungsäußerungen der Oppositionspolitiker und der Stellungnahme Tiszas darf wohl trotz aller scheinbaren Konkordanz die Verschiedenheit der Nuancierung nicht übersehen werden. Ministerpräsident wie Opposition zogen beide Konsequenzen – sowohl Krieg als auch Frieden – in Erwägung. Während aber die Abgeordneten die kriegerische Auseinandersetzung für eher unausweichlich hielten, war Tisza der Überzeugung, der Konflikt könne auf friedlichem Wege beigelegt werden. Diese divergierenden Erwartungen sollten am 24. Juli bei der Debatte über das österreichisch-ungarische Ultimatum an Serbien noch ansatzweise ins Auge springen.

An diesem Freitag, dem 24. Juli 1914, wurde im ungarischen Abgeordnetenhaus über die Note der Donaumonarchie diskutiert. Gleich zu Beginn der Sitzung legte Ministerpräsident Graf Tisza dem Hause seine Grundsatzerklärung vor. Er versuchte zunächst zu erklären, warum Österreich-Ungarn bei seinem Vorgehen gegen Serbien so lange zugewartet habe. Man wollte die restlose Klärung der Hintergründe des Attentates abwarten. Aus dem langen und gewissenhaften Erwägen dieses Vorgehens gehe klar hervor, „daß uns nicht die Leidenschaft, nicht die berechtigte Empörung bestimmt, sondern daß wir uns nach nüchterner Überlegung entschlossen haben, diesen Schritt zu tun".[75] Was das Vorgehen selbst anbelange, so sei es „ohne Zweifel ernst, aber", so versuchte Tisza einzuordnen, „nach meiner Ansicht nicht aggressiv".[76] Denn die Monarchie habe auch gegenüber Serbien keinerlei feindliche Absichten. Sie habe Serbien trotz dessen monarchiefeindlicher Einstellung ihren „weitgehenden guten Willen"[77] bewiesen. Nun aber sei sie am Ende ihrer Geduld angelangt. Trotzdem habe man nur das gefordert, was auf Grund eines gutnachbarlichen Verhältnisses mit Fug und Recht verlangt werden dürfe. Nach Tiszas Ansicht könne sich Serbien der Erfüllung dieser Verpflichtungen nicht entziehen. Es seien dies solche Fragen, „die eben auf Grund dieses ihres Inhaltes nicht zum Gegenstand

---

73 „Akármennyire nem tetszik is nekünk, meg kell barátkozni a gondolattal, hogy kénytelenek leszünk fegyveres beavatkozással segíteni érdekeink védelmét." – Polónyi-Interprellation vom 15. Juli. Napló, Bd. 25, S. 344; Szmrecsányi-Interpellation vom 15. Juli. Napló, Bd. 25, S. 331.
74 „... hogy ez a tisztázat szükségképen háborús bonyodalomra kell hogy vezessen." – Anfragebeantwortung Tiszas vom 15. Juli. Napló, Bd. 25, S. 332.
75 „... hogy nem a szenvedély, nem a jogos felháborodás vezet minket, hanem higgadt megfontolás után határoztuk el e lépés megtételét." – Erklärung Tiszas vom 24. Juli. Napló, Bd. 26, S. 156.
76 „... az kétségtelnül komoly, de nézetem szerint nem agresszív." – Ebenda.
77 „... messzemenő jóakaratot..." – Ebenda, S. 157.

langen Gedankenaustausches, Verhandlungen oder Feilschens gemacht werden können".[78] Dies erkläre auch die kurze Bindefrist des Ultimatums zur Genüge. Die formal vor der Öffentlichkeit abzugebende Annahme des vollen Inhaltes der Note habe man verlangen müssen, weil nur dadurch die Verbindung zur Simićerklärung aus dem Jahre 1909 hergestellt werde. Wirkungsvoll und unter tosendem Beifall schloß Tisza: „Die Monarchie sucht den Frieden, wünscht den Frieden, hat sich bemüht, den Frieden zu erhalten . . . Daß wir den Krieg suchen, dessen kann uns niemand beschuldigen. Aber selbstverständlich sind wir uns über alle Konsequenzen dieses Schrittes im klaren. Und in der Überzeugung, eine wahre Sache zu vertreten, in der Überzeugung, das Lebensinteresse der Monarchie und der ungarischen Nation würden diesen Schritt erfordern, werden wir alle Folgen zu tragen wissen."[79]

In den tosenden Jubel nach der Tiszaerklärung hatte die Opposition zwar nicht eingestimmt, sie brachte aber doch durch ihre Repräsentanten ihre Genugtuung über die nun endlich energische Haltung der Regierung zum Ausdruck. Graf Andrássy, der schon am 8. Juli bei seiner ersten Interpellation unterstrichen hatte, die Anfragen der Oppositionspolitiker in Sachen Attentat würden nicht aus parteitaktischen Erwägungen gestellt,[80] wurde von der vereinigten Opposition bevollmächtigt, in der Sitzung vom 24. Juli eine beschränkte Loyalitätserklärung in dieser Frage abzugeben.[81] Diesmal, so hoben Andrássy und Apponyi übereinstimmend hervor, sei die Opposition mit der Regierungsmehrheit einer Meinung. Sie glaube, daß die Angelegenheit mit Serbien so oder so geklärt werden müsse.[82] Apponyi stellte noch einmal die Notwehrsituation der Doppelmonarchie in den Vordergund, vermerkte mit Genugtuung, daß man nun in Europa Österreich-Ungarn wohl nicht mehr als kranken Mann bezeichnen werde, und gab der Hoffnung Ausdruck, der Konflikt werde zu lokalisieren sein. Abschließend faßte er zusammen, was sich Ungarn von der wohl unausbleiblichen Konfrontation mit Serbien erwarten dürfe: „Am Ende dieser großen historischen Taten kann mit Gottes Hilfe nichts anderes stehen als die Stärkung des Ansehens der Monarchie, die Stabilisierung der Verfassung Ungarns, seiner gesetzlichen Selbständigkeit und Einheit."[83]

---

78 „. . . amelyek épen ezen tartalmuknál fogva sem is tehetők hosszadalmas eszmecserék, tárgyalások vagy alkudások tárgyává." – Ebenda.
79 „A monarchia békét keres, békét kíván, békét igyekzett fentartani . . . Senki sem vádolhat bennünket azzal, hogy mi keressük a háborút. De természetesen tisztában vagyunk ennek a lépésnek összes konzekvenciáival. S abban a meggyőződésben, hogy igaz ügyet képviselünk, abban a meggyőződésben, hogy a monarchiának és a magyar nemzetnek létérdeke megköveteli ennek a lépésnek a megtételét, viselni fogjuk annak minden következményét." – Ebenda.
80 Andrássy-Interpellation vom 8. Juli. Napló, Bd. 25, S. 113.
81 Andrássy sagte unter anderem: „. . . daß die vereinigte Opposition – trotz des großen Gegensatzes, der sie von der ungarischen Regierung trennt und der, leider, unverändert weiterbesteht – ihre patriotische Pflicht erfüllen wird." („. . . hogy a szövetkezett ellenzék hazafias kötelességét azon nagy ellentét ellenére, amely elválasztja a magyar kormánytól és amely, sajnos, változatlanul fenmarad mindenben teljesíteni fogja . . .") – Andrássywortmeldung vom 24. Juli. Napló, Bd. 26, S. 157.
82 Ebenda; Apponyiwortmeldung vom 24. Juli. Napló, Bd. 26, S. 192.
83 „Ezen nagy történelmi cselekedetek sorozatának vége Isten segítségével nem lehet más, mint a monarchia tekintélyének megerősödés, Magyarország alkotmányának és törvényes önállóságának és egységének megszilárdítása." – Apponyiwortmeldung vom 24. Juli. Napló, Bd. 26, S. 192.

IV. Schlußbemerkung

Zu Beginn dieses Beitrages wurde die Frage aufgeworfen, inwieweit der Druck der vereinigten Opposition im ungarischen Reichstag zur Modifikation der Haltung Ministerpräsident Tiszas beigetragen haben könnte. Die Oppositionsabgeordneten versuchten zwar, Tisza durch ihre Interpellationen zu einer klareren und energischen Stellungnahme gegenüber Serbien zu bewegen. Der Ministerpräsident zeigte sich aber nicht gewillt, im Abgeordnetenhaus eine eindeutige Erklärung in dieser Richtung abzugeben. Zu einem Zeitpunkt, als er sich in Wien bereits am Zustandekommen der befristeten Demarche gegen Serbien beteiligt hatte, zeigte er sich in Budapest noch immer verschlossen und zugeknöpft, wollte offensichtlich die ungarische Öffentlichkeit noch nicht über die in Wien festgelegten Schritte informieren. Er konnte dies auch nicht tun, bevor die österreichisch-ungarische Note nicht offiziell an Serbien überreicht worden war. Daher seine zurückhaltenden und beruhigenden Aussagen in den Sitzungen des Abgeordnetenhauses vom 15. und 22. Juli. Hervorzuheben wird sein, daß in der entscheidenden Phase der Meinungsumkehr Tiszas, also zwischen dem 12. und 14. Juli, keine Sitzungen des Abgeordnetenhauses stattgefunden hatten. Erst nach der Überreichung des Ultimatums, am 24. Juli, gab er seine Grundsatzerklärung zum Vorgehen der Monarchie gegenüber Serbien ab.

Nun besteht durchaus ein Unterschied zwischen den Erklärungen, die Tisza im Reichstag abgegeben hat bzw. abgeben konnte, und jenem Standpunkt, den er de facto vertrat und auch im Ministerrat in Wien am 14. und 19. Juli eingenommen hatte. Er zeigte zwar im Abgeordnetenhaus in Budapest hinsichtlich der manchmal recht scharfen Interpellationen der Oppositionsabgeordneten kaum Wirkung, trotzdem kann man mit Recht vermuten, daß diese Anfragen – die auch von der ungarischen Öffentlichkeit mit großem Interesse verfolgt wurden, die ja eher zu einem scharfen Vorgehen gegen Serbien neigte – ihn bei seinem Entschluß, in das Lager der *Kriegspartei* einzuschwenken, mitbestimmt haben. Hauptgrund für seinen Sinneswandel waren aber diese Interpellationen sicher nicht. Dafür hatte er schon vorher eine beachtliche Reihe von oppositionellen Stürmen im Abgeordnetenhaus überstanden, ohne sich in seiner Haltung beirren zu lassen. Er war sicher nicht der Mann, der sich in grundlegenden Fragen von einer hart zusetzenden Opposition beeindrucken ließ. Am ehesten wird bei Tisza ein Motivationspluralismus anzunehmen sein, wobei im Rahmen dieses Pluralismus der Rolle der Opposition im ungarischen Abgeordnetenhaus eine im Vergleich zu anderen Motivationselementen ziemlich geringe Rolle zuzuschreiben sein wird.

aus: Velike sile i Srbija pred prvi svetski rat (Beograd 1976), S. 597–616.

Die Affäre Putnik

In der politisch-diplomatischen Gewitterschwüle der letzten Julitage des Jahres 1914 beschäftigte der Fall Putnik die führenden Männer der Donaumonarchie. In diesen Tagen an der Schwelle zum Ersten Weltkrieg – knapp vor Ausbruch der bewaffneten Auseinandersetzung mit Serbien – standen einander Militärs und Diplomaten des Habsburgerreiches in nicht zu leugnender Frontstellung gegenüber. Das Handeln der einen Seite wurde durch beinah hektisch hochgepeitschte Aktivität und das Erwägen militärischen Vorgehens im Vorfeld des Krieges bestimmt – Zeichen des vorbehaltlosen und konsequenten Bejahens dieser Auseinandersetzung. Kalmierend stand dem die Argumentation der Diplomaten gegenüber, wollte auf die öffentliche Meinung im Ausland Rücksicht nehmen, plädierte für ein völkerrechtlich korrektes Verhalten. Die Entscheidung in der Affäre Putnik hatte schließlich der Herrscher zu treffen. Nun aber ein Blick auf die Vorgeschichte.

Der Chef des Stabes des Oberkommandos der serbischen Armee Vojvoda Radomir Putnik[1] hielt sich im Juli 1914 mit seiner Tochter in Bad Gleichenberg auf. Der aus den Balkankriegen bekannte General weilte zur Kur im steirischen Badeort. Angesichts der kritischen Situation, der zunehmenden Spannungen zwischen Österreich-Ungarn und Serbien nach dem Attentat von Sarajevo, der Demonstrationen der Bevölkerung in der Monarchie gegen die serbischen Landeseinwohner, der Ausschreitungen und der Plünderungen serbischer Geschäfte, war für Putnik die Wahl des Aufenthaltsortes nicht ungefährlich. Sie konnte genausowenig unbeabsichtigt und nicht kalkuliert sein wie der nach einigem Zögern gefaßte Entschluß zur Fortsetzung der Kur. Offensichtlich wollte man auf serbischer Seite demonstrativ die Hoffnung untermauern, daß sämtliche aus dem Attentat entspringenden Fragen zwischen Serbien und der Donaumonarchie auf gütlichem, vor allem auf friedlichem Wege geregelt werden könnten. Ganz unproblematisch war der Aufenthalt Putniks in Bad Gleichenberg in der Tat nicht. Vor allem unter der deutschen Bevölkerung gab es – wie aus einer telefonischen Meldung des Statthalters in Graz vom 4. Juli hervorgeht – „größte Mißstimmung und Erregung". Putnik soll auch einige Drohbriefe erhalten haben. Anderseits hielten sich auch mehrere andere Kurgäste serbischer Nationalität in Gleichenberg auf, so daß der Statthalter befürchten mußte, es könne zu Zusammenstößen kommen. Putnik selbst war sich der Gefährlichkeit und Delikatesse der Lage bewußt. Ausschreitungen im Zusammenhang mit der Auseinandersetzung um seine Person konnten weder in seinem noch im serbischen Interesse liegen. Er richtete daher an den Kurinspektor die Anfrage, ob er seine Kur fortsetzen oder aber ein anderes Bad aufsuchen solle. Der Statthalter vertrat die Ansicht, daß

---
1 Vgl. zur Person Putniks (1847 – 1917): Enciklopedija Jugoslavije. 6, Zagreb 1965. S. 651 f.

man ihm keinen Wechsel des Aufenthaltsortes anraten möge. Wohl sei er der Meinung, „daß dagegen Vorkehrungen zum Schutze des serbischen Generals getroffen werden müssen". Demzufolge wurde in Gleichenberg für Putnik der Polizeischutz erhöht, die nötigen Maßnahmen von Wien aus veranlaßt.² Während des Kuraufenthaltes dürfte es dann tatsächlich zu keinen ernsteren Zwischenfällen mehr gekommen sein; jedenfalls liegen keine diesbezüglichen Meldungen vor.

Inzwischen aber hatte sich die politische Lage verschärft. Nach einigen Wochen des Zögerns und Abwartens, nach dem Meinungsumschwung des ungarischen Ministerpräsidenten Grafen István Tisza,³ einigte man sich im gemeinsamen Ministerrat am 19. Juli auf die Formulierung einer befristeten Demarche, die man Serbien überreichen wollte.⁴ Am 23. Juli wurde die Note vom österreichisch-ungarischen Gesandten in Belgrad, Freiherrn von Giesl, dem serbischen Finanzminister Paču übergeben. 48 Stunden später überreichte der serbische Ministerpräsident Nikola Pašić dem Gesandten der Donaumonarchie die serbische Antwort, die Freiherr von Giesl als nicht voll befriedigend zurückwies. Giesl kündigte Pašić an, daß er mit dem Gesandtschaftspersonal noch am selben Tag, am 25. Juli 1914, Belgrad verlassen werde. Die Abreise der Gesandtschaftsangehörigen erfolgte tatsächlich noch am selben Abend.⁵ Die Donaumonarchie hatte sich zum Krieg gegen Serbien entschlossen.

An diesem 25. Juli beabsichtigte auch Vojvoda Putnik seine Rückreise aus Gleichenberg über Budapest nach Belgrad anzutreten. Er hatte den Zeitpunkt seiner Abreise spät gewählt. Serbien war offensichtlich von der sehr kurz befristeten Note der Monarchie überrascht worden und Putnik nun der Gefahr ausgesetzt, im Falle einer für Österreich-Ungarn unbefriedigenden Antwort Serbiens an der Ausreise gehindert zu werden. Diese Möglichkeit hatten auch einige maßgebende Persönlichkeiten der Doppelmonarchie ins Auge gefaßt. Graf Tisza kündigte dem Ministerium des Äußern auf dem Ballhausplatz an, daß der Kommandant des 4. Korps in Budapest beabsichtige, „falls serbische Antwort ungenügend, ihn (Putnik) morgen früh aufzuhalten und im Mobilisierungsfalle als Kriegsgefangenen zu behandeln". Der Korpskommandant, so fügte Tisza hinzu, verspreche sich von dieser Maßnahme

---

2 Mitteilung des staatspolizeilichen Büros des österreichischen Ministeriums des Inneren (eingegangen 5. Juli 1914): Telefonische Meldung des Statthalters in Graz vom 4. Juli 1914, 20.30 Uhr. In: Österreich-Ungarns Außenpolitik. Von der bosnischen Krise 1908 bis zum Kriegsausbruch 1914. Diplomatische Aktenstücke des österreichisch-ungarischen Ministeriums des Äußern. Ausgewählt von Ludwig Bittner, Alfred Francis Pribram, Heinrich Srbik und Hans Uebersberger. Bearbeitet von Ludwig Bittner und Hans Uebersberger. 8 Bde., Wien und Leipzig 1930 (weiterhin: ÖUA), Bd. 8, Nr. 10069, S. 315. = Veröffentlichungen der Kommission für neuere Geschichte Österreichs, 19.

3 Zur Haltung Tiszas im Juli 1914 vgl.: Hugo Hantsch, Leopold Graf Berchtold. Grandseigneur und Staatsmann. Graz – Wien – Köln 1963, Bd. 2, S. 583 – 600; József Galántai, Magyarország az első világháborúban 1914 – 1918 [Ungarn im Ersten Weltkrieg 1914 – 1918]. Budapest 1974, S. 100 – 117; Protokolle des Gemeinsamen Ministerrates der Österreichisch-Ungarischen Monarchie (1914 – 1918). Eingeleitet und zusammengestellt von Miklós Komjáthy. Budapest 1966, S. 48 – 53 = Publikationen des ungarischen Staatsarchivs II. Quellenpublikationen 10. Péter Hanák, Die ungarische Regierung und der Ausbruch des Ersten Weltkrieges. Unveröffentlichtes Manuskript. Budapest 1964.

4 Protokolle des Gemeinsamen Ministerrates, S. 150 – 154; Gilbert in der Maur, Die Jugoslawen einst und jetzt. 3 Bde., Leipzig und Wien 1936, Bd. 1, S. 182 f.

5 Galántai, Magyarország, S. 121 f.; in der Maur, Die Jugoslawen, S. 188.

große militärische Vorteile. Abschließend fragte der ungarische Ministerpräsident beim Ministerium des Äußern an, ob dies zulässig sei.[6]

Bevor noch die Antwort aus Wien eintreffen konnte, hatte man in Budapest bereits gehandelt und Vojvoda Putnik am 25. Juli um 22 Uhr in Budapest verhaftet. Die Folge war ein lebhaftes in- und ausländisches Presseecho. Der Herrscher reagierte prompt. Schon am 26. Juli richtete die Militärkanzlei die Aufforderung an das k. u. k. Kriegsministerium, sofort zu melden, „ob die von den Blättern gemeldete Gefangennahme des serbischen Generalstabschef Putnik auf Richtigkeit beruht".[7] Das Kriegsministerium kam diesem Befehl nach und meldete noch in der Nacht auf den 27. Juli: „Zeitungsnachricht vollkommen entstellt. Detailbericht folgt direkt telegraphisch vom 4. Korpskommando."[8] Der ausführliche Bericht des Korpskommandos aus Budapest war in der Zwischenzeit schon abgeschickt worden. Am 26. Juli um 13 Uhr ging das Chiffre-Telegramm an die Militärkanzlei ab. Darin wird zunächst festgestellt, daß die von der *Neuen Freien Presse* gebrachte Darstellung des Vorfalles „erlogen" sei. Generalstabschef Putnik sei am 25. Juli um 22 Uhr im Bahnhof Budapest-Kelenföld eingelangt. Nach dem Einlaufen des Zuges haben sich zwei Detektive in das Coupé von Putnik begeben und ihn aufgefordert, die Reise zu unterbrechen. Putnik befürchtete offensichtlich ein Attentat, „griff nach seiner Pistole und machte sich schußbereit. Die Pistole wurde ihm jedoch rechtzeitig entwunden, er weigerte sich hierauf auszusteigen, erst über Androhung von Gewalt verließ er den Waggon. . . ."[9] Er wurde dann – wie es im Bericht weiter heißt „mit Rücksicht auf seine Gebrechlichkeit"[10] beim Aussteigen von den Beamten gestützt, zum Auto geleitet und im Militärkasino interniert und militärisch bewacht. Man gewährte ihm den erbetenen ärztlichen Beistand. Man war offensichtlich bemüht, ihn seiner militärischen Stellung gemäß zu behandeln.[11]

Im Bereich des 4. Korpskommandos in Budapest dachte man ernsthaft an ein längerdauerndes Festhalten des serbischen Generals in Budapest. Man wies darauf hin, daß 2000 Staatsangehörige der Donaumonarchie in Belgrad zurückgehalten werden. Die Generalstabsabteilung des 4. Korps schlug daher dem Evidenzbüro des Generalstabs in Wien vor, Putnik als Geisel zurückzubehalten, „solange bis österr.-ung. Angehörige freigelassen werden". Man konnte im 4. Korps in dieser Frage auch auf das Einvernehmen mit dem ungarischen Ministerpräsidenten hinweisen, der im gleichen Sinne Kontakt mit dem Minister des Äußern, Graf Berchtold, aufgenommen hätte.[12]

---

6 Telegramm des ungarischen Ministerpräsidenten an das Ministerium des Äußern, Budapest, 25. Juli 1914 (aufgegeben um 16.50 Uhr, eingelangt um 19.30 Uhr). In: ÖUA, Bd. 8, Nr. 10707, S. 733.
7 Chiffretelegramm der Militärkanzlei Seiner Majestät (MKSM) an das Kriegsministerium (KM), Bad Ischl, 26. Juli 1914 – Kriegsarchiv Wien (weiterhin: KA), MKSM v. 1914, 69-6/5-2.
8 Telefondepesche KM an MKSM, 26./27. Juli 1914 – KA, MKSM v. 1914, 69-6/5-2.
9 Chiffretelegramm 4. Korpskommando Budapest an MKSM, 26. Juli 1914, 13 Uhr – KA, MKSM v. 1914, 69-6/5.
10 Putnik war im 68. Lebensjahr.
11 Chiffretelegramm 4. Korpskommando Budapest an MKSM, 26. Juli 1914, 13 Uhr – KA, MKSM v. 1914, 69-6/5.
12 Telefondepesche Generalstabsabteilung 4. Korps Budapest (Oberst Dáni) an Evidenzbüro des Generalstabs Wien, Budapest, 26. Juli 1914, 13.45 Uhr. In: ÖUA, Bd. 8, Beilage zu Nr. 10771, S. 767 f.

Graf Tisza hatte sich tatsächlich noch einmal an Berchtold gewandt. Er berichtete, daß die Serben die Semliner Eisenbahnbrücke zerstört hätten. Er wies darauf hin, daß – nach allerdings noch unbestätigten Privatmeldungen, die sich später als gegenstandslos erweisen sollten[13] – der Abtransport der österreichisch-ungarischen Staatsangehörigen aus Belgrad verhindert werde. Im Zusammenhang mit diesen Tatsachen stellte Tisza dann die Frage, „was unsererseits zu machen und ob dies keinen Einfluß auf unser Verhalten gegenüber Putnik haben sollte".[14]

Auch der Chef des Generalstabes, Franz Freiherr Conrad von Hötzendorf, der offensichtlich zunächst der Freilassung Putniks zugestimmt hatte, sprach sich nun für eine Rücknahme dieses Beschlusses aus. Er trat auch für die Zurückbehaltung des serbischen Generalstabschefs als Geisel ein.[15]

Das 4. Korps wies in seiner Telefondepesche auch auf die günstige Aufnahme der Nachricht von der Verhaftung Putniks in der ungarischen Öffentlichkeit hin, machte auf die Gefahren einer bedingungslosen Freilassung aufmerksam: „Die Verhaftung Putniks rief überall fabelhafte Begeisterung hervor. Bedingungslose Freilassung würde sehr deprimierend wirken, während Austausch als patriotisches Beispringen an unseren bedrängten Landsleuten nur allgemeine Zustimmung finden würde."[16] Es war dies eine Erwägung, die auch Conrad veranlaßte, gleichfalls die Rückbehaltung Putniks als Geisel der Öffentlichkeit bekanntgeben zu wollen.[17]

Bei der Frage nach der Opportunität der Verhaftung und der Internierung Vojvoda Putniks hatten sich zwei Gruppen gebildet. Das Lager der Befürworter umfaßte ursprünglich den Generalstabschef Conrad von Hötzendorf, den ungarischen Ministerpräsidenten Grafen Tisza und die Offiziere im Führungsstab des 4. Korpskommandos in Budapest. Die Argumente, die von diesem Personenkreis für das Festhalten ins Treffen geführt wurden, umspannten einen weiten Bogen und waren in erster Linie von militärischen und prophylaktischen Retorsionserwägungen geprägt. Sie wiesen auf die Spionagegefahr hin, auf die militärische Opportunität, wenn man Serbien in so entscheidender Stunde seines militärischen Kopfes berauben könne, auf die Tatsache, daß Putnik am Vorabend der kriegerischen Auseinandersetzungen gewissermaßen als Kriegsgefangener gelten könne. Darüber hinaus wurde die Frage der Garantie des reibungslosen Abtransportes der österreichisch-ungarischen Staatsangehörigen aus Belgrad ins Treffen geführt und warnend darauf hingewiesen, daß die eigene Öffentlichkeit es nicht verstehen werde, wenn man – wo doch diese Rückführung der eigenen Landsleute aus Belgrad auf Schwierigkeiten

---

13 Nach diesen Meldungen soll das ungarische Schiff, welches die in Belgrad gebliebenen Österreicher und Ungarn abholen wollte, „mit Schüssen empfangen und am Landen gehindert worden sein". Tisza korrigierte dann allerdings diese Falschmeldung und berichtete, „daß Überfahrt in Belgrad gebliebener Österreicher und Ungarn mittelst rumänischen Dampfers ungehindert vor sich geht". – Telegramm des ungarischen Ministerpräsidenten an Ministerium des Äußern, Budapest, 26. Juli 1914, Nr. 1591 (aufgegeben um 15 Uhr, eingelangt um 18 Uhr). In: ÖUA, Bd. 8, Nr. 10775, S. 771 f.
14 Ebenda.
15 Note des Chefs des Generalstabes an Ministerium des Äußern, Wien, 26. Juli 1914. In: ÖUA, Bd. 8, Nr. 10771, S. 767.
16 Telefondepesche Generalstabsabteilung 4. Korps Budapest (Oberst Dáni) an Evidenzbüro des Generalstabs Wien, Budapest, 26. Juli 1914. 13.45 Uhr. In: ÖUA, Bd. 8, Beilage zu Nr. 10771, S. 767 f.
17 Note des Chefs des Generalstabes an Ministerium des Äußern, Wien, 26. Juli 1914. In: ÖUA, Bd. 8, Nr. 10771, S. 767.

stoße – den serbischen Generalstabschef, den man doch in Händen habe, ohne Gegenleistung ziehen lasse. Man würde sich doch dadurch aus eigener Schuld eines wirkungsvollen Faustpfandes entledigen.

Von der Meinung, man müsse Putnik als Geisel und aus einer Reihe anderer Gründe auf dem Territorium der Donaumonarchie festhalten, gingen sowohl Conrad als auch Tisza wieder ab. Am 26. Juli, nach einer Unterredung mit dem Grafen Hoyos, stimmte Conrad der Freilassung Putniks zu, die – wie er in seinen Memoiren ausführen sollte – ,,auch sofort erfolgte. Sachlich bestanden gegen die Freilassung keine Bedenken, die Aufrechterhaltung der Verhaftung wäre mir als kleinliche Maßnahme erschienen".[18] Auch Graf Tisza erklärte sich schließlich mit der Aufhebung der Internierung einverstanden.[19]

Auf Befehl des Kriegsministers Krobatin wurde daher der serbische Generalstabschef Vojvoda Radomir Putnik am 26. Juli auf freien Fuß gesetzt. Er reiste noch am selben Tage, von einem Stabsoffizier des Platzkommandos begleitet, mit einem Sonderzug nach Orsova weiter. Mit einiger Bitterkeit registrierte der Kommandant des 4. Korps in Budapest die erfolgte Freilassung Putniks: ,, . . . was zu meinem Leidwesen vom Kriegsminister angeordnet wurde, diesem Befehl mußte ich selbstverständlich entsprechen." Im Telegramm des Kommandanten wird noch gesondert hervorgehoben, daß der Generalstabschef Conrad mit der Anhaltung Putniks doch ,,sehr einverstanden" gewesen sei. Die Freilassung sei überhaupt nur auf die Intervention des Ministers des Äußern, des Grafen Berchtold, erfolgt, wird abschließend festgehalten.[20]

Zur Meinungsänderung von Tisza und Conrad trug aber nicht nur die Argumentation des Ministeriums des Äußern bei. Von welchen Erwägungen ließ sich nun dieses Ministerium bei der Lösung der Affäre Putnik leiten? Wie reagierte die österreichisch-ungarische Außenpolitik auf die auch im internationalen Bereich einsetzenden Proteste gegen die Verhaftung Putniks?

Graf Berchtold informierte diesbezüglich den Botschafter der Donaumonarchie in London und wies ihn an, wie er sich verhalten solle. Zunächst wird das Festhalten Putniks damit gerechtfertigt, daß ,,im Falle des Bevorstehens kriegerischer Ereignisse jeder Offizier der feindlichen Macht, wenn er auf österr. oder ungar. Gebiete betreten wird, anzuhalten (sei), was sich schon mit Rücksicht auf mögliche Spionage genügend erklärt". Daher sei auch das in Budapest erfolgte Anhalten des serbischen Generalstabschefs prinzipiell gerechtfertigt. Jene Meldungen aber, die von Anwendung von Gewalt bei der Festnahme Putniks berichteten, entbehrten jeder Grundlage. Die Behörden der Donaumonarchie seien völlig korrekt vorgegangen: ,,Die Anhaltung des Generals ist selbstverständlich unter Beobachtung der seinem militärischen Range entsprechenden Formen vorgenommen worden." Er sei im Budapester Mili-

---

18 Feldmarschall CONRAD, Aus meiner Dienstzeit 1906 – 1918. Vierter Band: 24. Juni 1914 bis 30. September 1914. Die politischen und militärischen Vorgänge vom Fürstenmord in Sarajevo bis zum Abschluß der ersten und bis zum Beginn der zweiten Offensive gegen Serbien und Rußland. Wien – Leipzig – München 1923. S. 130 f.
19 ,,General Putnik wurde . . . im Einverständnis mit beiden Ministerpräsidenten wieder losgelassen . . .". – Privatschreiben von Legationsrat Graf Alexander Hoyos an den Kabinettsdirektor des Herrschers in Bad Ischl, 26. Juli 1914. In: ÖUA, Bd. 8, Nr. 10772, S. 769.
20 Chiffre-Telegramm 4. Korpskommando Budapest an MKSM, 26. Juli 1914, 13 Uhr – KA, MKSM v. 1914, 69-6/5.

tärkasino untergebracht gewesen „und dort mit aller Courtoisie empfangen worden. Am 26. Juli erfolgte dann die Anordnung, daß der serbische Generalstabschef noch am selben Tage seine Reise fortsetzen könne. Dies sei vor allem deshalb erfolgt, „da die öst.-ung. Armee von viel zu ritterlicher Gesinnung erfüllt ist, um die serb. Armee ihres Oberkommandierenden berauben zu wollen". Der Botschafter wurde angewiesen, die britische Öffentlichkeit im Sinne dieser Darstellung zu informieren.[21]

Mit Rücksicht auf das Ausland sprach man sich daher in maßgebenden Kreisen des Ministeriums des Äußern für eine Aufhebung der Internierung Putniks aus und drängte auf die unverzügliche Freilassung des serbischen Generalstabschefs. Die Anhaltung habe doch den völkerrechtlichen Bestimmungen widersprochen, und in dieser kritischen Zeit müsse man besonders dem Auslande gegenüber vorsichtig agieren. Daher sei es opportun, dem Vojvoda die sofortige Weiterreise zu gestatten.[22]

Nachdem sich Tisza und Conrad ursprünglich sehr bestimmt dafür ausgesprochen hatten, Putnik weiterhin festzuhalten, ist ihre Kehrtwendung in dieser Frage auf Grund eigener abgewogener Überlegung mit großer Wahrscheinlichkeit auszuschließen. Letztlich entscheidend für die Meinungsänderung der beiden mußte der Standpunkt des Herrschers gewesen ein.[23]

Franz Joseph hatte – wie bereits bekannt – noch am 26. Juli der Militärkanzlei befohlen, daß ihm umgehend über die Verhaftung von Putnik Meldung zu erstatten sei.[24] Nachdem er die Vorausmeldung des Kriegsministeriums[25] zur Kenntnis genommen hatte und nachdem ihm der Detailbericht des 4. Korpskommandos Budapest[26] vorgelegt worden war, wandte er sich in einem Ah. Befehlsschreiben aus Bad Ischl, datiert mit 28. Juli 1914, an den k. u. k. Kriegsminister Feldzeugmeister Alexander Ritter von Krobatin. Er hielt zunächst tadelnd fest, man könne aus der Meldung des 4. Korpskommandos vom 27. Juli nicht entnehmen, auf wessen Anordnung die Verhaftung Putniks erfolgt sei. Danach richtete er an Krobatin die dezidierte Aufforderung: „Welcher Funktionär immer dies gewesen sein möge, werden Sie demselben Meine vollste Mißbilligung sofort zu bekunden haben."[27] Franz Joseph verurteilte entschieden – und dies kommt in seinem Befehlsschreiben vom 28. Juli noch einmal ganz klar zum Ausdruck – die voreilige und scharfe Vorgangsweise der ungarischen und der Militärbehörden gegen Vojvoda Putnik. Er tat dies sicher nicht zuletzt auch auf Grund der Erwägungen des Ministeriums des

---

21 Telegramm Minister des Äußern an Botschaft in London, Wien, 26. Juli 1914. In: ÖUA, Bd. 8, Nr. 10734, S. 747.

22 Bemerkenswert ist auch die Feststellung des Grafen Alexander Hoyos zur Freilassung Putniks, seine Meinungsäußerung vielleicht symptomatisch für die Erwägungen, mit denen man im Ministerium des Äußern an die Lösung der Affäre Putnik heranging: „General Putnik wurde auf Ansuchen des Grafen Berchtold und im Einvernehmen mit beiden Ministerpräsidenten wieder losgelassen; seine Anhaltung war ganz uncorrekt vom Standpunkt des Völkerrechtes und hätte im Auslande sehr schlechten Eindruck gemacht." – Privatschreiben von Legationsrat Graf Alexander Hoyos an den Kabinettsdirektor des Herrschers in Bad Ischl, 26. Juli 1914. In: ÖUA, Bd. 8, Nr. 10772, S. 769.

23 MAX RONGE, Kriegs- und Industriespionage. Zwölf Jahre Kundschafterdienst. Zürich – Leipzig – Wien 1930. S. 97.

24 Chiffretelegramm MKSM an KM, Bad Ischl, 26. Juli 1914 – KA, MKSM v. 1914, 69-6/5-2.

25 Telefondepesche KM an MKSM, 26./27. Juli 1914 – KA, MKSM v. 1914, 69-6/52.

26 Chiffre-Telegramm 4. Korpskommando Budapest an MKSM, 26. Juli 1914, 13 Uhr – KA, MKSM v. 1914, 69-6/5.

27 Ah. Befehlsschreiben an den Kriegsminister, Bad Ischl, 26. Juli 1914 – KA, MKSM v. 1914, 69-6/5.

Äußern, das wiederholt auf das negative Echo und auf die Rücksichtnahme auf das Ausland in dieser Frage hingewiesen hatte. Seine Entscheidung für die Freilassung des serbischen Generalstabschefs wurde aber auch durch eine persönliche Komponente mitbestimmt: durch eine – man könnte fast sagen anachronistische, aus anderer Zeit herübergerettete – ritterliche Haltung auch dem künftigen Feinde gegenüber. Aus dieser Grundeinstellung heraus stellte er an die führenden Offiziere seiner Armee die Forderung: „Ich erwarte von allen in hoher Stellung befindlichen Generalen ein selbständiges, rasches aber stets taktvolles und niemals unbedachtes Handeln."[28] Das Kriegsministerium wurde angewiesen, diesen Befehl des Herrschers an alle Generale der Militär- und Korpskommanden weiterzuleiten.[29]

Franz Joseph hatte sich in der Affäre Putnik für die Freilassung des serbischen Generalstabschefs auch in einer für die Donaumonarchie entscheidenden Stunde entschlossen. Er hatte sich auf die Seite von Berchtold und Hoyos gestellt. Die Diplomatie trug daher in der Affäre Putnik mit Unterstützung des Herrschers den Sieg über die Militärs und Graf Tisza davon. Vor Beginn des ersten globalen Krieges, einer Auseinandersetzung, die zumindest ansatzweise den Anspruch auf totalen Einsatz an den Menschen stellte, wurde noch ein Akt der Ritterlichkeit gesetzt – auch wenn es nur eine Geste war.

aus: Österreichische Osthefte 3 (1974), S. 238 – 244.

---

28 Ebenda.
29 „Dieser Ah. Befehl ist allen Generalen des unterstehenden Bereichs zu verlautbaren." KM an das Armeeoberkommando, an alle Militärkommanden, an das 1., 2., 5., 6., 10., 11., 12., 14. Korpskommando, Wien, 28. Juli 1914 – KA, KM präs. v. 1914, 56-7/24.

Föderationspläne in Südosteuropa

Neben anderen Gliederungsprinzipien spielte der Föderalismus in der staatsrechtlichen Theorie und in der politischen Zielsetzung bei den Völkern Südosteuropas im 19. Jahrhundert eine bedeutende Rolle. Eine Fülle von Föderalisierungsvorschlägen wurde vorgelegt. Es ist bekannt, daß diese Ansätze und Versuche nicht verwirklicht wurden. Dennoch ist es lohnend, sich damit auseinanderzusetzen, da gerade durch die Analyse der nichtrealisierten Möglichkeiten der konkrete historische Ablauf schärfere Konturen erhält. Ebenso aufschlußreich ist auch die Frage nach den Voraussetzungen, nach den Motiven und nach den Außeneinflüssen dieser südosteuropäischen Föderationsvorstellungen sowie die Analyse, warum diese Versuche gescheitert sind.

Eine auch nur vergleichende Typologie und Phänomenologie der Projekte vorzulegen, ist nicht möglich. Daher seien zwei Konzeptionen des 19. Jahrhunderts beispielhaft vorgestellt: das „načertanije" des serbischen Politikers Ilija Garašanin und seiner Vorläufer sowie das Umfeld und der Plan der „Donauföderation" von Ludwig Kossuth. Abschließend wird in je zehn Strukturthesen auf Genesis und Scheitern der südosteuropäischen Föderationsvorstellungen im 19. Jahrhundert eingegangen.

I. Das „načertanije" von 1844

Eine der frühen Anregungen von außen zur Föderalisierung Südosteuropas ging von Paris aus. Sie ist verknüpft mit der führenden Persönlichkeit der polnischen Emigration nach 1830, mit Adam Georg Fürst Czartoryski. Er entwickelte einen weitgespannten Plan mit folgender Grundüberlegung: Sein Hauptziel war 1. die Wiederherstellung des historischen Königreiches Polen. Daraus ergab sich 2. die Frontstellung gegenüber den Teilungsmächten, insbesondere gegen Rußland und Österreich. Mit der Unterstützung Frankreichs und Großbritanniens und unter Beibehaltung der Integrität des Osmanischen Reiches schloß Fürst Czartoryski 3. die Aussöhnung und Zusammenarbeit aller kleineren Nationen zwischen der Ostsee und Ägäis bis zum Kaukasus vor. Als Endziel schließlich sah der Fürst 4. den Zusammenschluß der Völker der Großregion in einer Konföderation vor.

Wesentlich beeinflußt im föderativen Teil seiner Vorstellungen wurde Czartoryski durch das zwischen 1835 und 1840 erschienene mehrbändige Werk des französischen Juristen, Politikers und Schriftstellers Charles de Tocqueville: „De la démocratie en Amérique". Diese Tatsache und das Phänomen, daß über die polnische

Vermittlung die Ideen von Tocqueville auch in Südosteuropa Eingang fanden, wurden bisher wenig bearbeitet.¹

Der konkrete Anstoß in Richtung Südosteuropa, in Richtung Balkan, in Richtung der Südslaven, in erster Linie an die Serben adressiert, erfolgte 1843. In seiner Denkschrift „Conseil sur la conduite à suivre par la Serbie" entwickelte Czartoryski Vorschläge für die innen- wie außenpolitische Grundhaltung des Fürstentums Serbien. Diese Konzeption wurde von einem seiner Agenten, dem Tschechen František Zach, dem späteren serbischen General und Kommandanten der Militärakademie in Belgrad, in der serbischen Hauptstadt erläutert. In einer Reihe von Besprechungen mit dem Innenminister und Vertrauten des serbischen Fürsten Alexander Karadjordjević, mit Ilija Garašanin, legte Zach die Grundlinien des Konzeptes dar. Er verfaßte schließlich auf Ersuchen des serbischen Ministers ein eigenes Papier. Im wesentlichen auf Grundlage des Zach'schen Entwurfes und der Gedankengänge Czartoryskis (immerhin sind rund 90% des „načertanije" auf die Formulierungen von František Zach zurückzuführen), aber unter anderer Akzentsetzung konzipierte Ilija Garašanin sein oft zitiertes „načertanije". Gedacht war es als privates, vertrauliches Programm zur Orientierung des Fürsten. Es wurde erst im Jahre 1906 vom serbischen Historiker Milenko Vukičević im Belgrader „Delo" veröffentlicht und seither häufig kommentiert.²

Der Inhalt und die Zielsetzung des „načertanije" seien in einigen Punkten knapp zusammengefaßt:
1. Auf der Basis des „heiligen, historischen Rechtes" soll das Serbische Reich Stefan Dušans wiederhergestellt werden. Dies sei keine „revolutionäre und umstürzlerische Tat", denn durch die Ereignisse von 1389 auf dem Amselfeld, dem Kosovo polje, sei diese historische Legitimität nur unterbrochen worden.
2. Die Voraussetzung für diese Restauration bildet der als sicher angenommene, unmittelbar bevorstehende Zerfall des Osmanischen Reiches.
3. Bedroht wird diese angestrebte Reichsbildung durch die unverkennbaren Aspirationen Österreichs und Rußlands zur Expansion, durch die Absicht, die Balkanhalbinsel auf der Linie Vidin – Saloniki aufzuteilen. Die Frontstellung zu den hier angesprochenen „Teilungsmächten" sah Garašanin allerdings ein wenig differenzierter als Zach: Die Habsburgermonarchie wird als bleibender, unver-

---

1 Zu Czartoryski und zum polnischen Einfluß vgl. u. a.: M. KUKIEL, Czartoryski and European Unity 1770 – 1861. Princeton 1955; M. HANDELSMANN, La question d'orient et la politique yougoslavie du prince Czartoryski après 1840. Paris 1929; V. ŽAČEK, Česko i poljsko učešče u postanku Garašaninova Načertanije" (1844) (Tschechische und polnische Beteiligung an der Entstehung von Garašanins „načertanije" [1844]). In: Histoijski Zbornik. Zagreb 16, 1963, 1, S. 35 – 56.

2 Vgl. zum „načertanije" vor allem: Ch. JELAVICH, Garašanins Načertanije und das großserbische Programm. In: Südost-Forschungen 27, 1968, S. 131 – 147; J. KÜHL, Förderationspläne im Donauraum und in Ostmitteleuropa (= Untersuchungen zur Gegenwartskunde Südosteuropas), hrsg. vom Südost-Institut München. München 1958; R. WIERER; Der Föderalismus im Donauraum (= Schriftenreihe des Forschungsinstitutes für den Donauraum 1). Graz – Köln 1960; GY. MÉREI, Föderációs tervek Délkelet-Európában és a Habsburgmonarchia 1840 – 1918 (Föderationspläne in Südosteuropa und die Habsburgermonarchie 1849 – 1918). Budapest 1965; W. D. BEHSCHNITT, Nationalismus bei Serben und Kroaten 1830 – 1914. Analyse und Typologie der nationalen Ideologie. München 1980. Bei Jelavich beachte vor allem die dort angeführte jugoslawische Literatur, in erster Linie: D. STRANJAKOVIĆ, Kako je postalo Garašaninovo „Načertanije" (Wie ist Garašanins „načertanije" entstanden). In: Spomenik 91 (Srpska kraljevska akademija, drugi razred, filosofsko-filološke, društvene i istoriske nauke). Beograd 1939, S. 65 – 115.

söhnlicher Gegner eingestuft. Beim orthodoxen Rußland läßt der serbische Minister die eventuelle Möglichkeit einer späteren Kooperation hingegen offen.
4. Da den westeuropäischen Mächten Frankreich und Großbritannien die Etablierung eines eigenständigen christlichen Balkanreiches nach dem Kalkül Garašanins besser ins Konzept paßt als die Etablierung Österreichs und Rußlands in diesem Raum, rechnet er mit der Unterstützung durch diese beiden Mächte.
5. Der Sukkurs durch die übrigen benachbarten Balkanchristen, vor allem der südslavischen, ist anzustreben. Dies soll in konzentrischen Kreisen Schritt für Schritt verwirklicht werden, in Form eines Anschlusses an die Zentralmacht Serbien, wenn es sein muß in Form eines föderativen Zusammenschlusses.

Bemerkenswert für die Einordnung und Bewertung des „načertanije" sind jene Auslassungen und jene Modifizierungen, die Garašanin im Vergleich zum Zach'schen Plan bzw. zu Czartoryskis „Conseil" vorgenommen hat. Kaum eingegangen wird auf die Beziehungen Serbiens zu Kroatien, auf die Stellung der Kroaten in Bosnien und der Hercegovina, die Kroaten werden als pars pro toto der übrigen Südslaven gesehen. Ausgespart bleiben die innenpolitischen Voraussetzungen in Serbien für die Annäherung an die anderen Balkanvölker bzw. für die angestrebte Konföderation, wie überhaupt der föderative Ansatz des „načertanije" eindeutig schwächer ausgeprägt ist, der Aspekt Einigungsbewegung unter serbischer, großserbischer Führung im Vordergrund steht. Garašanin spricht von einem „föderativen Bündnis (Serbiens, Anm. d. Verf.) mit den anderen Völkern, die es umgeben". Hervorzuheben ist auch die Reserve, der Vorbehalt, den der serbische Minister gegenüber den Bulgaren erkennen ließ, die aber trotz dieses Mißtrauens angesprochen und miteingebunden werden sollten. Wirtschafts- und handelspolitische Überlegungen spielen nur sehr am Rande eine Rolle. Sie weisen allerdings in eine eindeutige Richtung und zeichnen eine später relevant und brisant werdende Zone der Auseinandersetzung mit der Donaumonarchie vor: Der Zugang zur Adria über Skutari/Shkodër nach Ulcinj/Dulcigno steht im Mittelpunkt.

Resümierend ist festzuhalten.
1. Der föderative Gliederungscharakter ist zwar beim „načertanije" nur schwach ausgeprägt, dennoch sind in Ansätzen föderative Gliederungsgedanken vorhanden.
2. Die Frage, ob das „načertanije" ein großserbisches, ein jugoslavisches oder ein südslavisches Programm vertritt, ist in der bisherigen Historiographie durchaus unterschiedlich beantwortet worden. Eine differenziertere Beurteilung, die weder dem Versuch einer vorwiegend „jugoslavischen" bzw. „südslavischen" Etikettierung folgt noch einer exklusiven Einordnung als „Großserbisches Programm", wird wohl anzustreben sein. Denn bei aller Dominanz des großserbischen Elementes dürfen die zumindest in Ansätzen abzulesenden jugoslavischen, die etwas blasser ausgefallenen südslavischen Tendenzen nicht übersehen werden.
3. Die in der Denkschrift Ilija Garašanins niedergelegten Prinzipien und Zielvorstellungen spielen in den folgenden Jahrzehnten für die serbische Politik gegenüber der Donaumonarchie, und darüber hinaus auch für die Haltung der Serben gegenüber den anderen jugoslavischen Völkern bzw. gegenüber den Südslaven insgesamt eine entscheidende Rolle.

II. Konföderationsvorstellungen im Donauraum und der Plan von Ludwig Kossuth

Im Revolutionsjahr 1848/49 waren die Grundvoraussetzungen für eine Neugestaltung des Donauraumes und Südosteuropas scheinbar gegeben. Wieder einmal war es die polnische Emigration unter Fürst Adam Georg Czartoryski, die die Vertreter der kleinen Völker an einen Tisch zu bringen versuchte. Auf der Konferenz von Paris am 18. Mai 1849 wurde der Versuch unternommen, ein Arrangement, eine Aussöhnung zwischen den Magyaren, Rumänen und den Südslaven: den Serben, Kroaten und Slovenen unter Einbindung der Westslaven herbeizuführen. Eine konföderale Lösung unter weitgehender Wahrung der Integrität der Länder der Stephanskrone und bei Anerkennung der nationalen Sondergruppen wurde vorgeschlagen. Eine neue stabile, konsensuale Ordnung dieser drei- bis viergliedrigen Konföderation oder Föderation sollte die Habsburgerherrschaft endgültig verdrängen und eine russische Intervention und Expansion verhindern. Von Ludwig Kossuth wurde dieser Kompromiß abgelehnt, er sah die Einheit des ungarischen Staates gefährdet. Den nichtmagyarischen Nationen schien das Bewahren der Integrität Ungarns zu sehr im Vordergund zu stehen. Die Ereignisse im Sommer 1849 und die Kapitulation bei Világos im August setzten einen vorläufigen Schlußpunkt. Kossuth und andere führende Vertreter der Revolution von 1848/49 gingen in die Emigration und teilten das Schicksal der Polen.[3]

Nach 1849 setzte in der Emigration dann eine rege bi- und multilaterale Verhandlungstätigkeit ein, einige föderative Konzepte wurden vorgelegt. Bereits im Jänner 1850 trafen Garašanin, der piemontesische Agent Carosini und Kossuth zu Kooperationsgesprächen in Belgrad zusammen. Auf österreichischen Druck hin wurden die Beratungen abgebrochen. Zwei rumänische Vorschläge vom Jahresanfang 1850 von Ion Ghica und Nicolae Bălcescu liefen auf eine Konföderation der „Vereinigten Donaustaaten" hinaus und beriefen sich auf schweizerische bzw. amerikanische Muster. Sie wurden von Ludwig Kossuth genauso zurückgewiesen, wie er sich zunächst weigerte, mit dem von Giuseppe Mazzini im Juli 1850 gegründeten „Mitteleuropäischen Demokratischen Komitee" zusammenzuarbeiten. Auf einen weiteren Konföderationsvorstoß im Demokratischen Komitee, neuerlich von Nicolae Bălcescu verfaßt, reagierte Kossuth schließlich mit einem ersten Projektentwurf. Am 25. April 1851 legte er im osmanischen Exil in Kutahija sein „Exposé des principes de la future politique de la Hongrie" vor. Er trat für eine breitangelegte Konföderation ein, die auch die Westslaven und alle Balkanvölker – und dies (ähnlich wie bei Fürst Czartoryski) unter der Souveränität des Osmanischen Reiches – umfassen sollte. Dieser lose Staatenbund sollte gegen Habsburg und gegen Romanov gerichtet sein. Bei der Stellung des ungarischen Teiles zeigte sich Kossuth trotz aller versuchter Flexibilität nur wenig entgegenkommend. Die Integrität der Länder der Stephanskrone blieb gewahrt, der Gesamtföderation und Ungarn wurden leichte Anklänge des Personalitätsprinzips, konfessionelle und kulturelle Rechte der nationalen Gruppen nach dem Muster des byzantinisch-osmanischen Millet-Systems und die Erweiterung der Lokalverwaltungs- und Gemeindeautonomie konze-

---

3 Vgl. die angeführten Werke von KUKIEL, HANDELSMANN und ŽAČEK. Zusätzlich noch WIERER, KÜHL und MÉREI.

diert. Dem nichtmagyarischen Adressaten erschienen diese Konzessionen als nicht ausreichend. Die Kontaktgespräche zwischen den ungarischen Emigranten, den Serben und Rumänen wurden in den Folgejahren zwar weitergeführt, erbrachten aber kaum reale Lösungsansätze. Die Ursachen dafür lagen in den nach wie vor bestehenden Auffassungsunterschieden bezüglich der Integrität Ungarns, in der Teilverwirklichung der rumänischen Zielvorstellungen durch die Vereinigung der Donaufürstentümer in den Jahren 1859 und 1861, und schließlich in der Tatsache, daß Napoleon III. die Emigration und die Donau- und Balkanvölker zwar zur Zusammenarbeit ermutigte, sie aber bloß als Werkzeuge seiner Politik gegen Rußland und gegen Österreich in den Jahren 1853 bis 1859 benutzte.[4]

Der Einfluß der radikal national-revolutionären Kreise Italiens auf die Föderationskonzeptionen in Südosteuropa darf nicht gering veranschlagt werden. Auf Mazzinis „Mitteleuropäisches Demokratisches Komitee", das radikale Demokraten und Revolutionäre aus ganz Europa vereinigte, wurde bereits hingewiesen.

Schon im Jahre 1833 veröffentlichte Giuseppe Mazzini im „Giovine Italia" den Vorschlag, Ungarn möge sich an die Spitze einer „Freien Konföderation" mit Bulgarien, Serbien und Bosnien stellen. 1857 plädierte er in seinen „Vier Slavischen Briefen" in der „Italia del Popolo" für die Errichtung eines südslavischen föderativen Staates, der Kroatien, Kärnten, Serbien, Montenegro, Dalmatien, Bosnien und Bulgarien umfassen sollte. Und 1866 schließlich, im Jahr der Krise für die Habsburgermonarchie und für das Osmanische Reich – der Aufstand in Kreta war in vollem Gange –, trat er für die Ersetzung der beiden alten, überlebten Reiche durch eine Donaukonföderation und eine Slavo-Hellenische Föderation ein, um – wie er begründend meinte – die drohende Ausbreitung des reaktionären, antidemokratischen russischen Panslavismus hintanzuhalten. Aus ähnlicher Motivation heraus trat er nach dem Revolutionsjahr 1848 seit 15 Jahren auf der Balkanhalbinsel – hauptsächlich in Griechenland – lebende venezianische Revolutionär Marco Antonio Canini für eine Kette von „zwischeneuropäischen Konföderationen auf demokratisch-republikanischer Grundlage" ein. Da vor allem im Donauraum und auf dem Balkan keine reinen Nationalstaaten möglich seien, sollten sich Polen-Litauen erneut, die Donaukonföderation und eine Föderation des Orients konstituieren.[5]

Der bekannteste Plan einer Donaukonföderation stammt aus dem Jahr 1862 und wird mit dem Namen Ludwig Kossuth verknüpft. Er beruht weitgehend auf Kossuth'schen Vorstellungen, die wir bereits kennengelernt haben. In der bekannt gewordenen Form stellt er aber im Kern das Ergebnis einer Reihe von Besprechun-

---

4 Vgl. MÉREI, WIERER und zusätzlich: J. KOLTAY-KASTNER, A. Kossuth emigráció Olaszországban (Die Kossuth Emigration in Italien). Budapest 1960; L. S. STAVRIANOS, Balkan Federation. A History of the Movement towards Balkan Unity in Modern Times. Northampton, Mass. 1944; vgl. des weiteren zu den Balkankontakten: V. PASKALEVA, Bulgarische Föderationspläne seit dem Beginn der Befreiungskriege bis zum Berliner Kongreß. In: M. BERNATH und K. NEHRING (Hg.), Friedenssicherung in Südosteuropa. Föderationsprojekte und Allianzen seit dem Beginn der nationalen Eigenstaatlichkeit (= Südosteuropa-Studien, Bd. 34). München 1985, S. 119 – 124; E. PALOTÁS, Südosteuropa in den Föderationsplänen der ungarischen Emigration nach 1849. In: Friedenssicherung in Südosteuropa, S. 43 – 50; A. RADENIĆ, Serbische Allianz- und Föderationspläne. Ilija Garašanin und Mihailo Obrenović. In: Friedenssicherung in Südosteuropa, S. 85 – 97; D. BERINDEI, Die Idee der Völkerunion bei Nicolae Bălcescu. In: Friedenssicherung in Südosteuropa, S. 71 – 84. KOLTAY-KASTNER, MÉREI, STAVRIANOS.

5 KÜHL, WIERER, STAVRIANOS, MÉREI.

gen dar, die Marco Antonio Canini mit Georg Klapka, einem weiteren prominenten Mitglied der ungarischen Emigration, abgewickelt hat. Auf dieser Grundlage führte Canini dann am 1. Mai 1862 ein ausführliches Gespräch mit Ludwig Kossuth. Die diesbezüglichen Notizen Caninis wurden durch eine Indiskretion in der Mailänder Zeitung „Alleanza" veröffentlicht. Kossuth protestierte zwar dagegen, billigte aber die im Artikel festgelegten Prinzipien. Vorgesehen war ein Staatenbund auf konföderativer Basis mit einem nun konkreter ausformulierten, breiteren Anteil der gemeinsamen Angelegenheiten (Heerwesen, Außenpolitik, Wirtschaft, Finanzen und Zoll, Maße und Gewichte, Verkehrswesen). Komplementär dazu wurden den Teilstaaten volle innere Verwaltungskompetenz zugestanden. Der Ungarische Staat war als Hegemonialmacht dieser Konföderation vorgesehen. In der Problematik der Integrität Ungarns waren nur marginale Änderungen festzustellen:
a) eine Vereinigung Kroatiens mit Serbien wurde angedeutet;
b) ein Plebiszit in Siebenbürgen über die staatsrechtliche Zugehörigkeit eventuell in Aussicht gestellt;
c) die südungarische Vojvodina (Batschka und Banat) sollten auf alle Fälle bei Ungarn bleiben.
Der Minoritätenschutz ging über die Positionen Kossuths vom April 1851 nicht hinaus.[6]

Wie bekannt, waren die Reaktionen auf Kossuths Donaukonföderationsplan überwiegend negativ. Neben den Nichtmagyaren in- und außerhalb Ungarns sprachen sich nun auch Teile der ungarischen Emigration, die führenden liberalen Politiker in Ungarn selbst – sowohl die Vertreter der Beschluß- als auch der Adreßpartei – dagegen aus. Als Illusion erwiesen sich die Erwartungen Kossuths, durch die angebotene Sicherung der jeweiligen nationalen Selbständigkeit, durch das angestrebte Schutz- und Verteidigungsbündnis die Abschirmung gegen Pangermanismus und Panslavismus glaubhaft zu machen und durch die offengelassene Möglichkeit des Anschlusses der anderen Balkanvölker einen Lösungsansatz für die Orientalische Frage zu bieten und damit sein Konzept attraktiv und akzeptabel zu machen.

Eine grobe Analyse der Föderationsvorstellungen in Südosteuropa ergibt ein vielfältiges Bild über:

A. Die Motive, Voraussetzungen, die Vorbilder und die Einflüsse von außen

1. Auf Grund der multiethnischen Struktur war eine klare und eindeutige nationalethnische Lösung der Grenz- und Abgrenzungsfragen in Südosteuropa schwer möglich. Daher wurde als Alternative dazu die Konzeption eines föderativen Zusammenschlusses der Völker propagiert.
2. Durch die Verständigung über die in der Vergangenheit da und dort aufgetretenen Probleme und Differenzen zwischen den einzelnen Völkern Südosteuropas unter

---

6 MÉREI, KÜHL, WIERER, KOLTAY-KASTNER, STAVRIANOS. Vgl. zusätzlich zum Plan Kossuths: R. A. KANN, Das Nationalitätenproblem der Habsburgermonarchie. Geschichte und Ideengehalt der nationalen Bestrebungen vom Vormärz bis zur Auflösung des Reiches im Jahre 1918. 2 Bde. (= Veröffentlichung der Arbeitsgemeinschaft Ost. Bd. 4, 5). Graz – Köln 1964, insbesondere der 2. Band.

föderalistischen Auspizien erwartete man eine Harmonisierung und Homogenisierung, eine Steigerung der Problemlösungskapazität nach innen.
3. Wesentlich waren der Rückgriff, die Abstützung und die Übernahme von Idee und Theorie des Föderalismus aus dem Ausland (wie dies übrigens auch beim Nationalismus der Fall war). In diesem Zusammenhang sind die staatsrechtlichen Ideen der Aufklärung zu nennen. Hier muß der Hinweis auf Montesquieu, auf Rousseau, auf Kant und auf Schlözer genügen. Nicht zu unterschätzen ist aber auch die Einwirkung der Romantik, vor allem in ihrer deutschen Spielart. Hier ist vor allem Herder zu nennen. Einen eminenten Stellenwert hatte aber auch die Schrift des französischen Juristen und Schriftstellers Charles de Tocqueville, zusätzlich auch Pierre Joseph Proudhon, die westeuropäischen radikalen „Demokraten" vor und nach dem Revolutionsjahr 1848/49 und schließlich die Rezeption des Gedankengutes der radikalen russischen Denker von den Narodniki bis zu den Nihilisten. Insbesondere auf die Wirkung von Tocquevilles Werk „De la démocratie en Amérique" ist noch einmal gesondert hinzuweisen.

Man orientierte sich aber auch nach ganz bestimmten, konkreten Mustern föderativer Gestaltung im Ausland: nach den Vereinigten Staaten von Amerika, nach der Schweiz mit ihrer kantonalen Vielfalt und mit ihrer staatlichen Einheit, ihrem eigenständigen Selbstbewußtsein, und schließlich nach der Organisationsstruktur des Deutschen Bundes.
4. Wesentliche Kreise der Emigration, der europäischen „Demokraten" und der nationalen Führungsschichten der südosteuropäischen Völker hegten die Hoffnung, daß die Attraktivität eines Programmes der demokratischen, liberalen, den Fortschritt der bürgerlichen sozialen und wirtschaftlichen Entwicklung sichernden Umgestaltung zugkräftig genug wäre, um die beteiligten Völker Südosteuropas, vor allem breitere Schichten der Bevölkerung, für eine Föderalisierung zu mobilisieren, ja zu begeistern.
5. Der Föderalismus wurde als Alternative zur nationalen und politischen Fremdbestimmung in den multinationalen Großreichen angepriesen. Hier wurde die Solidarität der sich als unterdrückt einstufenden Völker gegen die Repression der Unterdrücker, der überlagernden Macht angesprochen. Dies leitet
6. direkt zu den aufgebauten Heterostereotypen über. Zu erwähnen sind die zur eigenen Position scharf kontrastierenden Feindbilder Pangermanismus und drohende deutsche Hegemonie, expansive Tendenz des Panrussismus, sowie Rückständigkeit, Reformunfähigkeit des muslimischen Osmanischen Reiches.
7. Die Föderation wurde auch als Garant für das Emanzipations- und Sicherheitsbedürfnis der kleineren Völker gegen die Herrschaftsansprüche nicht nur der überlagernden, sondern auch der benachbarten Großmächte angesehen. Der Föderation wurde die Funktion einer Schutzgemeinschaft zugewiesen.
8. Zur Durchsetzung der eigenen föderalen Ziele der Balkanvölker wurde die Hilfe und die Unterstützung zumindest einer der europäischen Großmächte – in wechselnder Konstellation – angestrebt.
9. Als wesentliche Voraussetzung für eine neue, eine föderative Umgestaltung wurde neben der Bereitschaft der unmittelbar Beteiligten (jener, die sich zusammenschließen wollten,) auch eine allfällige Krise der vorgegebenen staatlichen Strukturen (Osmanisches Reich und Habsburgermonarchie) miteinkalkuliert.

10. Im Bewußtsein der eigenen quantitativen Schwäche sollte gemeinsam eine kollektive Großmachtstellung erreicht werden, und das unter größtmöglicher Berücksichtigung der eigenen nationalen Position innerhalb der Föderation. Denn als homogenisierte, stabilisierte größere Gemeinschaft konnte man viel chancenreicher als politisch, wirtschaftlich, geistig und militärisch potente, selbstbewußte Kraft auch nach außen hin auftreten.

Zum Abschluß sei noch – gleichfalls in zehn thesenartigen Punkten zusammengefaßt – eine

B. Analyse der Gründe für das Scheitern

der Föderationsversuche in Südosteuropa im 19. Jahrhundert vorgelegt.
1. Der Mißerfolg der Föderationsansätze hing sehr wesentlich von den grundlegenden Meinungsverschiedenheiten über Wesen, innere Struktur und Funktionsweise der angestrebten Föderalisierung ab. Hauptziel der jeweiligen Proponenten des Zusammenschlusses und der Neuregelung war in erster Linie die Sicherung und die Durchsetzung der eigenen nationalen (Maximal-)Vorstellungen. Die Folge davon war eine Überschneidung der Konzeptionen, auftretender Interessenskonflikt und schließlich aufbrechende Differenzen, Konfrontation bis hin zu Unvereinbarkeit der wechselseitigen Standpunkte. Es bestand weitgehend keine Klarheit darüber, ob man sich auf einen Bund, ein bloßes Bündnis, auf eine eher bundesstaatliche oder aber auf eine staatenbündische Lösung einigen solle.
2. Ein Teil der direkt durch die Föderalisierungspläne Betroffenen trat nicht vorbehaltlos für die zunächst enthusiastisch begrüßte Realisierung ein. Neben dieser oft verdeckten Mentalreservation kam es häufig vor, daß sich zumindest einer der Adressaten aus subjektiv unverzichtbarem Eigeninteresse strikt gegen die Verwirklichung des Föderalisierungsprozesses aussprach.
3. Die Wirkungskraft und die Wirkungstiefe des modernen, integralen Nationalismus und die steigende nationalstaatlichen, emanzipatorischen Tendenzen wurden unterschätzt. Sie traten in Konkurrenz zur Idee des größeren, supranationalen Zusammenschlusses und erwiesen sich im Laufe des 19. Jahrhunderts als die massenwirksameren und als die stärkeren.
4. Die Absicherung der eigenen nationalen Position stand unverkennbar – vor allem auch für die möglichen Partner – im Vordergrund der Überlegungen. Diese Tendenz wies in die föderationshemmende Richtung der Etablierung der eigenen Vorherrschaft über die anderen und strebt nach der eigenen Hegemonie.
5. Die meisten der vorgelegten Vorschläge wurden zunächst von den Beteiligten als positiv eingestuft und zum Teil sogar begeistert begrüßt. Diese Euphorie, dieser Enthusiasmus verflog allerdings in den meisten Fällen, sobald man an die konkrete Verwirklichung der Pläne heranzugehen versuchte bzw. sobald sich die Innen- wie die Außenkonstellation zu verändern begann.
6. Den Vorstellungen des 19. Jahrhunderts ging in den allermeisten Fällen eine wesentliche Komponente ab: die ausgefeilten wirtschaftlichen, gesellschaftlichen und sozialen Zielsetzungen. Daher konnten sie

7. kaum eine breite Basis in den Bevölkerungsgruppen der einzelnen Nationen finden. Man kann in dieser Hinsicht sicher von einer „Kabinettspolitik" der Föderationsversuche sprechen. An der mangelnden Resonanz war auch mitbeteiligt, daß die bildungsmäßige und soziale Differenzierung der einzelnen Nationalgesellschaften für die Annahme der Vereinigungsvorschläge noch nicht ausreichte.
8. Die Propagatoren des Föderalismus standen oft nicht im Zentrum der Macht, konnten die wesentlichen Entscheidungsprozesse nicht oder nicht ausreichend beeinflussen. In diesem Zusammenhang sei auch auf den starken Anteil der Emigrationen bei den von außen herangetragenen Föderalisierungsvorschlägen verwiesen. Man könnt von einer „Utopie" der Außenstehenden sprechen.
9. Es war zwar mehrfach gelungen, kurzfristig das Interesse einzelner Großmächte für die eventuelle Frontstellung gegen eine der beiden multinationalen Reiche, gegen die Habsburgermonarchie bzw. gegen das Osmanische Reich zu wecken. Diese angesprochenen und interessierten Mächte waren aber langfristig nur an einer Schwächung, nicht unbedingt an einer Zerschlagung der mit ihnen konkurrierenden Reiche interessiert. Es lag nicht in den Intentionen der klassischen Mächte des europäischen Konzertes, durch eine eventuelle neue Machtkonstellation die Stabilität der europäischen Ordnung zu gefährden und die Berechenbarkeit der gesamteuropäischen Situation zu verringern.
10. Der vorgesehene Zusammenschluß konnte mitunter eine doppelte Ebene umfassen, die beide nach den Grundsätzen des Föderalismus zu gestalten waren. Es ging um die Gliederung und Einrichtung der vorgegebenen meist multinationalen Einheiten. Hier zählte man im Sinne der Reziprozität auf innere Föderalisierung und oft auf Abtausch des wechselseitigen Minderheitenschutzes. Diese Teileinheiten sollten aber zusätzlich über ein bloß loses Bündnis hinaus zu einer wirksamen Konföderation zusammengeschlossen werden. In diesen Fällen konnte Binnenföderalismus und grenzüberschreitende Föderalisierung in ein fatales Kollisionsverhältnis geraten.

Bemerkenswert ist die eigenartige Wechselbeziehung, in welcher die beiden großen Integrationsbewegungen des 19. Jahrhunderts zueinander stehen: der Nationalismus und der Föderalismus. Beide zeigen die Tendenz, einander zu berühren, einander zu durchdringen, zumindest einander zu ergänzen. Denn beide Konstruktionsprinzipien bewegen sich in Richtung Einheit, Homogenität, Sicherheit und Stabilität. Gleichzeitig aber zeigt sich die Tendenz, einander auszuschließen, miteinander in Konkurrenz zu treten, unterschiedliche Erwartungsbehandlungen und differente Zielsetzungen zu erfüllen. Nationalstaatlicher Zusammenschluß und das Streben nach grenzüberschreitendem, föderativem, supranationalem Zusammengehen stehen in dialektischer Beziehung zueinander wie These und Antithese. Eine Synthese konnte nicht verwirklicht werden. Der Föderalismus als Gestaltungsprinzip mit der ihm zugeschriebenen mystischen Problemlösungskapazität blieb vergeblich angestrebte Utopie. Die Variante der nationalstaatlichen Gliederung erwies sich in Südosteuropa als die stärkere.

aus: National-Revolutionäre Bewegungen in Südosteuropa im 19. Jahrhundert. (= Schriftenreihe des Österreichischen Ost- und Südosteuropa-Instituts 20, Wien 1992), S. 123 – 133.

Ortsnamenregister

Die Ortsnamensbezeichnungen im Text sind in der überwiegenden Mehrzahl deutsch bzw. in der jeweiligen Landessprache gehalten.

In einigen wenigen Fällen wurden die anderssprachigen Benennungen gleichfalls angeführt. Dies ist im vorliegenden Ortsnamensverzeichnis dann jeweils nach der deutschen Bezeichnung angegeben. Zusätzlich sind die nichtdeutschsprachigen Ortsnamen mit dem entsprechenden Verweis in die alphabetische Reihung aufgenommen worden.

Agram/Zagreb 32, 95, 102, 139, 142
Arad 139

Bačevci 114
Bad Gleichenberg 165 f.
Bad Ischl 170
Banjaluka 75, 96, 101, 103, 110 f.
Belgrad 71, 90, 106 f., 112 f., 152, 156, 159 f., 166, 168, 175
Berlin 74, 77, 81, 161
Bihać 99
Brašina ada 114
Bratunac 114
Budapest 74, 89 f., 140, 142, 148, 151, 157, 161, 164, 166 – 170
Budapest-Kelenföld 167

Čajnica 103
Cattaro/Kotor 80
Cetinje 71
Čitluk 114
Cluj s. Klausenburg
Ćuline 114

Dolnja Tuzla 71, 99
Dubrovnik s. Ragusa
Dulcigno s. Ulcinj

Esseg/Eszék/Osijek 139
Eszék s. Esseg

Faković 114

Galatz 13
Geszt 148
Graz 52

Hódmezővásárhely 142

Isaković ada 114
Istanbul s. Konstantinopel

Jajce 75
Janja 114
Jezerane 110

Karlowitz/Sremski Karlovci 11, 131
Karlovac s. Karlstadt
Karlstadt/Karlovac 110
Kaschau/Kassa/Košice 142
Kassa s. Kaschau
Kecskemét 142
Košice s. Kaschau

Klausenburg/Kolozsvár/Cluj 142
Kolozsvár s. Klausenburg
Konstantinopel/Istanbul 12, 31, 68, 70 f., 106
Koviljača 114
Kozluk 114
Kutahija 175

Ljubovija Srpska 114
Loznica 111 ff., 117

Maglaj 71, 75
Mailand 177
Mali Zvornik 114 f.
Maria-Thersiopel/Szabadka/Subotica 140, 142
Mostar 33, 62, 70, 86, 99 ff., 106, 111

Neusatz/Újvidék/Novi Sad 90, 139
Novi Sad s. Neusatz

Ödenburg/Sopron 140
Orsova 169
Osijek s. Esseg

Pancsova/Pančevo 90, 139
Pančevo s. Pancsova
Paris 172, 175
Pest 130 f., 133 ff.
Pola/Pula 111
Preßburg 136
Pula s. Pola
Ragusa/Dubrovnik 38, 79 f.
Reichstadt 28, 74

Šabac 113, 117
Saloniki 23, 26, 72, 173
San Stefano 22, 26, 53, 56, 74
Sarajevo 15, 36, 42, 62, 67 f., 70 f., 76, 79 ff., 83 – 86, 88 f., 91 f., 96 – 100, 108, 148 – 152, 154, 157, 165

Semlin/Zimony/Zemun 156, 168
Senj s. Zengg
Shkodër s. Skutari
Skutari/Shkodër 174
Sombor/Zombor 140
Sopron s. Ödenburg
Spalato/Split 79
Split s. Spalato
Sremski Karlovci s. Karlowitz
Subotica s. Maria-Theresiopel
Szabadka s. Maria-Therisiopel

Temesvár/Timişoara 139
Timişoara s. Temesvár
Travnik 92, 99, 108
Trebinje 33, 45, 48
Tuzla 71

Ujvidék s. Neusatz
Ulcinj/Dulcigno 174
Užice 113, 117

Valjevo 112 f.
Vidin 173
Világos 126, 175
Vlasenica 117

Wien 79 f., 83, 86, 89 f., 92, 95, 100 f., 106, 129, 131, 133 ff., 148, 151, 154, 161, 164

Zagreb s. Agram
Zara 79, 111
Zelinja 114
Zemun s. Semlin
Zengg/Senj 110
Zimony s. Semlin
Zvornik 114 f.

Personenregister

Die Vornamen wurden – soweit dies möglich war – ergänzt. Diese waren nicht bei allen, zum Teil nur in den ungedruckten Quellen vorkommenden, Personen zu eruieren.

Aehrenthal Aloys Lexa Graf 12, 95
Albrecht Erzherzog 11, 17 f., 20 ff., 27 ff
Alexander II. Zar 29
Alexander Karadjordjević Fürst 173
Alexander Karadjordjević Prinzregent 115
Ali Paşa 47
Andrássy Julius Graf d. Ältere 10 ff., 16 – 29, 31, 33 – 40, 43, 45, 47, 52 – 55, 62 f., 66, 69, 71, 77 f., 83, 150 – 155, 157 f., 160 f., 163
Andrássy Julius Graf d. Jüngere 150 – 155
Anna Ivanovna Zarin 12
Apponyi Albert Graf 156 ff., 160 f., 163
Apponyi György Graf 156
Auffenberg Moritz von 94 – 109

Bach Alexander Freiherr von 125
Bakalovich 22
Bălcescu Nicolae 175
Ban Matija 133
Barber August von 52
Batthyány Tivadar Graf 96
Beck-Rzikowsky Friedrich von 11, 17, 20 – 23, 26, 29
Benko Isodor Freiherr von 97, 99
Berchtold Leopold Graf 148, 156, 167 – 171
Beust Friedrich Ferdinand Graf 53
Bismarck Otto Fürst 17, 74, 81
Bolfras Artur Freiherr von 95
Borčić 79
Buconjić Pascal 101
Burián Stephan Baron von Rajecz 97 f.
Bylandt-Rheidt Artur Graf 22 f.

Canini Marco Antonio 176 f.
Carosini 175
Chlumetzky Johann Freiherr von 14
Conrad Franz Freiherr von Hötzendorf 11, 94, 98, 168 ff.
Crnojević Peter 131
Czartoryski Adam Georg Fürst 172 – 175

Dahlem Hermann Freiherr von Orlaburg 90
Deák Franz 121, 123 ff., 132 f., 156
Diószegi István 15, 19
Drašković 95

Ekmečić Milorad 39
Eötvös Baron Joseph von 84, 125, 130 f., 133, 136
Etienne Michael 53
Eugen Prinz von Savoyen 10 f.

Fadeew Alexander Aleksandrovič 71
Ferdinand I. 10
Föck Freiherr von 23
Foglár Friedrich 99
Frank 95
Franz Ferdinand 148, 151
Franz I. 10
Franz Joseph 11, 16, 21 ff., 25, 28, 95, 101, 128 f., 135, 170 f.
Friedländer Max 53

Garašanin Ilija 172 – 175
Garibaldi Giuseppe 34

Ghica Ion 175
Giesl Wladimir Baron 156 f., 166
Glavenić 79
Gorčakov Alexander Michailovič Fürst 12, 29
Grivić Marko 88
Gyurkovics Max von 99

Hajdar Effendi 37
Halper 95
Herder Johann Gottfried 178
Hilmi Paşa 158
Hodoşiu Josef 122
Hörmann Konstantin 99, 103 f., 108
Hoyos Alexander Graf 169 ff.

Izvol'skij Alexander Petrovič 12

Jakovljević 115
Jakubowsky Franz Ritter von 99
Jelavich Charles 173
John Franz Freiherr von 21
Joseph I. 10
Joseph II. 10, 12 f.
Jovanović Stephan 81

Kann Robert A. 136
Kant Immanuel 178
Karl Johann Ritter von 98
Karl VI. 10, 12
Katharian II. Zarin 12
Kaunitz Wenzel Anton Graf 10
Klapka Georg 177
Kobinger Friedrich 96
Kollonitz Leopold Karl Graf 10
Kossuth Franz 96, 156, 172, 175
Kossuth Ludwig 176 f.
Krestić Vasilije 134
Krobatin Alexander Ritter von 169 f.
Kuhn Franz Freiherr von Kuhnenfeld 27

Lacy Franz Moritz Graf 11
Lánczi Leó 108
Lazich Eugen 45
Lazzich-Lazzarovich 47 f.
Leopold I. 10, 13
Leopold II. 10 f.
Lutz Heinrich 15, 27

Mandić Dr. Nikola 101
Manojlović Emil 119
Manz Hermann 91 f.
Maria Theresia 10 f., 13
Marković Marlan 101
Mazzini Giuseppe 175 f.
Merkl 22
Metternich Clemens Wenzel Lothar Fürst 10 f.
Mezőssy Béla 150 – 156, 158, 160
Milan 71
Milanović Božo 113
Miletić Svetozar 120 – 127, 131, 133
Mollinary Anton Freiherr von Montepastello 32, 36 ff., 43, 47 f., 99, 104
Mollinary Franz Freiherr von Montepastello 99, 104
Monson 38
Montesquieu Charles de Secondat, Baron de La Brède et de 178

Napoleon III. 176
Nikita Fürst 71

Paču Lazar 166
Pavlović Dimitrija 113
Pašić Nikola 156, 158, 166
Peter I. Karadjordević 112, 115
Philippovich Joseph Freiherr von Philippsberg 67, 81
Pitner Karl Freiherr von 99 f.
Polit Desančić Mihajlo 133
Polónyi Dezső 157 f., 161 f.
Popović Čedo 113
Posilović Georg 102
Prausek Vinzenz 79
Proudhon Pierre Joseph 178
Prvanović 117
Putnik Radomir 165 – 171

Rakovszky István 151, 157 f., 160 f.
Raşid Paşa 31, 34
Rieger Franz 127
Rodich Gabriel Freiherr von 32 f., 35, 38, 40, 43, 46 ff.
Rosenberg Graf 23
Rousseau Jean Jacques 178
Rukovina Michael von Vezinovac 99

Salisbury Robert Arthur Marquess of   74
Schlözer August Wilhelm   178
Schmerling Anton von   125, 132
Schönaich Franz   94
Schönfeld Freiherr von   21 ff., 28
Schwegel   14
Sennyey Paul Baron   156
Sertić Georg   110 – 113, 115 ff.
Shek Adalbert von Vugrovec   99
Simić   158, 163
Stadler Dr. Josef   15, 99 – 105
Stefan Dušan   173
Stojaković Georg   131
Stratimirović Georg   120 ff., 124, 131
Strausz A.   89
Stremayr Karl von   79, 84
Suman Josef   79
Suppan Arnold   15
Szász Károly   126
Szeps Moritz   52 f.
Szlávy Joseph von   83
Szmrecsányi György   151 ff., 155, 157 – 162

Taaffe Eduard Graf   84
Taylor   38
Teodorovič   48
Thoemmel   21 ff., 26

Tisza István Graf   148 – 157, 161 – 164, 166, 168 – 171
Tisza Koloman   84 f.
Tocqueville Alexis Charles de   172 f., 178
Todorović Kosta   111 f., 114 – 118
Trefort Agost   84 f.
Trifunac Paul   119, 122

Verćevich   33, 45, 48
Vidaković Dragica   115
Vlasits Freiherr von   22
Vukčević Milo   15
Vukičević Milenko   173

Wassa   47
Wassitsch   33, 36, 42, 47
Wertheimer Eduard   39
Winzor Anton Edler von   96 – 99, 103, 108
Württemberg Herzog von   75 – 82, 85 – 88, 90, 92

Zach František   173 f.
Zichy Franz Graf   31 f., 34 f., 47, 70
Zore Lukas   79 f.

böhlauWien neu

**Der Donauraum
Zeitschrift des Institutes für den Donauraum
und Mitteleuropa**
Herausgegeben vom Institut für den Donauraum und
Mitteleuropa.
ISSN 0012-5415
Erscheinungsweise vierteljährlich, brosch.
Jährlicher Gesamtumfang ca. 200 Seiten.

Die traditionsreiche Zeitschrift „Der Donauraum", deren
erste Nummer 1956 erschien, wird vom neustrukturierten
„Institut für den Donauraum und Mitteleuropa" ab dem
Jahrgang 1993 im Böhlau Verlag herausgegeben.
Kontinuität und Tradition sowie Veränderung und
Wandel, Ähnlichkeiten und Unterschiede in Geschichte,
Gesellschaft, Kultur, Kunst, Wirtschaft, Verkehr und
Politik in diesem Raum werden in einer vielfältigen,
multidisziplinären und informativen Weise dargestellt.
Damit wird ein Beitrag für das bessere Verstehen des
Donauraumes und Mitteleuropas, seiner Regionen und
seiner Menschen, seiner Vergangenheit und seiner
Gegenwart geleistet, einer europäischen Großregion, die
durch ihre sprachliche, ethnische und konfessionelle und
kulturelle Vielfalt gekennzeichnet ist.

Erhältlich in Ihrer Buchhandlung!

böhlauWien

böhlauWienneu

ZUR KUNDE SÜDOSTEUROPAS
Herausgegeben von
Horst Haselsteiner und Karl Kaser

Band II/18
Markus Köhbach
Die Eroberung von Fülek durch die Osmanen 1554
Eine historisch-quellenkritische Studie zur osmanischen Expansion im östlichen Mitteleuropa. 1994. II, 491 S. Br.
ISBN 3-205-98064-6

Band II/19
Peter Haslinger
Arad, November 1918
Oszkár Jászi und die Rumänen in Ungarn 1900 bis 1918. 1993. 180 S. Br.
ISBN 3-205-98049-2

Band III/20
Franz-Josef Kos
Die politischen und wirtschaftlichen Interessen Österreich-Ungarns und Deutschlands in Südosteuropa 1912/1913
Die Adriahafen-, die Saloniki- und die Kavallafrage. 1996. Ca. 259 S. Br.
ISBN 3-205-98329-7